新版 開発金融論

奥田英信・三重野文晴・生島靖久［著］

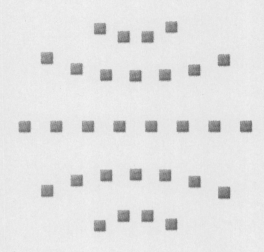

日本評論社

はじめに

1．グローバリゼーションと開発金融

　現在の世界経済の最も重要な特徴は、1980年代から世界的な潮流となった貿易、投資、および金融の自由化の流れと、それを背景として現れた財・サービスの国際貿易・投資の拡大と深化である。自由化政策の下で経済取引に対する人為的な政府介入が縮小したことにより、国境を超えた経済的な利益の追求が急激に拡大し、企業は国際的な規模で生産・投資・販売活動を行うようになった。国際貿易の形態も変化し、品種の差別化をベースとした水平分業が進み、サービス貿易も近年急速に進んでいる。以上のような世界経済の特徴と潮流は総称してグローバリゼーションと呼ばれている。

　グローバリゼーションは、途上国の経済開発と開発金融政策を大きく変えた。工業化政策については、自国企業の育成を目的とした保護政策が廃止され、外国企業や資本を積極的に活用して国際競争力のある新規産業を導入するという戦略が採られるようになった。開発金融政策についても、統制的な政府介入が取り払われ、自由化された市場を通じた資金分配が行われるようになった。同時に、海外市場からの民間資金調達が拡大し外国金融機関の途上国への進出も急速に進んでいる。

　グローバリゼーションは、途上国にこれまでにない発展へのチャンスを与えた。BRICsやVISTAと呼ばれる新興市場経済の急激な成長は、その象徴である[1]。しかしその一方で、制度面・人材面・技術面で劣弱な途上国経済が開放された市場を通じて国際経済に直結することによって、その直面するリスクも高まっている。市場を効率的かつ安定的に機能させるためには、そ

1）BRICsはブラジル、ロシア、インド、中国を、VISTAはベトナム、インドネシア、南アフリカ、トルコ、アルゼンチンを指す。

の前提として市場インフラの構築が必要であるが、このことは特に金融制度の整備についてあてはまる。1990年代に頻発した途上国金融危機は、グローバリゼーションの下では、金融面で適切な制度整備を進めることが途上国経済発展にとって必須の重要性を持つことを改めて認識させることとなった。

2．本書の視点

　本書では、今日の途上国における開発金融システムのデザインに係わる構造的な諸問題を、理論的な説明と実際の政策課題の両面から検討する。途上国の金融問題に関する議論は、これまでマクロ経済学的なアプローチに沿うものが多く、マクロ経済安定化政策や各国為替政策などが主に論じられてきた[2]。これに対して本書は、企業、銀行といった個別経済主体の金融行動に焦点を合わせたミクロ経済学的なアプローチに重点を置いている。金融の全体的なシステムを組み上げるには、まず途上国経済に特徴的なミクロの経済行動をしっかりと把握することが必要で、その上ではじめて全体像を正しく理解できると考えているからである。途上国のミクロ経済分析を深めることによってこそ、実効性の高いマクロ経済的議論をすることが可能となるであろう。

　本書で扱う開発金融論は、金融理論のアプローチを途上国経済開発に適用したものであり、いわば金融論と開発経済学の複合領域である[3]。途上国の金融事情にいくら精通していても、金融理論の知識がなければ何が検討すべき問題点であるのか掴めない。逆に、金融理論の知識を持っていても途上国の金融の実態を知らないと、実態から外れた空論に陥る恐れがある。本書では、現在の金融理論の中から現実の途上国分析に有益と思われるものを、テーマに合わせて順次に紹介しつつ、同時に、途上国金融部門の事例もできるだけ取り上げるよう努力した[4]。

　本書は、この分野の研究に関心を持つ大学院初級レベルの読者を主たる読者として想定しているが、業務の背景についての体系的な理解を求めている

---

2) 1990年代から Agenor and Montiel ［1996］や Hossain and Chowdhury ［1998］などのテキストがある。
3) 開発金融論については奥田・黒柳［1998］を参照されたい。

実務家、あるいは専門的な学習への意欲を持つ学部学生にとっても役立つように配慮した。本書の多くの事例は、東南アジア諸国のケースを中心に取り上げている。これは、東南アジア諸国が、日本にとって最も緊密な関係を持つ途上国地域であると同時に、開発金融システムの在り方について世界的な議論を呼び起こす契機となった1997年のアジア金融危機を経験したという点で、学ぶべき課題が多いと思われるからである。もちろん、ここで取り上げる内容と課題は今日の途上国に共通するものでもある。

3．本書の構成

　本書は4部からなっている。第Ⅰ部（第1章および第2章）のテーマは、経済発展に対する金融セクターの役割に関するものである。ここでは金融活動はどのようにして途上国の経済発展に貢献するのか、マクロ経済的な視点から検討する。第1章「途上国開発と金融の役割」では、マクロ経済成長モデルを利用して、金融セクターがどのようにして経済発展に貢献しているのかその役割を簡単に整理する。それを踏まえて、第2次大戦後の途上国の開発金融政策の変化を概観し、代表的な政策の論点を解説する。

　第2章「途上国金融システムの発展とその経路」では、金融システムの発展メカニズムとその経路について検討する。途上国の金融システムは、実態経済の発展に対応しつつ、その構造と機能を変化させてきた。その内容は複雑であり、単純なマクロ成長モデルで全体像を捉えることは難しい。そこで実物経済の発展と金融部門の発展との相互関係を捉えるために比較制度分析の手法を導入し、この手法を利用して東南アジア諸国の金融システムの発展過程を検証する。

　第Ⅱ部（第3〜5章）のテーマは途上国の開発金融システムの基本デザインに関する議論である。第3章「銀行型システムか市場型システムか」では、銀行中心型の金融制度と、市場中心型の金融制度を比較して、途上国の経済発展にとっていずれがより望ましいのか検討する。金融理論を利用し

4）さらに深い興味のある読者には、World Bank [2001] と Allen and Gale [2000] が有益であろう。途上国の金融情報の入手には、世銀、IMF、各国中央銀行のウェブサイドが役立つ。

て、両者の特徴と相対的な優位性を比較し、その上で途上国の実情にはいずれがより適しているのかを検討する。

第4章「グローバリゼーションと途上国銀行セクター」では、途上国の金融制度の中心を担っている銀行部門を取り上げ、グローバリゼーションによる市場競争激化が与えている影響について考える。市場競争が激しくなれば銀行経営のミクロ経済的な意味での効率は改善するが、そのことは、途上国全体にとって、マクロ的なパフォーマンスの向上に必ずしも結び付くわけでは無い。市場競争のもたらすメリットとデメリットを整理し、より望ましい銀行機能を実現するために必要とされる政策課題について検討する。

第5章「外国銀行の進出と役割」では外国銀行の途上国市場への進出効果を取り上げる。外国銀行が市場に浸透することは、果たして途上国経済のレベルアップにどのような影響を与えるのであろうか。楽観的な見方もある反面で副作用を懸念する意見も根強い。この問題を考えるために、銀行のミクロ経済行動に関する最近の理論を、途上国経済に応用してみる。

第Ⅲ部（第6～8章）のテーマは、企業金融や農村金融の在り方に関するものである。第6章「途上国企業の資金調達：東アジア諸国の事例」では、東アジアを中心として、途上国における企業の資金調達の問題に焦点をあてる。ここでは、まず、エージェンシー・コスト、ペッキング・オーダー仮説といった企業金融の決定構造についての基本的概念の解説と、各国の制度がもつ機能をそれらの概念を利用して実証的に分析するための手法が紹介される。それを踏まえて、東アジア諸国の企業金融の現状が概観され、最近広がりつつある実証分析が明らかにしている、新たな知見が紹介される。

第7章「東アジアとコーポレート・ガバナンス」では、東アジアをめぐるコーポレート・ガバナンスの議論に焦点があてられる。ここでは、近年、広がりを見せるコーポレート・ガバナンスの議論のうち、途上国、とりわけ東アジアの問題に関連する重要概念を紹介し、途上国企業に一般的である所有と経営が未分離な構造に対する諸議論を解説する。その上で、この議論がアジア金融危機をどのように捉えているかについて、批判的検討を加える。

第8章「途上国農村の金融問題とマイクロ・ファイナンス」では、農村金融とマイクロ・ファイナンスの問題に焦点があてられる。ここでは、伝統的

な問題としての農村金融問題を概観し、インフォーマル金融、インターリンケージといった事象の諸相とそれに対する情報の経済学からの捉え方を解説する。さらに、近年注目を集めるマイクロ・ファイナンスの手法をめぐる議論を、その金融機能を中心に整理し、いまだ議論が分かれるその成功要因の解釈を紹介すると同時に、現段階での研究課題を考える。

　第Ⅳ部（第9〜12章）では、開発途上国における開発金融の対外面に焦点をあてる。第9章「開発途上国の対外資金」では、開発途上国への外国資金の流入を説明する理論的サーベイを行った上で、開発途上国への資金移動についてその歴史的展開を概観する。近年の開発途上国への資金流入の特徴として、直接投資やポートフォリオ株式といった非債務性資金の割合が高まっていること、労働のグローバル化により労働者送金の存在感が増していることなどを指摘する。

　第10章「対外債務問題」では、開発途上国における対外債務問題の最近の展開を概観する。債務問題がなぜ発生するのかという点を巡る伝統的な理論を整理した上で、グローバル化の下での債務問題への新たな対応方法を考察する。

　第11章「開発援助資金」では、国際社会で合意されているミレニアム開発目標を軸として、開発援助資金に関する問題を扱う。開発援助資金が必要とされる理論的根拠を説明し、援助効果を高めるためには、資金の受け手である開発途上国の援助吸収能力を改善すると同時に、資金の出し手である先進国の援助動機の問題を考慮する必要があることを明らかにする。

　第12章「グローバル・インバランス」では、ファイナンス面でのグローバリゼーションが進展する中で、途上国の経常収支が黒字化し米国の経常収支赤字をファイナンスするというパラドックス的な状況を取り扱う。ここでは、途上国の金融制度が未整備なために、国内貯蓄主体の資金が国内投資主体に円滑に移動できないため、国内に潜在的な投資ニーズがありながら、本来国内で利用できるはずの余剰資金が先進国に流出するという開発金融システム上の課題が指摘される。

目　次

はじめに　i

第Ⅰ部　経済発展と金融セクター

奥田英信

第1章　途上国開発と金融の役割 …… 3
1　はじめに　3
2　経済発展と金融部門の役割　4
3　金融機能と経済成長モデル　6
4　金融発展と経済発展の実証研究　10
5　途上国の開発金融政策の変遷　12
6　おわりに：グローバリゼーションと開発金融政策　17

第2章　途上国金融システムの発展とその経路 …… 19
1　はじめに　19
2　開発金融システムの発展と経路　20
3　開発金融パラダイムの転換：東・東南アジアの経験　25
4　グローバリゼーションと開発金融システム　32

第Ⅱ部　開発金融システムの基本デザイン

奥田英信

第3章　銀行型システムか市場型システムか …… 39
1　はじめに　39
2　銀行と証券市場　40
3　途上国における銀行の優越性　42
4　途上国経済の発展と金融システムの転換　49
5　制度形成における外生的ショックと政府の関与　53

第4章 グローバリゼーションと途上国銀行セクター……55
1. はじめに 55
2. 金融自由化政策と途上国銀行市場の変化 56
3. 銀行業の市場構造の決定要因 58
4. 大規模寡占化と銀行サービス 64
5. 途上国銀行市場の残された課題 68

第5章 外国銀行の進出と役割……70
1. はじめに 70
2. 外国銀行進出のメリットとデメリット 71
3. 外国銀行の進出と世銀のシナリオ 72
4. 外国銀行の参入と地場銀行のモデル 74
5. 東南アジア諸国における実証研究 80
6. 外国銀行の役割：アジア銀行市場の展望 84

第Ⅲ部　開発途上国における資金調達

三重野文晴

第6章 途上国企業の資金調達：東アジア諸国の事例……89
1. はじめに 89
2. 企業金融とエージェンシー理論 90
3. 企業・銀行間構造と企業金融：日本の研究例 93
4. 東アジアの企業の資本構成 98
5. 実証研究 103
6. おわりに 108

第7章 東アジアとコーポレート・ガバナンス……111
1. はじめに 111
2. コーポレート・ガバナンスと負債、株式 112
3. 途上国とコーポレート・ガバナンス 115
4. アジア金融危機とコーポレート・ガバナンス 119
5. 改革の成果とつづく論争 123
6. おわりに 127

第8章　途上国農村の金融問題とマイクロ・ファイナンス............129
　　　1　はじめに　129
　　　2　農村金融の構造　133
　　　3　マイクロ・ファイナンスのメカニズム　138
　　　4　マイクロ・ファイナンスの持続可能性と商業化　142
　　　5　おわりに　146

第Ⅳ部　開発途上国における対外ファイナンス

生島靖久

第9章　開発途上国の対外資金............151
　　　1　はじめに：対外資金フローの種類　151
　　　2　対外資金の理論的背景　152
　　　　　コラム9-1　労働者送金の理論　156
　　　3　開発途上国への資金フローの歴史的展開　159
　　　　　コラム9-2　政府系ファンド（SWF）　165
　　　　　コラム9-3　イスラム金融　165
　　　4　おわりに　168

第10章　対外債務問題............169
　　　1　はじめに　169
　　　2　対外債務の役割・持続性　171
　　　3　低所得国の債務問題　178
　　　4　中所得国の債務問題への対応　184
　　　5　おわりに　189

第11章　開発援助資金............190
　　　1　はじめに：ミレニアム開発目標　190
　　　2　対外資金制約と公的開発援助　193
　　　　　コラム11-1　ビッグプッシュ理論と公的開発援助　196
　　　3　革新的ファイナンス　198
　　　4　援助効果の論点　201
　　　5　おわりに　209

第12章　グローバル・インバランス……………………………………… 210
　　　1　はじめに　210
　　　2　グローバル・インバランスの理論的解釈　212
　　　3　グローバル・インバランスの是正　217
　　　4　おわりに　220

あとがき　221
参考文献一覧　225
索　引　247

経済発展と金融セクター 第Ⅰ部

第 1 章

途上国開発と金融の役割

1 はじめに

　経済発展における金融の役割に関する研究は、1990年代以降に大きく深化してきた。理論研究の面では、情報の経済学と内生的成長理論をベースとして、数多くのモデルが議論された。実証分析の面では、理論研究の成果を確認するためにクロスカントリー・データや産業レベル・データを用いた検証が試みられてきた。

　本章ではまず第2節で、金融が経済成長に対して果たす役割について、開発金融論の基本的な考え方を説明する。続いて第3節では、金融機能を組み込んだ内生的成長モデルの仕組みを解説し、第4節では、金融発展と経済成長に関する実証研究を紹介する。第5節では、試行錯誤を繰り返しつつ展開してきた第2次大戦後の開発金融政策の変遷を概観する。第6節では、グローバリゼーションが進む世界経済において、今後の開発金融政策の政策課題がどこにあるのかについて言及する。

2 経済発展と金融部門の役割

2.1 経済における金融の役割

　金融部門は2つの機能を通じて経済活動に貢献する（World Bank [1989]）。第1に、金融部門は一般的交換手段、すなわち貨幣、を提供することによって、経済取引にかかわるコストを低下させ分業を促進する。分業の拡大は経済の生産効率を高め経済発展を押し進める。さまざまな形態の貨幣が、分業の前提となる商品の取引を支え、効率的な経済活動の実現に役立っている。狭義の貨幣は現金などの外部貨幣と預金通貨から成り、いずれも高い流動性を備えている。また広義には、定期預金やCDなど一定の流動性を備えた金融資産も貨幣に含まれる。

　第2に、金融部門は経済主体間の資金移動を円滑にさせることによって、経済発展に貢献する。一般的に言って、効率的な投資機会を持っている経済主体が十分な投資資金を所有しているとは限らない。このため、効率的に生産や投資を行うためには、経済を構成するさまざまな部門や産業間で、資金の移動が必要となる。資金は豊富であるが優良な投資機会が乏しい経済主体から、投資機会に恵まれているのに資金が不十分な経済主体に資金を移動できれば、利用可能な資源の総量が同じでも、経済全体の生産効率が高まり経済発展が加速される。

　一般的交換手段の提供と円滑な資金移動は、いずれも経済発展に対して重要な役割を果たしている。また、決済手段として利用される預金通貨が、銀行の資金仲介活動を基盤として供給されていることからわかるように、2つの機能は密接に関連している。しかしながら、2つの機能の内で途上国の金融部門でより深刻な問題となってきたのは、効率的で安定的な資金移動を如何にして実現するかであった（World Bank [1989]）。産業構造の高度化が進むに連れて、経済活動に必要とされる資金移動は大規模かつ長期化し、付随するリスクも複雑化していく。金融部門がサービスの高度化に対応できないと、円滑な資金移動に支障が生まれ経済発展の遅れや金融危機の発生を招く結果となった。

2.2 金融の3機能

　資金の提供者と資金の利用者の間で、それぞれの望む条件は基本的に相反している。資金の提供者にとっては運用収益が高く流動性が高いほど望ましいが、資金の利用者にとっては資金調達コストが低く長期間にわたって利用が保証されているほど望ましい。また資金を利用して行われる事業収益が不確実な場合、そのリスクをどう分担するかについても資金の提供者と利用者の間で利害が対立する。

　銀行などの金融仲介機関や金融・資本市場の仕組みは、資金を提供者から利用者へ円滑に移動するための制度的工夫であり次の3つの金融機能を果たしている（Levine [1997]）。第1はリスク分散（risk diversification）機能である。金融機関や金融市場を利用することによって、資金の提供者は分散投資を進め資産運用を多様化できるので、投資リスクを減らすことができる。

　第2はプロジェクト評価（project evaluation）機能である。金融機関や格付会社あるいは証券取引所などは、投資先の収益とリスクに関する情報生産を行っている。これらの機関を利用することで、資金提供者が重複して情報生産を行う無駄を省くことができる。また専業の金融機関が情報生産することによって、専門知識の集積が進みより効率的な情報生産が可能になる。

　第3は流動性リスク管理（liquidity risk management）機能である。短期で資金を運用したい資金提供者と長期資金を確保したい資金需要者との間に立って、金融機関や金融市場は、短期資金を長期資金に変換する。銀行は部分準備制度の下で受け入れた預金を長期化して貸付けている。また、証券市場では、長期資金として利用される債券や株式の転売を容易にし、資金提供者にとって運用資金の流動性を高める工夫がされている。

　産業構造を高度化する過程で、成長が有望な産業を新たに導入するには、大規模かつ長期性の資金が重要であると指摘されてきた（寺西 [1991]）。企業が新規産業を導入し国際競争力を獲得するためには、規模経済性が十分働くだけの生産規模、即ち最小最適規模の生産を行うことが必要である。また、国際競争力の強化には、生産技術の改良や経営組織の改善が必要であり、そのためには長期間の学習効果が不可欠である。したがって、新規産業

を導入するためには、最小最適規模を実現できるだけの大規模投資資金と、十分な学習期間が確保できるだけの長期資金の調達が必要になる。

　大規模な長期性資金を要する新規産業導入のための投資は、高いリスクを伴う。したがって、プロジェクトの収益性とリスクを適切に評価すると同時に、避けられないリスクをどれだけ適切に処理できるかという能力が問われることになる。金融に期待される3つの機能は、すべてこれらの課題に直接的にかかわるものであり、その機能が強化されて初めて経済発展が滞りなく進められる。金融部門の機能が高まれば、数多くのプロジェクトの中から収益性と成功確率のバランスが優れたものが選別できるようになり、より大規模で長期性の資金が供給可能になる。有望な投資機会を持つ者がより多くの資源を集中して利用できるようになり、経済発展が加速する。

3 金融機能と経済成長モデル

　金融機能の改善が経済成長を加速するメカニズムは、内生的成長モデル（endogenous growth model）に金融機能を組み込んだ経済モデルで、一般に説明される。単純なモデルでこのことを示してみよう。

3.1　内生的な成長率の決定

　経済成長率の高い国では投資が活発に行われているのが普通である。また投資の収益率は、新しい資本ストックが増加するほど高まる傾向が見られる。これは資本ストックが増加するとき技術革新や新しいビジネスモデルの利用が進むため、資本が経済全体の生産活動に外部性を与えるからだと考えることができる。

　このような効果を反映させたマクロ生産関数として、(1.1) 式を考えることができる。K_t と L_t は t 期の経済全体の資本ストックと労働を表し、簡単化のために労働は一定 $L_t = L$ と仮定する。$(K_t L_t)$ は生産性を考慮した労働の投入量を表し、資本蓄積が進むに伴って研究開発や人的投資が向上するため、労働の生産性が高まることを示している。生産関数は K_t と $(K_t L_t)$ に関して1次同次であり、それぞれについては収穫逓減が働くと仮定する。

図1-1　1人当たりの資本ストック増加額

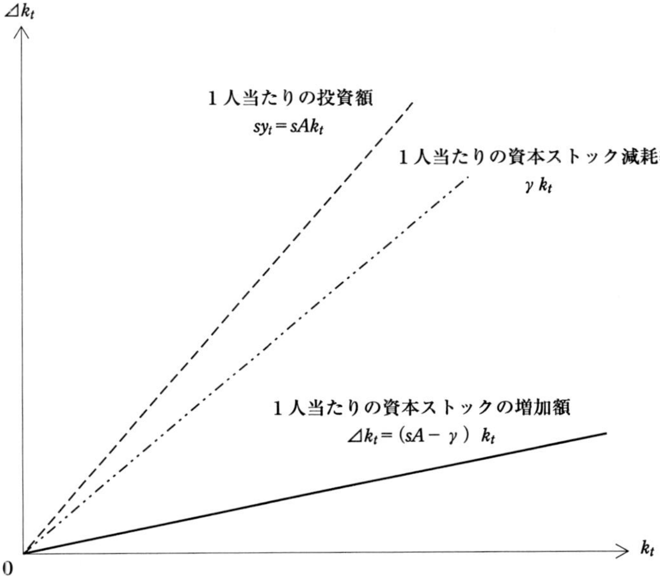

$$Y_t = F(K_t, (K_t L_t)) = F(1, L_t) K_t \tag{1.1}$$

1人当たりの生産量 y_t を1人当たりの資本ストック k_t の関数として (1.1) 式を書き直すと、(1.2) 式となる。これは1人当たりの資本が増加すれば、1人当たり産出量も比例的に増加することを示している[1]。

$$y_t = F(1, L) k_t = A k_t, \quad A \equiv F(1, L) \tag{1.2}$$

この経済では t 期の所得の一定割合 $s(0 < s < 1)$ が貯蓄され、図1-1のようにその全額が投資されるとする。また、既存の資本ストックは、毎期、一定比率 $\gamma(0 < \gamma < 1)$ で減耗すると仮定する。このとき、t 期における1人当たりの資本ストックの増加額 Δk_t は、(1.3) 式で表される。

---

[1] このように1人当たり産出量が1人当たり資本ストックの線形の関数として表せるモデルは、AK モデルと呼ばれる。

$$\Delta k_t = sy_t - \gamma k_t = sAk_t - \gamma k_t \tag{1.3}$$

もし $sA - \gamma > 0$ であれば、資本ストック k_t は時間と共に $\Delta k_t/k_t = (sA - \gamma)$ の比率で増加し、1人当たり産出量 Ak_t も同比率で増加し続ける。

3.2 金融機能の発展と成長率

情報の非対称性が存在せず、あらゆる市場が完備されているような経済を想定してみよう。この場合には、各個人の受け取る投資収益率 r_t は、資本の限界生産性 A に等しくなる。資金移動に関して一切の障害が存在しないので、それを軽減するための工夫である金融部門は、そもそも存在する意味がない。

しかし途上国経済では企業情報の開示度が低いため、個人が企業情報を収集するのには多くのコストが掛かる。また法制度の不備や法の執行能力の不足のために、投資家の権利が十分に保全されず、企業が資金を浪費したり不正利用したりする可能性が少なくない。このような情報の非対称性や法制度の不備を理由として発生するすべての追加的なコストの合計を θ で表すと、貯蓄額と投資額との間にはその分だけの乖離が生じ、各期の資本ストックの増加は（1.4）式のようになる。

$$\Delta k_t = (1-\theta)sAk_t - \gamma k_t \tag{1.4}$$

経済制度が未発達なほど、資金移動に伴う摩擦や障害は深刻になり、市場で発生する追加的コスト θ は大きくなる。貯蓄が一定でも、資本ストックの増加率が低下し、したがって成長率もその分だけ減少する。

$$\Delta k_t/k_t = (1-\theta)sA - \gamma$$

取引コスト θ を縮小させるための工夫としての金融制度のあり方は、経済成長率に影響を与える。金融部門が発達するほど市場の取引コストは小さくなり、資金の提供者である各個人の受け取る利子率と企業の資本限界生産性の乖離幅は小さくなる。この結果として、資本限界生産性が一定の下でも消費の増加率は高まる。

本節で説明したモデルでは、金融機能の改善が資本蓄積を促し、資本の外部性によって労働生産性が改善して成長率が上昇する。しかし、金融機能の改善は、他の経路を通じても成長率を高めることができる。例えば、内生的成長モデルの中には、人的資本や研究開発投資の存在に注目し、これらが拡大することによって成長率が高まることを説明しているものもある。この場合には、金融機能の強化が人的資本の蓄積を促進したりあるいは研究開発投資の成功確率を高め、その結果として成長率が改善することが説明できる。別の内生的成長モデルでは、インフラストラクチャーなど社会的な資本に着目して、成長率が高まることを説明しているものもある。この場合には、金融機能の改善が社会的な資本の蓄積を促進することを通じて、成長率が改善することが説明できる。

3.3 途上国経済成長への適用性について

内生的成長モデルをベースとした議論を途上国の経済発展に適用する場合には、注意も必要である。例えば、途上国では都市部などの近代的な経済部門とは別に、農村地域などでは慣習経済が色濃く残っており、限界原理と完全雇用を前提とするマクロ生産関数はこのような状況を説明するのになじまないかもしれない。その場合には、上述した経済成長の議論は、途上国経済の中でも人材不足が深刻な近代部門の拡大過程を描写したものだということになろう。

途上国の経済発展とりわけ初期経済発展の段階では、資本の量的増加による成長が重要であり、農村からの労働吸収と合わせて、生産要素の量的な拡大が成長の核心であるという指摘もある。上述したモデルでは、技術革新や新しいビジネスモデルの利用によって労働の生産性が高められることが持続的な消費成長の源泉となっている。もし量的拡大が途上国経済成長の本質であるとするなら、生産性の改善を中心に据えた内生的成長モデルは、途上国の成長を叙述する上で適切でない。その意味では、上述のモデルは、途上国の中でも中所得国のようにある程度経済発展が進み、量的な拡大から質的な成長へと転換しつつある経済の分析に適している。

ここで説明したモデルでは、金融機能の改善は経済成長のメカニズムから

は外生的にあつかわれている。しかし現実には、金融発展と経済成長との関係は相互に促進し合うと考える方が自然である。金融部門の整備は経済成長の促進要因であるが、同時に経済成長の結果として金融部門の整備が促されていくという側面もある。このような相互関係を考えると、金融部門の整備が経済発展を促進するという一方向の因果関係の理解の仕方には問題が残されている。

4 金融発展と経済発展の実証研究

　金融制度の発展が経済成長を促進することは検証できるのか、どのような金融制度が取引コストを軽減するのに適切なのか、銀行中心型システムと市場中心型システムとどちらが有効なのかといった問題について、実証研究が進められている[2]。

　King and Levine［1993］は、以下のような推計式を用いて、経済発展に対して金融部門の発展がどのような効果を及ぼすかを検証した。

$$Y = \beta_0 + \beta_1（金融仲介の発達度）+ \beta_z X_z + \varepsilon$$

被説明変数は経済発展の指標 Y で、1人当たり GDP の成長率、1人当たり資本の生産効率の平均値、投資率、生産性上昇率が代理指標として利用された。一方、金融仲介の発達度の指標には、金融深化の指標として流動性負債／GDP 比率、金融の質として預金銀行総資産／全銀行（中央銀行を含む）総資産比率、資金仲介に占める民間部門の比重の指標として非金融民間部門向け貸出／総貸出比率と非金融民間部門向け貸出／GDP 比率が利用された。最後に、X_z はそれ以外の経済発展に影響を与える要因で、初期時点の1人当たり GDP、初期時点における中等教育就学率、革命の発生回数、インフレ率、外貨闇市場のプレミア率、などが用いられた。

　推計結果によれば、金融仲介発達度の係数値 β_1 は有意にプラスの値を示した。このことから、King and Levine［1993］は、金融仲介の発達を示す

2）詳しくは櫻川［2000］を参照されたい。

変数が経済成長にプラスの影響を及ぼしていることが検証されたと結論付けた。

しかしこの研究に対しては、金融仲介の発達と経済成長との間に正の相関が観察されたとしても、このことから前者が後者の原因になっているという因果関係は導けないという批判が生じた。なぜなら、両者に相関があるとしても、経済成長のパフォーマンスが優れていることが、金融仲介を発達させる原因となっているという逆の関係も考えられるからである。

この批判に対して、Levine and Zervos［1998］は金融発展が経済成長をもたらすという因果関係の検証を試みた。そこでは、金融仲介の発展と経済成長の間の因果関係を明らかにするために、金融の発展には直接的に影響するけれども、経済発展が直接には影響を与えることはないと考えられる変数として、「法制度の整備水準」に注目する。法制度の整備水準を金融発展の操作変数として利用することによって、次のような推計式を用いて金融発展と経済成長の関係を回帰分析した。

$$Y = \beta_0 + \beta_1 LLY + \beta_z X_z + \varepsilon$$
$$LLY = \alpha_0 + \alpha_1 CREDITOR + \alpha_2 ENFORCE + \alpha_3 (法の起源) + \varepsilon$$

Yは経済発展の指標であり、金融仲介の発達の程度LLYは法整備の指標から推計される。$CREDITOR$は債権者の権利の保全度を表す指標で、その値が大きいほど貸手の権利が保護され、銀行制度がよく発達すると想定されている。$ENFORCE$は国家による法の強制力のインデックスで、格付会社の評価値と、政府の対外契約不履行リスクの評価値から計算され、その値が大きいほど法の強制力が強く金融仲介がよく発達すると想定されている。最後に、法の起源ダミーは各国の法律の起源を表しており、英、仏、独、スカンジナビア法のダミー変数が加えられている[3]。

推計結果によれば、金融仲介の発達指標の係数値β_1は、有意にプラスの値が観察された。このことからLevine and Zervos［1998］は、「法制度整備

3）英米法では債権者の権利の保護が強く、仏法では債務者の権利への配慮が強いといった違いがあるとされる。

が金融仲介の発達を促しその結果として経済成長が進む」という一連の連鎖が確認され、金融の発展が経済成長を促進する効果があることが検証されたと結論付けた[4]。

5 途上国の開発金融政策の変遷

途上国における金融制度の整備は、試行錯誤の繰り返しの中で続けられてきた。第2次大戦後の開発金融政策は、政府介入に比重を置く人為的低金利政策の時期、その反省に立って市場自由化が進められた時期、さらに単純な自由化政策の限界を認識して市場制度インフラの整備に向かう時期、というように、大きく振れながら進んできた。

5.1 人為的低金利政策と統制的資金配分

独立当初の途上国では金融市場はしばしば著しく未発達であった。このため、在来産業には資金が供給できるとしても、将来の成長が見込める分野に対しては、資金の取引コストが高すぎて十分な資金が流れないのではないかという懸念が強かった。この問題を解決するアプローチには大別して2つがある。1つは、取引コストの低下を目指して市場を整備しようとするもので、市場の不完備を是正するための法律制度の整備、金融人材の技能向上、企業情報開示の改善などに努力を傾注しようとするアプローチであった。他の1つは、短期間では市場整備を進めることは困難であるとして、市場を迂回する形で人為的な資金供給のルートを形成しようとするアプローチであった。

1960年代までに多くの途上国で実施されたのは、人為的に政策資金を特定産業に移動させる統制的資金配分であった。同時に、企業の投資を促進させる観点から投資資金コストを引き下げるために低金利で資金供給が実施された（Fry［1988］）。この政策の仕組みを貸付資金市場を想定して図示したの

---

[4] Berkowitz et al.［2000］は、法制度への社会的需要の強さが法制度が効率的に機能するかどうかに重要であるとしている。

図1-2 人為的な低金利政策

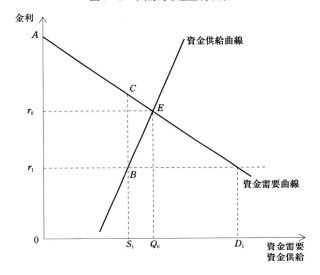

が図1-2である。本来の市場均衡は、資金供給曲線と資金需要曲線の交点Eで決定され、金利はr_0、資金需給量はQ_0となる。このとき企業の利潤はAEr_0の面積に等しい。人為的低金利政策では、企業の投資資金の調達コストを低下させるために、金利に上限規制が加えられる。金利上限が$r_1(r_1 < r_0)$に設定されたとすると、資金供給量はS_1に低下するが、企業の利潤は$ACBr_1$の面積に等しくなり低金利政策実施前よりも増加する。この結果として内部留保による企業の投資が拡大すれば、経済成長の加速が期待できる。さらに、政府が資金を統制することによって、将来成長が見込まれる産業に資金が優先的に配分されるならば、戦略産業を核とした経済成長の加速が期待される。

　しかし、人為的低金利政策は、やがて多くの国々で行き詰まりを見せるようになった。実物面では、統制的資金配分の目標とされた戦略産業で、成長が頭打ちになった。多くの輸入代替産業は、国内市場の輸入代替には成果を挙げたものの、海外市場への輸出には失敗し成長が急激に低下してしまった。一方、金融面でも、フォーマル市場の成長が停滞し政策金融機関に不良

債権が蓄積されると同時に、規制を回避したインフォーマル金融が肥大する傾向が現れた。さらに貨幣増発を利用した政府による資金配分はインフレを悪化させマクロ経済の不安定化をもたらした。このような行き詰まりは1970年代には明白になり、政策転換が強く求められるようになった。

5.2 構造調整政策と金融自由化論

人為的な低金利政策への批判として、McKinnon [1973] と Shaw [1973] の金融自由化（financial liberalization）論が登場したのは、このような事情を背景としたものであった[5]。Shaw [1973] は、人為的低金利政策は金融抑圧（financial repression）を発生させ経済成長に負の影響があるとして、2つの問題点を指摘した。

第1の悪影響は、金利を低下させることによる資金供給量の減少である。この結果、企業の資金調達量も減少し投資の低下が起こる。投資の低下は生産能力の伸びを抑え、経済成長が抑制される。第2の悪影響は、金利による資金配分機能が活用できなくなるため、資金が非効率的な目的に配分され、投資効率が悪化することである。低金利政策の下では、資金需要が S_1 に減少する反面で資金需要が D_1 に増加するため、S_1D_1 だけの資金の超過需要が発生する。市場機能が働けば金利の調整によって収益性の低い投資が排除され、資金の超過需要は解消する。しかし、政府による統制的資金配分の下では、収益性の低い投資に資金が配分される一方、収益性の高い投資が資金供給を受けられないという事態が生じる。この結果として、経済全体の投資効率が悪化して経済成長は低下する。この問題は、低金利政策によって企業が享受すべきレント（超過利潤）の増加分が、政府や金融機関などによって浪費されてしまう可能性とも関わっている。この場合には、企業の利潤は期待されたほどは拡大せず、投資意欲も高まらない。レントは政府財政赤字の補填に流用されたり政治的腐敗によって浪費されてしまう。

以上の問題は、人為的に金利を低く固定し金利の調整機能を停止させたこ

---

5) McKinnon [1973] は、自己資金を利用した零細事業者による規模の小さな投資活動を想定している。これに対して Shaw [1973] は、貸付資金市場を前提とした外部資金による規模の大きな投資活動を想定している。

とから生じていると Shaw は指摘した。問題を解消するには、人為的な金利上限規制を廃止し、金融市場を自由化させることが必要になる。1980年代後半から多くの途上国で、それまでの開発政策の根本的な見直しが進められ、国際金融機関などの支援を受けて構造調整政策が実施された。開発金融政策についても、従来の統制的資金配分を改め市場機能を活用した資金配分を実現するため、金融自由化政策が進められた。

5.3　金融抑制論

　金融自由化政策の評価は World Bank［1990］に詳しいが、2つの点が重要であろう。まず金融自由化の成果としては、人為的低金利政策が生み出した資源の浪費が解消され、過去の負の遺産が清算されたことが指摘できる。非効率な資金配分と政策金融機関の不良債権問題、さらに政府財政赤字の補填など一連の問題が、制度金融を縮小し市場を自由化することによって大幅に解消された。

　しかしその一方で、金融自由化はそのまま企業への積極的な投資資金の供給につながった訳ではなく、経済成長を加速するような活発な国内投資を生み出すことには必ずしも成功しなかった。この事実を受けて、途上国の金融市場の不完備性を強調し、このような市場環境の下では、政府による統制的な資金配分にも一定の合理性があることを主張する Stiglitz らによる金融抑制（financial restraint）論が現れた（Hellman et al.［1996b］）。

　情報の非対称性が高く、完備した市場がない場合、貸付資金市場は図1-3のように表される。企業の資金需要は図1-2と同じであるが、資金の供給曲線はある金利水準で反転している[6]。情報が非対称な世界では、資金の供給者は資金の需要者である企業の情報を十分に知ることができない。一般に投資の収益率はリスクと相反関係にある。収益率が低い投資にはリスクの低いものが多いが、高い収益率を上げ得る投資にはリスクが高いものが多くなる。このことを資金の貸し手から見るならば、貸し付けた資金が無事に返

---

[6]　資金供給曲線の反転については第4章でも扱われる。詳しくは Stiglitz and Greenwald［2003］を参照。

図1-3 金融抑制の可能性

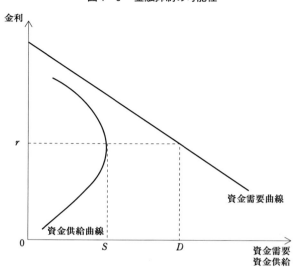

済される限り金利が高いほど期待収益率は高くなるが、金利が高くなると資金が返済されなくなる可能性も高まってくることを意味する。したがって、ある一定の金利水準までは金利収入増加のメリットが債務不履行リスクの上昇によるデメリットを上回るが、金利が高くなると債務不履行リスクのデメリットが金利収入増加のメリットよりも大きくなってしまう。金利が上昇するに連れて資金供給量は増加していくが、金利が r に達すると資金供給量は S 以上には増えなくなり、さらに金利が上昇するとむしろ資金供給量は減少してしまう。このような場合には、金融自由化をしても市場金利 r の下で SD だけの超過需要（均衡信用割当）が解消されず企業の資金需要は満たされない。

このような問題は、法整備が遅れ債権者の権利が不十分にしか保護されていない途上国ではより深刻になる。市場では資金の需給均衡は金利調整によっては達成できず、資金の超過需要が解消されないままの状況が生じる。資金は比較的安全な投資には供給されるが、たとえ将来性が高い事業でもリスクの高い投資には資金供給は行われず、このことが経済成長の阻害要因とな

る。金融自由化政策は、資源の浪費を解消することはできても、有望産業の投資を加速し、経済を活性化するような力を生み出す手段とはなりえないのである。

　事態を改善させるには、反転している資金供給曲線を正す必要がある。それには、情報の非対称性を改善し、債務不履行のリスクを低下させるような方策が有効である。もし、低金利政策によって生み出されたレント機会が、金融機関のモラル・ハザードを防止するのに役立ち、貸出先のスクリーニングや貸出債権のモニタリングに積極的に努力しようとする意欲を高める効果があるならば、低金利政策は生産的な投資を拡大させるのに拡大に有効であろう。Hellman et al.［1996b］はこのような可能性を詳細に検討し、日本の経験をその成功事例として指摘している。

　人為的な低金利政策は、情報の非対称性の激しい途上国の金融事情の下では、金融市場整備の有効策になりうる。ただし、中南米や北部アフリカ諸国のように、この政策の下で生み出されたレントが、政府によって財政赤字の補填に流用されてしまった場合には、人為的低金利政策は金融自由化論の批判の通りに経済成長を阻害する。Hellman et al.［1996b］はこのような理解の下で、人為的低金利政策のタイプを2つに分け、低金利政策によって生み出されたレント機会が金融機関によって有効に活用され、金融制度整備と金融機能強化に役立った場合を「金融抑制」、レント機会が政府に収奪されて浪費された場合を「金融抑圧」と、判別すべきだと論じた。

6 おわりに：グローバリゼーションと開発金融政策

　1990年代以降に急激に進んだ世界経済のグローバル化は、途上国の開発金融政策にも大きな影響を与えている。第1は、グローバル化によって途上国経済の金融自由化が一層進み、開発金融の在り方についても、自由な市場機能を最大限に活用することによって経済成長を促進することが基本政策として定着したことである。確かに途上国では情報の非対称性が甚だしく法の執行能力も低いため、金融抑制論が指摘しているように、途上国の金融市場の機能は先進国の市場と比較して限定的である。しかしながら市場機能が制約

されているからといって、政府の介入によって問題を解消しようとする政策は、かつての人為的低金利政策のように失敗に終わる危険性が高く、できる限り避けるべきだと考えられている。金融市場の機能向上は、市場参加者の健全な市場競争を通じて達成されるべきであり、そのための前提条件となるべき法律・制度インフラを整備することが政府の役割である、と広く認識されるようになった。

　グローバル化の第2の影響は、途上国の開発金融政策において、外国金融機関や海外金融市場の役割が極めて高くなったことである。グローバル化以前は、途上国の金融部門は対外的に閉鎖された環境の下にあり、そこでの主要なプレーヤーは自国金融機関と自国企業であった。しかし今日の途上国では、産業を発展させるために国際的なネットワークを持つ外国企業の役割が飛躍的に重要になってきている。同時に、金融サービスについても、海外金融市場や外国金融機関を活用して、より高度な金融サービスを提供できる金融部門を発達させることが求められている。国内金融市場の機能障害を補完するために、かつては政策金融の役割が期待されたが、現在ではむしろ海外金融市場や外国金融機関の持つ優れた機能に期待が寄せられている。

第 2 章

途上国金融システムの発展とその経路

1 はじめに

　金融制度の発展経路は国によって多様であり、同程度の発展水準の国でも互いに少なからぬ相違がある。また、各国における金融制度の発展は、途上国を取り巻く世界経済の在り方とも密接に関係しており、世界経済がグローバル化した今日とそれ以前の1980年代までの時期とでは、その様相は大きく異なっている。

　本章では、新制度派経済アプローチを利用して、第二次世界大戦後の開発金融の流れを開発金融システムの発展という視点から検討する。まず第2節で、新制度派経済学を紹介し、金融システムの発展経路にどのように応用できるか説明する。第3節では、戦後の東南アジア諸国の金融制度の事例として、1960-70年代にかけて形成された韓国の金融システムと、1980年代後半から1990年代にかけて形成されたタイの金融システムを比較する。前者はグローバリゼーション以前に急激な工業化に成功した事例であり、後者はグローバリゼーションを活用しつつ産業構造高度化に成功した事例である。第4節では、東南アジア諸国の金融システムが抱える現在の問題点を考えることで、途上国金融システムの今後の課題について言及する。

2 開発金融システムの発展と経路

金融制度は経済全体の制度の一部であり、途上国の金融制度の発展経路を理解するためには、経済制度全体の構造変化を理解しければならない。Coase［1960］やNorth［1990］らによって展開されてきた新制度派経済学（new institutional economics）は、経済制度と経済発展との関係についての詳細な検討を行っている[1]。これらの問題意識を共有しつつ、経済制度が存在する根拠およびその生成と変化のメカニズムを包括的に分析しようとするアプローチが、比較制度分析である（青木・奥野［1996］）。

2.1 新制度派経済学の視角
(1) 制度とその重要性

North［1990］によれば、制度とは、人々の相互作用に安定した構造を与え不確実性を減少させるために考案されたルールである。制度は、フォーマルなルールとインフォーマルなルール（社会の慣習と行為規範）、および違反を突き止め違反を処罰する取決め（執行メカニズム）からなっている。制度的な枠組みの特徴は、ルールの内容、執行のタイプと有効性によって形作られる。

制度が大切なのは、第1に、一国の制度的な枠組みが、取引費用（transaction costs）に大きな影響を与えるからである。経済学の入門テキストでは、取引の過程で費用がかからない世界を想定している。これは情報が完全で契約不履行が発生しない世界を想定しているからである。しかし現実の世界ではこのような仮定は当てはまらない。取引費用とは、(i)取引の相手を探し取引に合意するための交渉に要する時間と資源（交渉費用；negotiation costs）、(ii)取引の対象となる財やサービスの属性を測定する時間と資源（測定費用；measurement costs）、(iii)取引を契約通りに執行するのに要する時

---

1) 経済発展と金融制度の発達の関係についての本格的な研究はGershencrone［1962］やGoldsmith［1969］にさかのぼることができる。

間と資源(執行費用；enforcement costs)からなっている。

　取引費用が存在する世界、言い換えれば情報が不完全で契約不履行が発生する世界では、制度が重要な意味を持つ。制度的な取決めがどのようなものであるかによって取引費用が決まり、経済活動の内容と水準を決定するからである。取引費用が小さい経済では、より効率的な生産が行われ達成可能な所得が拡大する。取引費用が小さいほど、市場の形成によって生産の分業と特化が進み、経済活動の効率を高めることができる。逆に、取引費用が高すぎる場合には、潜在的に可能であったはずの取引が実現できなくなり市場の欠落が生じる[2]。

　制度が大切なのは、第2に、組織の行動に影響を与え、シュムペーターの創造的破壊(creative destruction)を引き起こすからである。組織とは、ある共通の目的を達成するために結合された個々人の集合である(North [1990])。具体的にいえば、政治団体・経済団体・社会団体・教育団体があり、人々の相互作用に構造を与える。どんな組織が創出されどう発展するかは、ルールに依存する。その一方で、自らの目的を達成する上で現行の制度を変えた方が有利であると判断すれば、ルール変化を進めようと働きかける。

　創造的破壊は、適切な制度的枠組みが存在するときのみ発生する。経済的組織は、利潤を最大化することを目的としているが、利潤を拡大する方法は多様である。政府による規制や保護を利用したり、独占的に市場を支配したりすることでも企業は利潤は拡大できるが、経済は発展しない。政府の保護を減らし競争的市場を維持して、企業が技術革新に努力し効率的な生産に向かうような制度的な枠組みが望ましい。

---

2) よく機能する市場が存在するためには取引費用が十分に低くなければならない。その条件として、十分な需要が存在すること、多数の供給者が存在すること、需要者が財について十分な情報を持っていること、安定的な通貨制度があること、売手と買手の間で財の所有権が支障なく移転されること、契約不履行に対する司法の執行能力があること、が必要である(Yeager [1999])。

(2) 経済制度の性質

　安定的な経済制度は次の4つの性質を持っており、ある種の補完性に基礎を置くナッシュ均衡だと考えられる（青木・奥野［1996］）。すなわち、その制度を守ることが自己の利益にかなっているので各自が進んで制度を守ろうとするはずであり（制度の持つ戦略的補完性）、各種の制度は互いに補完的に働くことで制度全体としての機能が強化されている（経済システム内部の制度的補完性）。また、このような補完性の働く仕組みは一通りとは限らないので、経済制度には多様なバリエーションがみられる（経済システムの多様性）。最後に、制度には慣性が働くため、歴史的な経路に従って徐々にしか変化していかない（経済システムの進化と経路依存性）。

　経済制度は内部に相互に補完的に機能する仕組みを内包しており、円滑に機能する制度ほどそのような補完的機能が良く備わっている。したがって、一旦形成された経済制度は、その一部だけを変化させようとしても上手くいかない。なぜなら以前の制度に補完的な仕組みが残っている限り、改革に摩擦が生じて元の制度に戻そうとする力が働くからである。したがって制度を変化させるためには、経済制度の変化を元に戻そうとする内部的な力に打ち克つだけの大きな力やショックが必要である。

2.2　金融の未発達と低水準均衡

　第2次大戦後に政治的独立を達成した開発途上国が最初に直面したのは、金融部門も実物経済も未発達であり、経済・法制度も未整備であるという状況であった。独立直後の途上国の主力産業は農業を中心とする第1次産業と在来の商業であり、人々の所得水準は低くかつ不安定で、資産の蓄積も極めて乏しかった。経済活動の前提となる法制度も未整備で、債権者の権利は十分に保護されておらず、司法の執行能力も契約不履行を抑止するには不十分であった。

　このような状況の下で、金融市場では、購入した商品を担保として小規模の短期資金を貸し付ける商業金融か、収穫を見込んで短期営農資金を貸し付ける農業金融しか提供する能力がなかった。その主な理由は、資産蓄積水準が低く金融機関の資産規模が小さかったこと、資産の保有者がリスク回避的

図2-1 初期条件としての低水準均衡

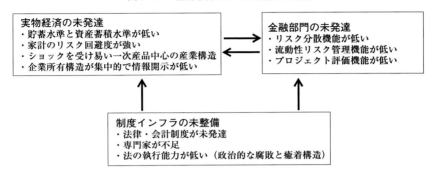

であったこと、さらに重要なことは金融取引にかかわる情報の不足・不確実性が深刻だったことである。この結果、金融機関のリスク分散、流動性リスク管理機能、プロジェクト評価機能が厳しく制約されてしまった。

一方、このような金融機能の低さは、新規産業導入や技術革新のための投資活動を制約し、実物経済の発達の重大な枷となった。新規産業の導入には、設備投資のための大規模資金と、操業後に生産コストが十分低下するまでの期間をカバーする長期性資金とが求められる（寺西・福田［2007］）。しかしながら、途上国の金融部門はこのような大規模長期資金を供給することができなかった。

結局、途上国では、金融部門の未発達と実物経済の未発達が相互に抑制し合うという低水準均衡（low-level equilibrium）が形成された（図2-1）。それは、未発達な経済・法制度の下で、家計、商店・農場・企業、金融機関などがそれぞれ従来の行動を離脱できず、金融部門と実物部門が互いに負の補完性を持つ、安定的なナッシュ均衡であった。

2.3 金融制度の発展と経路

途上国が初期条件としての低水準均衡から離脱するためには、どのような金融制度を利用すればよいのであろうか。比較制度分析は、システム移行の具体的な方法として、(i)個々の経済主体が創造的革新を行いそれが学習・模倣を通じて社会への波及すること、(ii)異なる経済システムと接触することを

通じて革新が導入され学習・模倣されること、(iii)政府が革新を導入し学習・模倣が進むようにコーディネーションすること、(iv)現行システムが破局を迎え、その中から進化の方向を探ること、の4つを挙げている（青木・奥野[1996]）。

以上の方法の内で、個々の経済主体が創造的革新を行いそれが学習・模倣を通じて社会へと波及することは、そもそも低水準均衡に陥っている経済では多くを期待できない。創造的革新を行おうとする経済的インセンティブは成り立たず、未発達の金融部門と未発達な実物部門とが互いに発展を抑制しいるのが低水準均衡の姿だからである[3]。

低水準均衡から離脱するための一つの可能性は、異なる経済システムと接触することを通じて革新が導入され学習・模倣されることである。異なるシステムとの接触が、国内の経済主体が互いに形成している補完関係に風穴を開け、ナッシュ均衡を破壊する効果がある。補完関係がなくなることで革新の導入と学習・模倣に経済的なインセンティブが生まれるようになり、これが金融部門発展への契機となると期待されるからである。

途上国経済の負の補完性を断ち切るためには、さまざまな企業や個人が互いに協調的に革新的な行動を取れるような何らかのコーディネーションが必要である。この意味において、政府が革新を導入し学習・模倣が進むようにコーディネーションすることは、低水準均衡から脱出する1つの有効な解決法である。この場合、政府が自らコーディネーションをするだけでなく、民間部門が積極的に創造的革新に取り組むような支援政策を実施したり、異なる経済システムとの接触が進むように対外開放政策を実施したりすることも、このカテゴリーの方法に含めることができる。また、政府によるコーディネーションは金融部門だけで行われるのではなく、実物部門と組み合わせた開発戦略として構想される。金融部門に対する途上国政府の介入が成功するためには、実物部門における工業化政策や貿易政策と整合的であることが、少なくとも必要である[4]。

---

3) 途上国のビジネスグループ（コングロマリット）は、負の相関を克服する民間部門の自主的なシステム形成努力かもしれない。グループ所属企業は互いに資金を融通し合える擬似的な内部資本市場ができるからである。

最後に、現行システムが破局を迎えることは、途上国経済が負の補完性から離脱する重要な切っ掛けとなる。安定した経済制度には補完性が内包されているため、制度には慣性が働き徐々にしか変化しない。しかしこのことは逆に、一度重大な障害が制度に発生すれば、制度全体が大きく変化することを意味している。なぜなら、制度の各部分には互いに補完性が働いているため、その一部だけを改めても他の部分との摩擦が生じるので制度全体が円滑に機能しなくなるからである。現行システムが破局を迎えることは、制度の全面的な再構築すなわちシステム移行の大きなチャンスである。歴史的経験からみても、制度は小規模の改革をしながら安定的に発展する期間が続いた後、基本的設計の変化を伴うような大規模な改革が行われ、再び小規模の改革が続く安定的な時期に戻るという動きをすることが多い。

3 開発金融パラダイムの転換：東・東南アジアの経験

3.1 グローバル化以前：政府主導工業化と韓国の金融システム

　産業構造の高度化の過程で現れる実物部門と金融部門の相互抑制的な障害を克服するために、途上国ではさまざまな政策が採られてきた。1970年代に開始された韓国の重化学工業化の経験は、政府がコーディネーターとなった開発金融システムの事例である。韓国では1960年代半ばに、軽工業中心の産業構造からの転換を目指して、韓国企業による重化学工産業の育成が政府主導で開始され、1990年代まで広汎な政府介入が行われた（飯島 [2007]）[5]。韓国企業に対して、政府は戦略産業に必要な海外技術の導入を支援する一

4） 政策努力をもっぱら実物部門の発展に置くのか、あるいは金融部門の整備に置くかで、2つのアプローチがある。前者は、実物部門が発展することによって金融サービスへの需要が高度化し、これによって金融部門の発展が促されることを期待する政策（demand driven policy）と言える。後者は、金融部門を整備して金融サービスの供給を高度化することによって実物部門の発展が促されることを期待する政策（supply driven policy）と言える。詳しくは Berthélemy and Varoudakis [1996] および Saint-Paul [1996] を参照。

5） 韓国とほぼ同時期に産業の高度化を進めた台湾でも、電子産業の技術開発などにおいて政府の関与は非常に大きかったと言われる（例えば、谷浦 [1988]）。

方、企業の輸出実績を基準として統制的に資金を配分した。金融部門では人為的低金利政策が実施され、政府開発銀行などの専門金融機関も積極的に活用された。表2-1は、70年代から80年代における東南アジア各国の政策金融機関と商業銀行の規模を比較したものであるが、韓国において政策金融機関の比率が極端に高かったことがわかる。

政府主導による工業化と呼ぶべきこの政策の中心は、重化学工業部門の投資を政府が支援し拡大することであった。同時に、政府主導の工業化政策を金融面から支えるために、統制的な資金配分と低金利政策が積極的に利用された[6]。リスクの高い戦略産業に対して政策的に投資資金が誘導され、国内資金の不足分は政府の公的保証を利用した海外借入資金で補填された。また特定分野への資金誘導は金利規制や業務規制などの金融諸規制と制度金融を通じて行われた[7]。

情報の非対象性が存在するとき、政府によるコーディネーションは次のような経済学的な合理性があった（Stigliz［1989］)[8]。第1に、政府による戦略産業の選定や海外借入資金への公的保証は、重化学産業育成に対する政府のコミットメントの明瞭なシグナルであり、投資リスクを政府が分担する効果（リスク・シェアリング機能）を生んだ。第2に、政府が行った技術情報の収集と適正技術の選別、あるいは戦略産業の選別は、民間企業や金融機関が負担する情報生産費用を軽減する効果があった。

途上国の政府による統制的資金配分は、適切な配分先を選別するのに失敗し、非効率な資金配分を招くことが多い。韓国政府がこのような失敗を回避できたのは、他の国々が国内市場を対象とした輸入代替工業化を実施したのに対して、韓国では輸出志向工業化政策が実施され、輸出実績に応じて韓国企業への資金配分が行われたことが重要であった。なぜなら、海外市場への

---

6) 寺西［1995］、鳥居［1993］参照。
7) 詳しくは、Fry［1995］を参照。
8) Hellman et al.［1996b］は、政府による金融市場への介入が金融システムの発展自体に有効性を持っているとの議論を展開し、金融抑制（financial restraint）という概念を用いてその効果を説明した。ただし、韓国の人為的低金利政策では規制を逃れた私募債市場が肥大するなど金融システム発展にとって悪影響が大きく、金融抑制の議論は当てはまらない。

表2-1　東・東南アジア各国の政策金融機関の規模

タイ

	1973	1979	1986
①商業銀行総資産	52	159	544
②政策金融機関総資産	6	17	71
②／①	11.5%	10.7%	13.1%

指標：信用残高　10億バーツ

マレーシア

	1980	1987
①商業銀行総資産	32186.1	84720.2
②政策金融機関総資産	2193.2	4482.2
②／①	6.8%	5.3%

指標：総資産額　10万リンギット

インドネシア

	1973	1982	1987
①商業銀行総資産	1.45	14.6	55.7
②政策金融機関総資産	0.08	1.5	4.3
②／①	5.5%	10.3%	7.7%

指標：総資産額　1000億ルピア

フィリピン

	1970	1980	1988
①商業銀行総資産	14	144	299
②政策金融機関総資産	5	53	79
②／①	35.7%	36.8%	26.4%

指標：総資産額　10億ペソ

韓国

	1975	1980	1988
①商業銀行総資産	1878	7476	35055
②政策金融機関総資産	1898	9717	63330
②／①	101.1%	130.0%	180.7%

指標：貸出額　10億ウォン

台湾

	1970	1980	1987
①商業銀行総資産	100	1192	3401
②政策金融機関総資産	32	406	2029
②／①	32.0%	34.1%	59.7%

指標：貸出額　10億台湾ドル

出所：韓国、台湾、タイ、インドネシア、マレーシアについては寺西(1991, p.58)。マレーシアについては、Money and Banking in Malaysia, Bank Negara Malaysia pp.223 および pp.498-504. なお、政策金融機関は開発金融機関と貯蓄金融

輸出力が優れた企業は相対的にみて生産効率の良い企業であり、しかも輸出実績は政府（政策金融機関）にとって容易に観察ができる客観的情報であったからである。同時に、韓国企業にとっては、輸出実績を高めれば優先的に資金配分を受けることができるというルールが明確であるので、投資効率を改善し輸出競争力を高めることに強いインセンティブを持つことができた。

　政府主導型の工業化と人為的低金利政策を組み合わせた開発政策は、同時期にラテンアメリカ諸国でも実施されたが失敗に終わっている。ラテンアメリカ諸国では保護された国内市場を対象とした輸入代替工業化政策を実施したため、どの企業の投資効率が優れているのかの判定基準が難しく、政治的要素など非経済的な理由で企業への資金配分が歪むことが少なくなかった。結果的に、政府主導による輸入代替工業化を進めた国々では、政府による資金配分は失敗に終わることとなった。

3.2　グローバル化以後：外資主導工業化とタイの金融システム

　タイでは、プラザ合意を契機とした1980年代後半からのドル安を背景に、日本、NIEs諸国からの直接投資の流入が本格化して、外国企業の主導下で電機機械、一般機械、輸送機械等の組み立て産業が急成長する一方、国内企業と外国企業の合弁や技術導入により石油化学、素材などの重化学工業も成長が加速した。タイ政府も、輸出産業に外国投資を積極的に誘致することを目指して、貿易投資の自由化政策と金融自由化政策を進めた。1970年代の韓国とは対称的に、政府介入の度合いが低い環境下で、外国企業主導による産業構造高度化と高度成長が実現したことが、1980年代のタイの経済発展における特徴であった。

　タイの開発政策は実物面と金融面で2つの特徴を持っていた（奥田［2000］）。実物面では、外国資本・企業を積極的に誘致してリーディングセクターとなる輸出産業を育成したことである。このことは成長率の高い製造業部門で外資系企業の比率が高いことや、外資系企業の輸出比率が高いことに反映されている。金融面では金融自由化政策が実施され、金利規制、業務規制、外国為替規制の緩和が進められると同時に、1980年代に入って政府系金融機関や公的基金の整理が進み、表2-1のように政府による統制的資金

表 2-2　工業化と金融システム

産業構造の高度化のための開発戦略＼金融部門が直面している機能障害	韓国（1970年代）	タイ（1990年代）
	新規産業導入は自国企業が中核を担う。人為的低金利政策と輸出指向工業化政策により、政府が金融・実物部門のコーディネータとして機能する。	金融自由化政策と貿易自由化政策の下で、新規輸出産業導入は外資系企業が中核を担う。内外の民間資金を市場機能を通じて調達する。
リスク分散機能　リスク負担力が小さく大規模資金が供給できない。	政府が投資リスクを分担することによって金融機関のリスク負担が軽減される。	海外市場と外国（母国）金融機関の機能を利用することで、途上国金融部門の障害を回避する。
審査・監視機能　審査能力と監視能力が十分でない。	輸出実績に基づき政府・政策金融機関が民間金融機関の代理として審査する。	外資系企業の審査と監視機能は、主として外国（母国）金融機関が担う。
流動性リスク管理機能　期間転換能力が低く長期資金が供給できない。	政策金融によって人為的に長期資金を創出・導入する。	外資系企業の場合には長期資金は海外から調達ができる。

出所：奥田・三重野［2004］

　配分は農村開発を主たる目的とした限定的なものにとどまった。また、これまでの銀行中心の金融システムでは重視されてこなかった株式市場の育成も重要な政策課題とされ、本格的育成策が開始された。こうして成長資金は市場メカニズムを通じて調達され配分されることになった。

　表 2-2 はタイの開発政策を1970年代の韓国の開発政策と比較したものである。外資主導型の工業化政策と金融自由化政策を組み合わせたタイの開発政策は、低水準均衡の罠からの脱出策として外資系企業を積極的に利用した。新規産業をタイの国内企業が行おうとすれば、新技術の導入、生産と販売のノウハウを学習しなければならないので、高い投資リスクに直面しなければならない。また、タイの国内金融部門も、新規産業の導入に必要な大規模かつ長期投資資金を供給する能力に欠けていた。これに対して、外国企業は新産業を経営する経験と技術をすでに豊富に持っており、タイへの直接投資に強い意欲を示していた。また外国企業は、タイの金融市場で供給できない高度なサービスについては、海外金融市場を利用することで問題を解決す

ることができた。このような状況の下で、タイでは、外国企業を進んで誘致し、規制緩和によって内外資金が市場を通じて自由に利用できる環境を整えた。韓国で政府が担った技術と資金導入のコーディネータの役割は、タイでは外国企業が担った。タイの政府が行ったのは、外国企業を重要なプレーヤーとして経済に導き入れることと、外国企業との接触を通じて自国企業が学習と模倣を行う環境の整備であった。

　タイの金融システムの場合も、韓国のシステムと同様に、輸出志向型の工業化政策と組み合わせて実施されたことは重要である。タイに進出した外国企業は、輸出競争力のある企業が中心となった。このため、国際競争力の強い投資効率の優れた企業に資金配分が集中し、ラテンアメリカ諸国で問題となったような非効率な資金配分は起こらなかった。

3.3　韓国とタイの銀行部門の違い

　韓国とタイの金融システムの違いは、途上国金融部門の最も中心となる銀行部門の発展に見ることができる（奥田・三重野［2008］）。韓国では、国内銀行部門による資金供給が、工業化の重要な要件として政策的に運用されてきた。これとは対照的に、タイの国内銀行部門は工業化の過程と併存しながらも、製造業部門とは距離を保って成長を遂げてきた。

　図2-2は、東南アジア諸国について、銀行業の活動水準（預金銀行総資産の対GDP比率）と工業化水準（製造業付加価値の対GDP比率）との変化を概観したものである。韓国では、工業化では先駆けたものの、工業化の水準ほどには国内銀行の活動水準は高くなかった。一方、タイでは工業化の水準が比較的低い段階から、国内銀行の活動水準は盛んであった。韓国では、タイと比較してむしろ金融部門の発展水準が低い段階にもかかわらず、政府の強い指導の下で産業構造高度化を推進したことがわかる。

　産業構造高度化過程における資金調達の構造も、韓国とタイで対照的である。図2-3は、東南アジア諸国について、銀行部門の製造業への資金供給（製造業向け貸出残高が総貸出残高に占める比率）と工業化水準（製造業付加価値の対GDP比率）との変化を概観したものである。韓国の同程度の工業化の時期と比較して、タイ銀行部門の製造業向け貸出水準は、非常に低

図2-2 工業化と銀行の発達

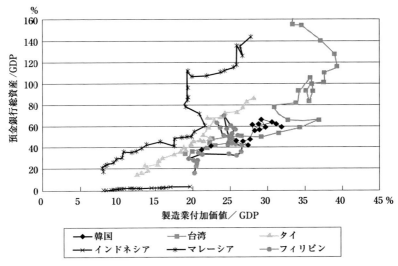

出所：奥田・三重野[2004]から図3を転載。

い。韓国の銀行部門は、政府の指導の下で工業化資金を積極的に供給した。一方、1980年代以降のタイの工業化過程において資金調達の主要部分を担ったのは直接投資を中心とする外資である。直接投資による外資合弁企業は、外資の本国親企業との資金提供を受けるとともに、親企業と取引関係にある母国銀行からも資金調達を行った。このため、タイの銀行部門は、産業構造が急速に高度化しつつあるにもかかわらず、非製造業部門を中心とした取引関係がそのまま持ち越され、工業化資金の供給に関しては限定的な役割を果たしたにとどまった[9]。

　韓国とタイでは、銀行部門と民間ビジネス・グループとの関係にも大きな違いが生じた。韓国では、銀行は政策的資金の配分機関として政府の強い管理下におかれたため、財閥グループ（チェボル）の自立的な形成過程に関与

---

9) タイ銀行部門は、むしろ工業部門に付随する輸出・輸入業、不動産業、流通業に融資、出資を進める形で成長した。

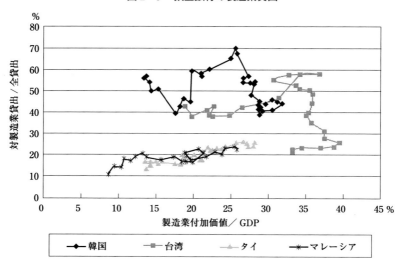

図2-3　預金銀行の製造業貸出

出所：奥田・三重野[2004]から図4を転載。

することはなかった。これとは対称的に、タイでは、商業銀行が中核となってビジネス・グループが形成され、非製造業部門に多角化する形でコングロマリットに成長をとげた。

4 グローバリゼーションと開発金融システム

目覚しい経済的成功を納めたタイは、1997年に発生したアジア金融危機によって非常に大きなダメージを受け、金融システムの変換を迫られた。タイの経済成長の構造は、外資系企業の活動と海外市場への輸出を抜きにしては経済が成り立たないという点において、多くの新興市場経済と共通する。この意味で、タイの経験は、グローバル化した世界経済における途上国金融システムの在り方を考える上で示唆に富んでいる。

4.1　アジア経済危機とタイの金融システム改革

外資主導工業化とタイその開発金融システムは、グローバル化を積極的に

利用して大きな成功を収めた。しかし、外資系企業を発展のエンジンとした結果、タイの開発金融システムでは、高度な金融サービスは外資系金融機関・海外金融市場に依存する傾向が強かった。このため国内金融部門と成長セクターとの密接な連携が形成されず、地場金融機関のレベルアップが進まず見かけの資産規模の拡大にもかかわらず経済発展に取り残されるという問題が生じた（奥田・三重野［2008］）[10]。

　金融部門と実物部門との相互促進的発展が進まなかったという意味では、タイの金融システムは次のような欠陥を持っていた。第1に、新規産業の導入に伴う投資プロジェクトの選別、適切なリスク分散、長期性資金の供給について、国内金融機関の能力は未熟なままであった[11]。第2に、企業の所有構造が寡占的で企業情報の開示は極めて限定的であったため、外部投資家と企業との間の情報の非対象性が著しく高くなり、円滑な金融活動の障害となった。第3に、法律や会計制度の整備やそのための専門家の育成が遅れたことが、国内企業や金融機関にとって経営近代化の重大な障害となった。第4に、金融機関と企業グループとの結託、政府と企業との癒着といった前近代的な経済構造が広く残存し、取引に参加できない部外者にとっては排他的で不透明な取引を助長する結果となった。1997年に発生したアジア経済危機は、このような金融構造の破綻という側面を強く持っていた。

　アジア経済危機という破局を迎えて、タイでは大規模な経済改革が実施された[12]。その内容は以下の3点であるが、それまでの金融システムの基本

---

10) アジア危機に際して韓国の金融制度も、大きなダメージを受けた。韓国は、1990年代を通じて、政府の統制を排除し、金融制度の自由化を進めてきた。しかしながら、国内金融機関が市場競争の下で健全かつ効率的な経営を担保するだけの、制度的な枠組みを構築するにはいたらなかった。政府の管理から離脱した後も、金融機関のガバナンスは不十分であり、また、金融機関の健全経営を保証するに足るだけの法的な規制も十分ではなかった。

11) 例えば、pawn shop banking と呼ばれる担保に偏重した融資活動や、Chinese banking と呼ばれる華人人脈に情報生産を依拠した融資活動が、しばしば指摘されてきた。

12) 制度改革に先行して、アジア金融危機によって大打撃を受けた銀行と企業の再建も進められた。この流れの中で、破綻銀行の処理のための公的資金注入、資産管理会社による銀行の不良債権問題の処理、個別企業の対外債務問題の解決に向けた当事者間交渉への政策サポートなどが実施された（高安［2005］）。

構造を保持しながら、市場メカニズムの一層の強化を図ろうとするものであった（高安［2005］）。

　第1に、金融自由化の前提となるべき制度インフラの整備が積極的に実施された。法制度・金融規制の近代化によって金融機関と企業の行動を先進国のベスト・プラクティスに転換することを目指して、銀行制度改革と企業制度改革が進められた。銀行経営の健全性維持に関しては、プルーデンシャル規制が厳格化され、銀行は経営責任を厳しく問われるようになった。同時に中央銀行の組織変更や銀行監査権限が強化されて規制当局の執行能力も強化された。一方、企業経営の健全性に関しては、企業に対する株主と債権者のガバナンスを強化するために、資本市場における情報開示の強化や破産制度の改革などが進められた[13]。

　第2に、競争的な市場環境の整備が目指されることとなり、外国金融機関への国内市場開放がいっきに加速された。金融市場の対外開放は、国内金融部門の機能障害を回避する手段としても期待された。国際金融市場の豊富な資金、高度な金融技能、国際的なネットワークを活用することで、途上国の経済成長を制約していた金融面の障害を克服できると考えられたからである[14]。

　競争的な市場環境の形成には、金融機関が市場から退出できる環境が確保されていなければならない。これまでの制度では金融機関の退出（倒産）を想定した十分な制度が存在していなかったため、不健全な経営に陥った金融機関でも市場への影響が大き過ぎる場合には、やむを得ず存続させざるを得なかった（too big to fail 問題）。アジア金融危機後にタイと韓国では、危機によって大打撃を受けた銀行を中核とする金融部門と企業の再建が進められた。この流れの中で、破綻銀行の処理のための公的資金注入、資産管理会社による銀行の不良債権問題の処理、個別企業の対外債務問題の解決に向けた当事者間交渉への政策サポートなどが実施された。これらの制度枠組みは、金融機関の市場からの退出を保証する制度の整備と考えることができる。

---

13) 企業ガバナンスについては、第7章で詳しく検討する。
14) 外国銀行の進出効果については、第5章で詳しく検討する。

経済危機後の改革では、第3に、銀行への過度の依存は金融システムを不安定化させるという考えから、代替的な金融機能として証券市場の重要性が強調されるようになり、証券市場の育成も重視されるようになった。この結果、これまで一貫して経済発展を支えてきた銀行を中心とした金融システムから市場をより重視したシステムへの転換が模索された。特に、株式市場に比べて発展の遅れていた債券市場の整備が進められることとなった。

4.2　これからの制度進化の経路をめぐって

　新制度派経済学の視点から見て、途上国金融システムの改革の方向性について以下の諸点に注意が必要であろう（World Bank［2001］）。第1は、「資本主義経済システムの多様性」に関するものである。進行中の改革では、これまでの銀行中心の金融システム（bank based system）を市場中心の金融システム（market based system）に転換していこうという流れが見られる。しかしながら、先進諸国でも金融制度は多様であり、市場中心の金融システムにすべての先進国が収斂している訳ではない（Allen and Gale［1997］）。また金融理論によれば、着目する機能によって銀行と証券市場の優劣の順序は異なっており、何れが他に優越するとも一概には言えない。これらの意味で、銀行中心の金融システムから市場中心の金融システムへの転換の是非については、議論の対象となっている途上国のニーズに即して十分な検討が必要であろう。

　第2は、制度の持つ戦略的補完性と経済システム内部の制度的補完性に関する問題である。これは現在のASEAN諸国において、改革の柱でもあるプルーデンシャル規制・会計制度・経済法規の整備がどの程度まで浸透するか、あるいは企業や金融機関の経営に先進国のベスト・プラクティスが本当に定着できるのかという問題とかかわっている。新しい仕組みが定着するには、それを遵守することが企業や金融機関にとって有利になり自己拘束的な制約にならなければならない。例えば会計制度が法律上は整備されても、それを遵守してメリットがでてこなければ、誰も本気で従おうとしないであろう。企業や金融機関の経営近代化についても同様である。この点をどう実現していくか、具体的な対策が望まれよう。

第3は、経済システムの移行におけるビッグバン・アプローチと漸進的アプローチの選択に関する問題である。比較制度分析によれば、急速な制度転換は社会的に大きなスイッチングコストがかかるので、制度転換はビッグバン方式よりも漸進的に進めるべきだとしている。上記の銀行中心の金融システムから市場中心の金融システムへの転換という大幅な制度の転換についても、たとえ制度改革の方向が正しいとしても、短期間にビッグバン方式で進めるべきかどうかについて慎重な議論が必要であろう。

　最後に、インフォーマルなルールの役割についての問題である。途上国ではフォーマルなルールが不備なため、インフォーマルなルールが実際の経済活動で重要な役割を果たしている場合が多い。また、制度派経済学では、経路依存性が発生する理由として、インフォーマルなルールは持続性が強くフォーマルな制度を変えても短期間では変化しないことを指摘している。したがって、システム改革によって新たに導入されたフォーマルなルールがインフォーマルなルールと整合的でない場合、改革は見掛け倒しに終わる恐れが強い。実態を伴ったシステム改革を実現するためには、インフォーマルなルールが果たしている機能を見極め、フォーマルなルールがその代替機能を果たせるようにシステム設計をすることが必要であろう。

開発金融システムの基本デザイン　第Ⅱ部

第 3 章

銀行型システムか
市場型システムか

1 はじめに

　先進国経済が発達した銀行と証券市場の双方を兼ね備えているのに対して、途上国では一般に証券市場が未発達でもっぱら銀行によって金融サービスが提供されている。また先進諸国の中でも、イギリス・米国では市場中心型システムが発達してきたのに対して、ドイツ・フランスを典型とする欧州大陸諸国では銀行中心型システムが発達してきた（Allen and Gale [2000]）[1]。

　経済開発に取り組む多くの途上国で、証券市場の発展が銀行の発展よりも爬行しているのには理由があるのだろうか。経済発展が進むと、銀行だけの金融システムでは、何か問題が生じるのだろうか。途上国はできるだけ早い段階で、証券市場に依存した金融システムに移行すべきなのであろうか。本章では、開発金融政策の基本設計にかかわるこれらの問題を検討する。

1）市場中心型システムでは、銀行は預金受入と短期運転資金の供給を行う商業銀行業務（commercial banking）のみを担い、長期投資資金の供給は投資銀行や証券会社が株式や債券の発行を通じて担っている。銀行中心型システムでは、銀行が株式購入や長期借款供与を通じて長期投資資金も供給し、株式・債券発行にかかわる投資銀行業務（investment banking）も担っている。

第2節では、銀行と証券市場との情報生産機能の違いを整理する。第3節では、途上国で銀行が優位になる理由を、銀行の情報生産機能の特徴から検討する。第4節では、経済が発展するに連れて、銀行の市場に対する優越性が弱まることを説明し、これに関連する実証研究を紹介する。第5節では、制度転換における政府の役割の重要性について言及する。

2 銀行と証券市場

2.1 Relationship based システムと Arm's length システム

最も単純な形での銀行と証券市場の取引は次のようなものである。銀行は多くの預金者から預かった資金をプールし、その代理人として投資先を選別して資金運用を行う。典型的な資金運用は貸出であり、貸付先企業と銀行との取引は相対取引で行われる。貸付先企業に関する情報生産は銀行との日常的な取引関係を基盤として行われ、生産された情報は銀行内に蓄積され外部には公開されない。このような金融の仕組みは relationship based システムと呼ばれる。

証券市場では、投資家が自らの投資判断に基づき、証券の売買を通じて直接に投資先に資金を提供する。投資先企業と投資家との関係は多数対多数の多角的な関係であり、互いに特殊な取引関係を持つことはない。取引内容は契約によって明示的に開示され、取引状況の変化は証券の市場価格と取引量の変化として公開されている。このような金融の仕組みは arm's length システムと呼ばれる。

このような取引を通じて、銀行と証券市場はいずれも3つの金融機能、すなわち、リスク分散機能、プロジェクト評価機能、流動性リスク管理機能を果たしている（Levine [1997]）。しかしながら、銀行と証券市場とでは情報生産の仕方は互いに大きく異なっている（Rajan and Zingales [2001]）。

銀行は貸付先企業と相対取引を行い、密接な取引関係を通じて生産され蓄積された情報は両者だけで共有され外部には開示されない。このことが銀行に貸付先企業に対するある種の支配力を与え、事実上の独占的資金供給者としての地位を与えることになる。なぜなら、たとえ貸付先企業が別の取引銀

行を探そうとしても、新たな取引銀行に自らの企業情報を生産してもらうには大きなコスト（スイッチング・コスト）がかかるからである。スイッチング・コストが高すぎて取引先銀行を変更できないという状況が、銀行と貸付先との取引関係を固定化させる効果を持つ。長期間の密接な相対取引をベースとした情報の内部化が、他の銀行に対する参入障壁となり、このことによって銀行は貸付先への支配力を保持するとともにそれを利用した超過利潤が保証されることになる。

一方、証券市場では、投資先と投資家との関係は公開された情報に基づく多数対多数の関係であり、特定の投資家と投資先との間に一般の市場参加者とは異なる特別の関係は生じない。取引内容は明示的な契約によって定められ、投資家は市場で証券を売買することによって簡単に投資先を変更でき、企業は契約内容を変更することによって新たな投資家を探すことができる。投資家にとって、特定の投資先との密接な関係を維持することは、何ら超過利潤をもたらすことにはならない。投資家の権利は、証券市場の取引が透明であり、明示的な契約が正しく執行されることによってのみ担保されている。

2.2 経済発展と金融システムの変化

途上国は、先進諸国と比較すると銀行を中心とした単純な金融システムしか持っておらず、提供される金融サービスも限定的である。他方、先進国は銀行などの金融仲介機関の他に発達した証券市場を持っており、多様な金融サービスが提供されている。図3−1は、所得水準の異なる国々で、銀行と証券市場の発達がどのように違っているかを表示したものである。

図3−1（A）は、さまざまな国々で、銀行市場と証券市場の規模がどのようになっているかを比較したものであるが、これによると銀行市場の発展した国ほど、証券市場も発展している。しかし、興味深いことに経済発展が進むと、銀行市場に比較して証券市場の比重が高まる傾向が見られる（図3−1（B）（C）（D））。このことは、経済発展がある段階にいたると、銀行よりも証券市場がより急速に発達する傾向があることを示している。すなわち、銀行と証券市場は経済発展とともに発達するが、その重要性は次第に銀行か

図3-1 経済発展と

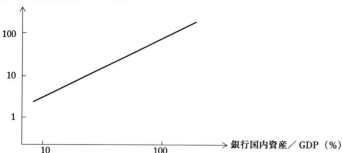

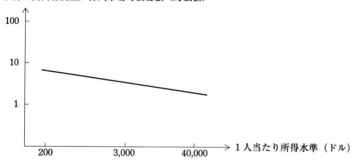

ら証券市場に移っていくのではないかということを示唆している。

3 途上国における銀行の優越性

3.1 独占的資金供給者としての支配力

　経済発展の初期段階で途上国の金融システムが銀行中心になりやすいのは、制度未整備な環境下では、銀行の方が証券市場よりも有効に情報生産を行い債権保全を実現できると考えられるからである（Rajan and Zingales [2001]）。途上国では、経済活動にかかわる法制度や会計制度が整っておらず、それを実際に執行するのに必要な法律や会計の専門家や、政府の監督官

金融部門

(C) 銀行の民間部門向け与信額／株式市場売買代金（対数値）

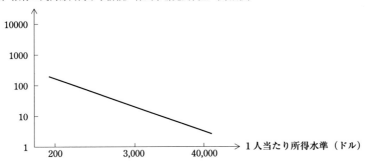

(D) 株式市場売買回転率／銀行の預貸金利鞘（対数値）

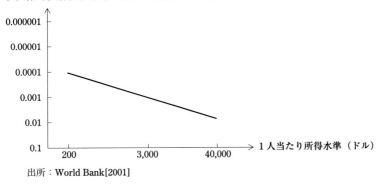

出所：World Bank[2001]

も不足している。また経営・所有構造・財務等に関する企業の情報開示は極めて少なくかつ不正確である。このような事情の下では、銀行の情報生産機能が証券市場よりも相対的に有利になる。

　銀行は貸出先である企業の情報を内部化して蓄積しているため、新たな貸出先としてこの企業が適切かどうかを他の銀行からは見極めにくい。この結果、この企業が取引先銀行を変えたいと望んでも、他の銀行はその企業の実態がつかめないので容易には取引を開始しようとしない。銀行は貸出先の企業に対して、少なくとも短期的には事実上の独占的資金供給者として振舞うことができる。

　独占的資金供給者としての支配力を梃子とすることで、銀行は、貸付先企

業の日常の資金フローを詳細に監視すると同時に、必要な場合には企業の経営情報を提供させることができる。また、債権者の権利が法制度上は十分に保護されていない場合でも、貸付先への支配力を利用することで、自らの債権の保全を図ることができる。

これに対して、証券市場が効率的に機能するためには、投資先の企業に関する情報開示が整備されている必要がある。そのためには法律・会計制度を整え専門職業人を育成しなければならないし、市場の投資家に対して情報を提供するための格付け会社や証券会社なども必要である。さらに、リスク負担力が高く、企業経営と投資手法の分析に長けた保険会社や年金基金などの機関投資家も市場に参加している必要がある。途上国に銀行制度を導入する場合と比較すると、証券市場が円滑に機能するための諸条件を整えるためには、より多くの人的資源と物的資源の投入が必要になろう。このため人材や資源が乏しい途上国の政府としては、まず銀行制度中心の金融システムの育成を目指し、証券市場の整備は後回しになりやすい。

3.2 情報生産コストの節約

銀行は預金者の代理人として投資先の情報生産を行うことによって、証券市場よりも情報生産費用を節約することができる（Allen and Gale [2000]）。個人が市場を通じて直接に投資をする場合には、各個人が別々に投資の判断をしなければならないので、必要となる情報も各個人が別々に手に入れなければならない。仮に、N 人の投資家が m 個の投資先について情報収集と分析を行うとしよう。ここで投資先1件ごとに α の費用がかかるとすれば、1人当たり $m\alpha$、社会全体で $mN\alpha$ の情報生産コストが必要になる。

一方、個人が銀行に資産を預け、銀行が個人の代理人として投資をする場合には、情報コストの節約ができる。例えば銀行が投資家 N 人を預金者として、その代理人として情報収集を行うとしよう。このとき、銀行の情報生産コストは $m\alpha$ であり、各預金者が負担すべき情報コストは $m\alpha/N$ だけですむ。このように、銀行は情報生産コストを節約できるという意味で、市場よりも効率的であるといえる。

さらに銀行が預金者の代理人として情報生産を行うと、専門性の利益も生

まれる。銀行は企業情報の収集と分析に専門化することで、そのために必要な経験と技能を集積することができる。この結果、専門化しない個人投資家が証券市場で投資を行うのと比較して、銀行の方がより効率的に情報収集と分析を行い投資に必要な情報生産のコストを引き下げることができる。また企業情報開示制度が整っていない途上国市場において、企業情報を収集し分析するのには、非公開情報にも精通した専門知識が不可欠と考えられる。専門化による利益は、制度未整備で情報の非対称性が高い途上国では、先進国以上に重要になると思われる。

3.3　フリーライダーとレモンの問題の回避

　証券市場では他人の生産した情報にただ乗りするフリーライダー問題や、不誠実な情報生産によるレモンの問題が発生しやすいため、結果的に情報生産が過小になるとされている。この点も、途上国における銀行の優位性の有力な根拠と考えられる。

　まず、フリーライダー問題を考えるために、株式市場に2種類の投資家がいるとしてみよう。タイプ1の投資家は、投資先について自らコストを払って情報収集し、有望な投資先を見つけようとする投資家である。タイプ2の投資家は、自ら情報生産を行わず、市場における企業の株価の動きだけを見ている。そしてある企業の株価が上昇の気配を見せると、その株を購入して利益を得ようと行動する。

　タイプ1の投資家は他の投資家の知らない有望な投資先を探し出し、低い価格でその株式を購入する。投資家の見込みが正しく投資先が優れた実績を上げれば、配当金が増加し購入した株式の市場価格が上昇する。こうしてタイプ1の投資家は利益を得て、その努力が報いられることになるはずである。ところが、タイプ2の投資家すなわちフリーライダーがいると、タイプ1の投資家は十分な利益を上げられない。タイプ1の投資家がある企業の株式を購入すると、その株価がわずかに上昇する。その瞬間にタイプ2の投資家がその変化に気づき企業の株式を購入する。やがてその株価が上昇すると、タイプ2の投資家は自らは情報生産のコストを負担せずに、利益を得ることができる。結果的にみると、情報生産コストを負担したタイプ1の投資

家よりも、タイプ2の投資家の方が収益性で上回ることもありえる。

　このような状況では、だれも自分から進んで情報生産コストを支払わなくなり、他の投資家の情報生産の努力にフリーライドするようになる。結局、市場ではタイプ1の投資家は少なくなりタイプ2の投資家が増えていくので、市場の情報生産量は低下し過小になってしまう。

　次にレモンの問題を考えてみよう。市場型システムでは、格付け機関や証券会社が企業の情報を生産して投資家に提供しているが、このような情報生産の専門機関があっても、情報生産は十分には行えない。その理由は、「不完全情報（情報の非対称性）の下では、市場の取引は失敗する」という問題が発生するからである（Akerlof［1970］）。格付け会社や証券会社の提供してくれる情報が果たして投資情報として有益であり、それに費用を払うだけの価値があるのかどうかは、実際にその情報を購入しそれを利用してみない限りわからない。逆に言えば、費用をかけて顧客に有益な情報を生産しても、あるいは費用をかけずいかにももっともらしい情報を捏造しても、顧客にとっては利用してみない限り区別が付かない。結局、顧客が投資情報に支払う価格は、優良な機関が提供する正確な情報の価値と不誠実な機関が提供する不正確な情報の価値を比較して、その平均値に見合ったものになる。このような状況では、不誠実な情報生産機関の方が優良な情報生産機関よりも高い利益を得ることができる。したがって、市場には不誠実な情報生産機関だけが残ることになってしまう。

　フリーライダー問題とレモンの問題は、先進国市場でも発生する問題であるが、途上国ではより深刻である。先進国と比較して途上国では情報の非対称性が大きく、有望な企業情報を公開情報から探すのは難しい。その一方で、一部の大口株主によって企業が所有され一般外部投資家の保護が不十分であることから、インサイダー情報を利用した不正利益の横行が指摘されている。このため、途上国の証券市場の取引は、短期的な視点で利益を狙う投機的色彩が強く、フリーライダー問題と情報の過小生産の問題は先進国以上に深刻だと考えられる。このような市場にあっては、正確な投資情報の不足というレモンの問題も深刻になると思われる。

3.4 再交渉問題

 途上国で銀行が有利になる要素として、投資先の経営が不振に陥った場合の処理に関する問題がある。この点に関して、銀行と市場とでは、経営不振企業への対応の仕方が大きく異なっている。まず、銀行は融資先と相対市場で取引を行うので、事後的に不都合が生じた場合に融資先との間で再交渉を行うことが容易である。なぜなら、関係者の数が極めて限定的であり、再交渉にかかわる関係者の利害を調整するコストが小さくて済むからである。これに対して市場を通じて企業が資金調達をしている場合には、多数の投資家と企業の間で利害を調整するには大きなコストがかかるため、再交渉を行うことは困難である。企業と容易に再交渉ができるという銀行の特性は、適切に事態を判断し柔軟に問題に対処して行けるという意味では、市場よりも優れている。なぜなら、追加支援によって十分に事業を再生できるにもかかわらず、多数の関係者の間の利害が調整できずに企業が倒産し清算されてしまうという事態を避けられるからである。

 しかし企業と再交渉が難しいという市場の特性は、企業経営に対してより厳しい規律付けを行うことになり、モニタリング機能における不備を補うという利点を備えていると考えることもできる。この点に注目するなら、市場の場合は事後的な再交渉ができないため債務者に堅実な経営を促しやすいのに対して、銀行は事後的再交渉が容易なため債務者に規律付けを与えるのに必要な脅しが効きにくいと言える。ただし、途上国では、市場が円滑に機能するための法制度などの整備が遅れており、契約の執行力にも厳しい限界があるとされる。このことを考慮すれば、市場による規律付けの効果を過大に評価することは避けるべきであろう。

3.5 流動性リスク管理機能

 Allen and Gale［1997］は、異時点間で発生するリスクを平準化し、流動性リスクを管理することに関しては、銀行が市場の機能を上回っているとした。途上国では個人の所得が低く資産蓄積も乏しいので、個人のリスク負担力は低い。このため途上国では安全資産への選好が強いので、流動性リスク管理に優れた銀行の方が市場よりも優越すると考えられる。

図3-2　異時点における収益の平準化

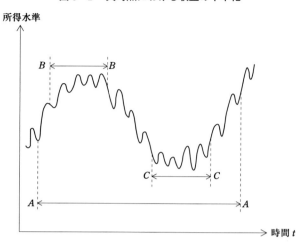

　図3-2はこの議論を直感的に説明したものである。経済は好調なブームの時期（図の山の部分）と逆に経済が不調な不況の時期（図の谷の部分）とを繰り返している。ここで個人の一生が十分に長いものであるならば（図のAA）、生涯の間に好況期と不況期の両方を経験することができるので、平均してみればどの個人もほぼ同じ所得を生涯に獲得することができるであろう。好況の時期に所得が高まった時には貯蓄をして資産を増やし、不況の時期に所得が低下した時に貯蓄を取り崩して所得を平準化することが可能である。あるいは、不況の時期に所得が低下したとき証券を発行して借り入れを行い、好況の時期が来て所得が高くなったときに債務を返済することによって所得を平準化することができる。

　しかし、彼の生涯が短いとすると、一生の間に好況かあるいは不況かのいずれかしか経験できないであろう。もし好況の時期に生まれれば（図のBB）、彼の生涯所得は高くなるであろう。逆に不況の時期に生まれたならば（図のCC）、彼の生涯所得は低くなるであろう。

　たとえ長期的に見れば好況と不況が繰り返し経済の水準がほぼ一定になるとわかっていても、このような場合には、証券を取引しても所得の平準化に

は役に立たない。所得を平準化するような証券がもしあったとすれば、不況期の世代は好況期の世代から資源の移転を受け取る必要があるが、好況期の世代は自らが不利になるような取引に応じないであろう。

問題を改善するためには、永続的に存在してあらゆる世代の個人の資産を預かり運用する機関、即ち銀行を作ることが必要である[2]。この銀行が個人の所得を管理して、好況で所得の高い時期には貯蓄を行い、不況で所得の低い時期には過去の貯蓄を取り崩して所得を補填すれば、ちょうど個人の生涯が非常に長くて好況時と不況時を経験するのと同じ状況を作り出すことができる。銀行は、ある意味では、好況時の収益と不況時の収益を平準化する機能を果たしている。

有限期間しか生存できない個人にとって、銀行を利用すると、景気上昇期には利益が低くなる反面で、価格下降期に生まれてもそれほど大きな不利益は被らない。自分がどの時期に生まれてくるのかわからない状況を想定すれば、銀行を利用して投資をした方が、事前的な意味では効用は高まる。

4 途上国経済の発展と金融システムの転換[3]

4.1 企業から見た証券市場の必要性

前節で述べたような銀行優位は、経済が発展するにつれて低下する。その理由は、第1に、銀行が独占的な資金供給者としての支配力を行使することが、借手企業にとって深刻な不利益になるためである。一般に、情報開示制度など制度インフラが整備されるにつれて、また経営市場での認知度が高い大企業ほど、市場に対する銀行の情報生産の優位性は弱まる。経営基盤の安定した大企業にとっては、再交渉問題にかかわる銀行のメリットは小さい。経済が発展し、法制度や金融制度が整備されるに連れて、また市場認知度が高い大企業が増加するに連れて、企業による社債や株式による資金調達への需要が高まる。

---

2) このような機能を果たす機関は必ずしも銀行である必要はないが、途上国で想定しやすいものは銀行であろう。

3) 本節は奥田 [2007] による。

第2の理由は、銀行の代理人機能が低下するためである。銀行が多数の個人の代理人を勤めることには、デメリットもある。市場で個人が投資を行う場合には、自らの判断において望ましいと考える投資を行うことができる。これに対して、銀行を利用した場合には、銀行の望ましいと考える投資決定が必ずしも預金者の望ましいと考えるものと一致しない場合が生じる。銀行が投資のために収集した情報と同じものを預金者が知ったとき、預金者が選択する投資先が銀行が選択している投資先と一致するとは限らない。

預金者の望ましいと考える投資先と預金者の代理人である銀行が望ましいと考える投資先とが一致するならば、何ら問題は生じない。しかし両者が一致しない場合には、自分の望まない投資に預金者の資金が浪費されていることになる。一般に途上国では評価の定まった成熟技術が利用されるため、入手した企業情報が同じなら投資家の判断は一致しやすいと言われる。しかし、先進国では先端技術や新しいビジネスモデルを利用した革新的産業が多く、同じ企業情報を入手したとしても投資家によって適否の判断は大きく異なってくる。この場合には、預金者が銀行を代理人として投資を行うと、本来の投資家である預金者と代理人である銀行との判断が食い違いやすくなる。代理人を使うことによって情報コストが節約できるというメリットがあっても、預金者と銀行との投資判断にかかわる意見不一致のデメリットが大きくなるので、銀行よりも市場を利用したほうが効率的になる[4]。

4.2 金融システムにとっての証券市場の必要性

銀行だけに依存した金融システムは、元来リスクに対して非常に脆い性質を持っている。銀行は資金仲介と同時に資金の期間転換（長期化）を行っている。このため、銀行は、パニックによる取付で倒産する可能性を常に抱えている（Diamond and Dybvig ［1983］）。また、銀行が倒産した場合、内部化された情報が失われるため、連鎖的な企業倒産が発生し経済全体に大打撃

4）Boot and Thakor ［1997］は、やや異なった視点から、経済発展の初期段階ではスクリーニング（事前審査）機能よりもモニタリング（事後監視）機能に相対的な優位性を持つ銀行が重要であるが、経済発展が進むとスクリーニング機能で優位に立つ市場の重要性が高まるとしている。

を与える（Rajan and Zingales［2001］）。このため、金融自由化以前には、銀行の倒産を回避するために金融システム全体に多くの規制がかけられた。

金融自由化以降、銀行による資金仲介にはリスク引受能力（信用リスクと市場リスク）に強い制約が生じている。銀行は BIS 規制の制約から、自己資本に見合ったレベルで信用リスクおよび金利リスクを制御しなければならないからである。銀行が十分に自己資本を拡大できないと、融資が大型化または長期化した場合に、それに含まれるリスクに対応できなくなる。その一方で、自己資本比率規制によって一定レベル以上の自己資本を維持しなければならないため、銀行の資金調達コストは、そのような制約なしに一般投資家から資金を調達できる証券市場と比較して不利になってしまう。さらに、銀行は資金の重要な部分を預金で調達しているため、長期の金利リスクを引き受ける能力が低く、途上国においては短期性の預金の比率が高いためこの傾向が一層強い。

新 BIS 規制（Basel II）の導入は、途上国における証券市場の重要性をさらに大きく高めるものと見られる（吉井・古頭［2007］）。新 BIS 規制では、信用リスクやオペレーショナルリスクなどの計測がより精緻化され組み込まれており、銀行毎に明確な経営戦略を立てることが要求される。銀行の経営方針に対応して、最適なリスク資産ポートフォリオを構築するためには、証券化商品や社債などの多様な金融商品が取引されている大規模で流通市場を備えた債券市場が必要になる。

4.3　家計から見た証券市場の必要性

経済発展が進み家計の資産蓄積が進むと、家計のリスク負担力が高まり資産需要が多様化する（藪下［1995］，World Bank［2001］）。比較的所得が低く資産の乏しい家計は、安全性をより重視した資産選択を行うのに対して、所得が高く資産の豊かな家計は、リスクを許容して収益性の高い資産の保有を望む。経済発展が進むに連れて、リスクは高いが収益性に優れた証券保有への需要が強くなる傾向があるので、安全性は高いが収益性が乏しい銀行預金だけでは、家計の資産需要に対応することに限界が生じてくる。このことは、家計からの貯蓄動員の低下を招く要因になる。

一方、厚い中間所得層が形成され、市場で積極的に投資しようとする家計の行動が活発化するに伴って、家計から資産運用を委託された機関投資家の重要性も高まる。途上国の情報の非対称性は高く、市場の情報生産機能は必ずしも高くない。また、市場取引に不慣れな家計が直接に市場で資産運用を行うのは、家計に過度のリスクを負担させることになりやすい。このような観点から、信託機能を持つ機関投資家を経由する間接的な市場金融の整備が必要となる。

　経済の発展は、家計の経済的な基盤を維持するための装置として、保険業の重要性を高める。経済制度の未整備な途上国では、家計の基盤保証は、主として血縁や地縁に基づく助け合いをベースとした社会的な制度に強く依存している。しかし、経済が発展するにつれて、社会的な制度による助け合いの重要性は一般に低下し、生命保険などの組織化された近代的な保険制度の重要性が高まっていく。特に、中所得国の経済では保険業が急激に発展する傾向があり、機関投資家としての役割が期待される。

4.4　金融システムと経済成長の実証研究

　1990年代以降、金融発展と経済成長との関連については多くの研究がなされてきた[5]。銀行部門と株式市場の発展の度合いが経済成長に与える効果について検討したものとして、Levine and Zervos［1998］がある。彼らは各国の銀行部門の発展の程度を表す指標と株式市場の発展の指標を作り、これらの指標がGDP成長率に対してどのような影響を与えるか回帰分析を行った[6]。その分析によると、初期時点における銀行制度の発達と株式市場の流動性が高いほど経済成長が促進されるという結果が得られている。

　また、Demirguc-Kunt and Levine［1999］は、経済発展と銀行部門と株式市場の発展との間にどのような関連があるかを検討するための回帰分析を

5）筒井編［2000］第11章を参照されたい。
6）銀行部門の発展の指標として、商業銀行による民間部門向け貸出残高をGDPで割った比率が用いられている。また、株式市場の発展の指標としては、上場企業株式時価総額の対GDP比率、株式市場取引総額を市場規模で割った比率、株式市場取引総額をGDPで割った比率が利用されている。

行った。彼らは銀行部門と株式市場の発展の程度についてそれぞれの規模、活発さ、効率性を指標化し、1人当たり所得水準、法制度の違い、会計基準の整備状況、汚職の程度、マクロ経済の安定性などとこれらの指標との相関関係について検討した。その分析結果は、(i)所得が高い国ほど銀行部門と株式市場が発達しており、その規模、活発さ、効率性が高まっている、(ii)所得が高い国ほど株式市場が銀行部門に比べて効率的になる、(iii)ある国のシステムが銀行中心型になるか市場中心型になるかは、法制度の違い、会計基準、汚職の程度、マクロ経済の安定性などが影響を与えている、というものであった。

さらに Beck et al. [2000] は、企業のミクロレベルのデータを利用して、金融システムの違いが企業の成長にどんな影響を与えるのか、また新企業の設立に金融システムの違いが影響を与えるのかを分析した。その結果によれば、金融システムの違いによる影響は明確には認められなかった。

これらの実証分析は、株式市場が銀行とは異なる役割を果たしつつ経済成長を促進する効果を持っていること、また制度的な要因やマクロ経済政策によって金融システムの構造が影響を受けること、しかし、銀行型システムと市場型システムのいずれが企業の発展にとって望ましいかは単純に判断できないこと、を示すものであった。

5 制度形成における外生的ショックと政府の関与

最後に、金融システムの選択と転換について、若干の留意点を述べておきたい。第1は、途上国に限らず、金融制度の変化は外生的ショックを切っ掛けとして引き起こされることが多いことである。前章で述べたように、制度発展には経路依存性があると言われている（青木・奥野［1996］）[7]。途上国で一旦銀行中心のシステムが導入されると、金融システム全体が銀行の優位性を補完し強化する構造が形成される。このため証券市場に対するニーズが

---

7) アジア危機、銀行市場の対外開放、バーゼルⅡの導入は、従来の銀行経営の根本的な見直しと経済システム転換のチャンスを与えるものと言える。

高まっても、従来の銀行中心型の構造を変化させるのは難しい。大規模な経済危機は、既存の制度に大きな打撃を与え潜在的な金融制度改革へのニーズが実現される機会を提供する。例えば1997年に発生したアジア危機が切っ掛けとなって、東南アジア各国で銀行偏重の金融構造を変え証券市場を育成する金融制度改革が進められることになった。

　第2は、金融システムを転換するには、相互に補完的な機能を果たすさまざまな制度や組織を総合的に組み上げなければならないので、政府による積極的なコーディネーションが不可欠なことである。例えば、証券市場が円滑に機能するためには、法律・会計制度の整備、高度専門職業人の育成、証券会社や機関投資家の発達などが必要である。これらの要件と証券市場の発達とは互いに補完的な役割を担っているので、システムが円滑に機能するためには全体の発展をコーディネートする役割を誰かが負わなければならない。このような意味から、証券市場整備には、政府がコーディネーターとしての役割を積極的に果たすことが強く求められる[8]。

　最後に、これまでの途上国の金融改革が、ともすれば経済的合理性についての慎重な考慮を欠き、時流に流されてしまうことが少なくなかったことは反省しなければならない。1980年代には累積債務問題を切っ掛けとして、途上国で金融自由化政策が進められた。1990年代からは、金融のグローバル化の潮流の下で、途上国金融市場の対外開放と外国金融機関の進出が進められた。これらの金融改革は、基本的な方向性は妥当であったが、時流に流され慎重さを欠いた政策も少なくなかった。途上国の金融制度設計に当たっては、金融ニーズを的確に判断した上で、銀行と証券市場の金融機能の違いについて正確に見極めることが肝要である。

---

8) 資金面および技術面から国際金融機関や先進諸国の支援も強く望まれる。現在 ASEAN＋3のフレームワークで Asian Bond Fund および Asian Bond Market Initiative による債券市場整備が進められている（清水 [2009]）。

第4章

グローバリゼーションと途上国銀行セクター

1 はじめに

　グローバリゼーションの進展によって、途上国金融市場に対する競争圧力が国内的にも対外的にも強まっている。本章では、途上国の金融システムにおいてその中核をなしている銀行部門の市場構造が、競争環境の激化の中でどう変化してきているのか、またその変化の経済的要因は何なのかを検討する。その上で、途上国の経済発展にとって望ましい銀行部門を構築するためには、どのような政策課題があるのかについて考える。

　以下ではまず第2節で、市場環境が競争的になるにともない途上国の銀行部門がどう変化したのか概観する。第3節ではこのような変化の背景にある銀行業の産業特性を検討し、市場競争政策の与える影響について考える。第4節では、競争環境の変化が、途上国の銀行に与える影響をより掘り下げて検討し、競争政策の弊害とも言うべき問題点について指摘する。最後に第5節では、競争政策を活用しながらいかにして効率的で望ましい銀行部門を作るべきかについて考える。

2 金融自由化政策と途上国銀行市場の変化

2.1 金融自由化政策

　金融グローバル化の背景となっている金融自由化政策と競争促進政策は、自由競争は経済効率を改善するという産業組織論の考え方を裏付けとしている[1]。その考え方によれば、完全競争市場では、市場均衡において社会的にみてパレートの意味で最適な資源配分が実現され、このとき企業の利潤はゼロになる。これに対して、市場における企業数が減少し、不完全競争が起こると2つの問題が発生するとされている。

　第1は、少数の企業が市場を支配すると、企業に超過利潤が発生し資源配分が歪むという弊害である。例えば、売り手市場における不完全競争モデルでは、財・サービス供給量が完全競争の場合と比較して過小になり、市場価格は完全競争の場合よりも高くなる。不完全市場では財・サービスの需要者が不利益を被り、供給者である企業が超過利潤を稼ぐ結果になる。

　第2は、競争環境が弱まると、企業が費用を最小化する努力が弱まり経営効率が悪化するという弊害である。市場の企業数が増加するにつれて、その市場均衡は次第に完全競争の場合に近づき、不完全競争による問題は改善される。市場支配力が弱まるにつれて市場価格と供給量は完全競争の水準に近くなる。また企業間の競争が高まるにつれて、費用最小化の努力が強まり経営効率化へのインセンティブも高まる。

　一般には、市場に参加している銀行の数が多いほど、市場における銀行間の競争は激しくなり、効率的で望ましい市場均衡が実現されると考えられる[2]。しかし現実には、途上国銀行市場の競争環境が厳しくなる中で、当初は新規参入行などの登場によって銀行数が増加した場合もあるが、より長期的に見ると合併や統合などを通じて銀行数は減少した場合が多い。それに伴い、1990年代以降、銀行の市場環境が競争的になるにつれて、多くの国で銀

---

1) Allen and Gale［2000］第8章を参照。
2) 市場構造と市場成果に関する実証研究については、筒井編［2000］、筒井［2005］を参照されたい。

行の市場集中度はむしろ高まった。

2.2 アジア金融危機後の銀行再編

1990年代以降、金融グローバル化の流れの中で、途上国の銀行部門も世界規模の自由化政策によって大きくその姿を変えた。アジア諸国でも、アジア危機以降、各国で銀行部門を取り巻く市場環境は大きな変化を見せている。同時に、銀行の経営再建と不良債権の処理の過程で、銀行の再編が急速に進んでいる[3]。

銀行再編の特徴としては、第1に、合併・統合によって各国の上位行の集約が急速に進み、経営規模の大きな中核行（center banks）が形成されたことが挙げられる。タイ、マレーシア、インドネシアでは大量の公的資金が銀行に注入され、その結果として政府が主導権を取った銀行再編が進んだ。タイでは、公的資金の投入の結果として、中下位行の合併・国有化と、外国銀行への売却が行われた。マレーシアでも公的資金の注入を契機として、大規模な銀行統合が政府主導で進められた。インドネシアでも、大規模な銀行再編が行われ、上位行を中心として外国資本の経営参加が拡大した。フィリピンでは民間資本が主導して自主的な統合が進んだが、その中心となっているのは、地場上位行と外国銀行であった。統合の結果として、上位行では地場銀行同士の大規模な統合が進み、下位行では外国銀行による本格的な買収が行われた。

危機後の銀行再編による第2の特徴は、各国で外国銀行の市場シェアと重要性が大きく高まったことである。タイとインドネシアでは破綻銀行の処理の過程で外国銀行を積極的に勧誘し、地場銀行の買収が行われた。またフィリピンでは危機以前から地場銀行への外国銀行の資本参加が多く見られたが、危機後にはさらに外国銀行による地場下位行の買収や上位行への資本参加などが起こった。マレーシアは危機後も依然として外国銀行の営業に厳しい規制を課しているが、そもそも危機以前から外国銀行のプレゼンスは高かった。シンガポールでも外国銀行による国内市場への参入が本格的に開始さ

---

3) 財務省［2001］、渡辺［2001］、World Bank［1998, 2001］参照。

れた[4]。

　第3に、アジア危機後に外国銀行がリテイル市場に本格的な参入を図っていることも注目すべき特徴と言える。これまで外国銀行の営業は企業金融を中心としたホールセイル市場に限定されていた。リテイル市場はこれまで地場銀行の牙城であったが、いまや地場銀行と外国銀行との間に本格的な競争が始まりつつある[5]。

3 銀行業の市場構造の決定要因

3.1 銀行の大規模化と寡占化

　銀行は生産要素を投入して金融サービスを生産する1つの組織であると考えられる。銀行は融資、預金、外国為替など各種の業務を通じて銀行サービスを生産している。そのために必要となる生産要素としては店舗建物やコンピュータなどの物的資本、各種の技能を備えた労働、事務用品など多様な消耗品、その他さまざまな要素が考えられる。途上国の市場競争が厳しくなる中で、銀行の統合や合併が進み銀行の規模や業容が拡大したのは、そうすることが銀行にとって市場競争に勝ち残るのに何らかのメリットとなったからだと考えられる。小規模行よりも大規模行の方が有利になる要因としては、次のような要因が指摘されている[6]。

　第1の要因は銀行業における規模経済性（economies of scale）の存在である[7]。銀行業は多量の情報処理を瞬時にかつ正確に行うことが要求とされるため、情報処理設備を始めとする多額の固定資産が必要で、装置産業としての産業特性を持つ。銀行業には店舗やコンピュータ・オンラインなどの物

4）Low [2001] 参照。
5）クレジットカードなどの分野では、外国銀行の方が地場銀行よりも優良な顧客を獲得しつつあるし、これまで地場企業の牙城とも言える住宅金融などの領域でも外国銀行が重要なポジションを占めつつある。
6）銀行統合のメリットについて渡辺 [2001] 参照。
7）全生産要素の投入を等比的に拡大したとき、生産量がその比率以上に増大する場合に、全生産物に関する規模の経済性があると言う。堀 [1998] 参照。

的資本のレンタル料など、金融サービスの生産規模が縮小しても一定限度の支出が必要な固定費用が存在する。このような産業では生産規模が拡大するほど単位費用が低下するスケールメリットが働き、規模経済性が観察される。もし銀行業に規模経済性が働くならば、その経営効率を改善するためには、多数の小規模銀行からなる市場構造よりも少数の大規模銀行からなる市場構造の方がより望ましい。

　第2の要因は銀行業における範囲経済性（economies of scope）の存在である[8]。銀行業では、多様なサービスを提供するほどコストが改善するという特徴も持っていると言われる。銀行がサービスを顧客に提供するのには、そのための各種の情報を生産することが必要であるが、ある一つの情報が複数のサービスの提供にも利用できるなら、多種類のサービスを一緒に生産するほど、情報生産の単価が安くなるからである。銀行業では、複数の金融サービスの生産において、各国経済情報、業界情報、顧客情報など多くの共通生産要素が利用されるため、範囲の経済性が発生する可能性が高い。したがって、規模が小さく限定的なサービスを提供する銀行よりも、多種類のサービスを同時に提供する銀行の方が経営効率が高いことになるが、そのような銀行は経営規模も大きなものになるであろう。

　第3の要素としてシュンペータ流（Schumpeterian）の技術革新の考え方が指摘できる。それによれば、企業が新しい技術に投資するインセンティブとその能力を有するためには、市場支配力をベースとした超過利潤の獲得が必要である。静学的な効率性を実現するにはゼロ利潤の完全競争が望ましいとしても、新技術を開発し動学的な意味で効率的な生産を実現するには、企業が市場支配力を持ち超過利潤を獲得していることが望ましい。したがって、銀行業が積極的な投資を行い、新しい金融技術を開発したりあるいはその基盤となる情報処理能力の拡充を図るためには、大規模銀行による寡占的な市場構造がむしろ望ましい。

　第4の要因として、融資規模拡大のメリットを挙げることができる。大規

---

[8] 複数財を同一の生産過程で生産することでそれぞれを個別に生産するよりも、同じ投入量でより多く生産することができる技術状態を場合、範囲の経済性があると言う。堀[1998]参照。

模銀行の方がより優良なパフォーマンスを挙げることができる理由として、銀行のリスク分散・管理機能が関係しているという考え方もある。途上国では銀行の規模が小さいために大口貸出が難しく、このことが企業の大規模な設備投資の制約になっているという議論をしばしば耳にする。これは銀行の規模が小さいと資産運用のリスク分散能力が低くなることを示している。大規模銀行は資産額が大きいので、融資先を分散してリスク分散をする場合にも、1件当たりの融資規模を大きくすることができる。これに対して小規模銀行では、1件当たりの融資規模を小さくしないと十分なリスク分散ができないので、小口の融資しか提供できないのである。

第5の要因として、銀行の規模は、銀行が負担できるリスクの程度に影響を与え、それが銀行のサービスの質に反映される可能性を指摘できる。例えば、小規模銀行では一般に営業地域が限定的で融資先の業種も偏り勝ちである。逆に、大規模銀行は広い営業地域を持っており融資先の業種も多様である。したがって規模が大きい銀行ほどリスク分散能力が高くなり、幅広いサービスをより安価に提供できる。Demsetz and Strahan [1997] による米国の実証研究によれば、大規模な金融機関ほど、より優れたリスク分散機能を持っているという観察結果が得られている。同様のことが途上国でも当てはまるとすれば、銀行の規模が大きいほど高い市場成果が期待できるであろう。

3.2 銀行間の競合と補完

金融自由化政策が実施された後も、途上国では寡占化した大規模銀行と小規模銀行が並存する状況が続いている。先進諸国においてもこの傾向は同様であり、銀行間である種の住み分けが続いている。市場競争が強まる中で、各国の中心となるセンターバンクが形成されつつあると同時に、経営上の優位性を活用して小規模ながら生き残る銀行もある[9]。

経営の多様化が進む理由の一つは、規模経済性や範囲経済性は一定の経営規模や一定範囲内の業務に関してのみ観察されるという場合が多いからであ

---

9) Demirguc-Kunt et al. [2000] 参照。

る。このような場合には、営業規模が大きいほどあるいは業務範囲が広いほど生産コストが低くなって競争上有利であると単純には言えなくなる。営業規模の異なる銀行や業務範囲の異なる銀行がそれぞれ市場を選別して互いに住み分けることが可能になり、小規模な地域銀行（リージョナルバンク）でも顧客の対象を限定し営業を特化すれば、生産費用を低下させ市場競争に生き残ることが可能になる。このような銀行は大規模な全国銀行（センターバンク）と比較して営業規模も業務範囲も小さいが、特定の隙間市場（nitch markets）ではセンターバンクよりも有利な価格競争力を実現できるかもしれない。

　競争的な環境の下でどの金融機関がどの金融サービスを提供するようになるかは、銀行に固有な生産要素の存在も重要である。センターバンクにとっては、幅広い経済情報や大企業に関する情報生産、金融技術のノウハウ、大規模な資金調達力などに競争力の源泉がある。これらの優位性はセンターバンクが過去に蓄積してきた経験・情報・知識のストックや、全国規模で維持している営業ネットワークといったリージョナルバンクの持っていない特殊要素が基盤となっている。この特殊要素を利用することによって、センターバンクはリージョナルバンクに対して大企業向け融資、全国規模の決済業務、為替関連業務、国際的資産運用などで優位に立つ。リージョナルバンクは、地域の中小企業に関する情報生産、地域密着型の店舗網などが特殊要素であり、これを活用して地元企業向け融資、木目細やかな小規模融資や決済サービスなどに優位性を持つ。さらに銀行はそれぞれ過去の業務を通じて蓄積した有形・無形の特殊要素を個別に持っており、他行に対する競争力の源泉となっている。

　銀行が保有する特殊生産要素の量は固定的なものではなく時間とともに変化する。生産や投資活動を通じて、銀行は新たな特殊要素や優位性を獲得していくことが可能だからである。銀行がある顧客と継続的に取引を続けるとその顧客に関する情報が銀行に蓄積され、その情報がこの銀行にとって他の銀行の持っていない特殊生産要素となる。特定顧客の情報は銀行の生産活動を通じて蓄積され、その特殊生産要素によって銀行の優位性が再生産され保持される。また銀行業は投資活動を通じても生産の優位性を変化させること

ができる。銀行業は一面では装置産業としての特徴も強く、通信・事務・計算の処理に大規模な資本設備が必要である。特に技術進歩が急速な今日では従来の銀行サービスの生産効率が高まるだけでなく、他面では新技術を取り入れた従来にない銀行サービスが提供されつつある。このような変化に伴って銀行の住み分けパターンも時間とともに変化する。

3.3 競合と住み分けの構造

藪下［1995］を利用して、全国規模で活動するセンターバンクと特定地域での営業に特化したリージョナルバンクとが、大企業向けの貸出を巡って競争している場合を考えてみよう。企業は銀行の提示した貸出金利を比較し、より低い金利を提示した銀行から借入を行う[10]。銀行が企業に提示できる最低の貸出金利は、資金調達コストと営業経費の合計を貸出額 L で割ったもの、すなわち平均貸出費用である。

単純化のために、銀行は貸出資金 L のすべてを預金 B で調達するとし、預金準備率 a（$1 > a > 0$）は一定であると仮定する。一般に全国規模で支店網を持つ大銀行は支店網の小さい地域銀行よりも資金調達力が優っている。そこで、センターバンクの資金調達金利 r_L はリージョナルバンクの資金調達金利 r_S より低く（$r_L < r_S$）なる。

銀行が貸出をするには審査や債権管理などの費用がかかる。単純化のためにこれらのコストは貸出金額の大小には関わりなく貸出案件1件毎に一定であり、センターバンクと緊密な取引関係を維持している大企業の1件当たりコスト C_L は、情報開示が良くされているのでリージョナルバンクの1件当たりコスト C_S を下回っている（$C_L < C_S$）と仮定する。

以上の仮定から、センターバンクの平均貸出費用 AC_L とリージョナルバンクの平均貸出費用 AC_S は以下の式で表される。

$$AC_L = \frac{C_L}{L} + \frac{r_L}{1-a} \tag{4.1}$$

$$AC_S = \frac{C_S}{L} + \frac{r_S}{1-a} \tag{4.2}$$

---

[10] 銀行の資金量は十分大きく、企業の資金需要は単独の銀行が全額賄えるものとする。

第4章　グローバリゼーションと途上国銀行セクター　63

図4-1　銀行間の競合と補完

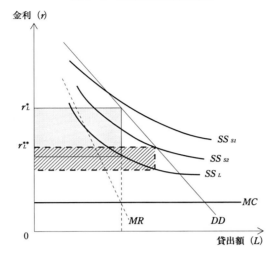

図4-1においてセンターバンクの融資コスト曲線はSS_Lで示され、リージョナルバンクの融資コスト曲線はSS_{S1}あるいはSS_{S2}で示される。センターバンクはリージョナルバンクよりもコスト優位にあり（$AC_L < AC_S$）、どの貸出水準Lでもより低い貸出金利を企業に提示できる。

ここで大企業の1件当たりの資金需要曲線が図中のDDで示されるとしよう。企業はセンターバンクとリージョナルバンクと比較してより低い資金を選択するから、この市場ではセンターバンクが価格設定の主導権を握る。もしリージョナルバンクの融資コスト曲線がSS_{S1}で示される位置にあるなら、センターバンクは独占的な資金の供給者となり独占利潤が獲得できる。貸出金利はセンターバンクの限界貸出費用曲線MC（$MC = r_L/(1-a)$）が限界収入曲線MR（需要曲線DDから導出）に一致する水準r^*_Lに設定され、センターバンクの利潤は影付き矩形で示される。

もしリージョナルバンクの融資コスト曲線がSS_{S2}で表される位置にあり、リージョナルバンクがr^*_Lで企業に資金供給ができるとしても、センターバンクはこれより低く金利を設定することによって、やはり企業への貸出を独占できる。ただしこの場合には貸出金利はr^{**}_Lに設定されセンターバンク

の利潤は斜線の矩形で示される。

　センターバンクが長期的にどのような水準の利潤を獲得できるかは、新規参入銀行がどの位容易に既存銀行の企業審査や監視ノウハウを真似できるかに依存する。企業審査や監視に関わるサンクコストが少ないほど市場への新規参入が容易になり、新規参入の意欲を防止するために既存銀行は利潤を低く抑えなければならなくなる。新規参入と既存銀行の利潤との関係は、潜在的な新規参入銀行の資本力にも依存する。もし資本市場が発達していれば、新規参入による初期投資コストが長期的に回収できれば市場で参入のための資金が調達できる。しかし、資本市場の未整備な途上国では、初期投資のコストを短期間で回収できないと、市場で資金調達ができなくなる。資本市場の発達が遅れ長期資金の調達が難しくなるほど、既存銀行の享受できる利潤の額は高くなる。

　途上国で進んでいる銀行統合や合併は、競争の激化に対する銀行の合理的な対応策であり、経済効率を高める効果がある。しかし市場集中度が高まると、銀行の市場支配力が強まり、市場成果に対して何らかの弊害が生じるのではないかという当然の懸念も生まれる。その一方で、市場集中度が高まっているとしても、銀行市場はコンテスタブルな市場である限り、少数の銀行による市場支配力の行使やその弊害は大きくないとの見解もある。また銀行が高い利潤を確保することについても、それによって銀行の過剰なリスクテイクが防止されるという見解（Keeley［1990］）や、新規設立企業への融資が円滑に行われるという立場（Petersen and Rajan［1995］）から擁護する議論もある。

4 大規模寡占化と銀行サービス

4.1　大規模寡占化と銀行サービスの変化

　途上国における銀行の大規模寡占化の影響として近年注目を集めるようになった問題は、銀行サービスが変質するのではないかという問題である。World Bank［2001］は、ラテン・アメリカ諸国の銀行市場の経験から、銀行市場の対外開放と外国銀行の進出による競争激化によって金融サービスの

多様化が進んだと主張している。これに対してSchargrodsky and Sturzenegger［2000］は、1990年代のアルゼンチンを例に取って、市場競争激化によって銀行サービスの標準化が進みサービスの種類が減少することと、またその結果として社会厚生水準が低下する可能性があることを示した。

Schargrodsky and Sturzenegger［2000］によれば、アルゼンチンでは1990年代に銀行数が急速に減少し、市場の集中度が大幅に高まった。1993年には166行あった銀行数は1999年には103行に減少し、同時に全銀行預金残高に占める上位10行のシェアは25％から40％に拡大した。銀行の収益率は大きく低下し、1993年から1998年までの間に、上位20行の収益率は11％から6％へとほぼ半減した。

銀行の市場集中度が高まる中で、次のような銀行サービスの標準化・統一化が進んだ。第1に、地方銀行の数が減少して、銀行の全国銀行化が進んだ。第2に、銀行の支店の配置にも変化が現れ、支店配置の地域的な偏在が弱まりより均等化する傾向が観察された。第3に、銀行の提供するサービスが標準化され、専業的な金融機関の比重が低下し、融資内訳を見ても銀行間の違いが小さくなっていった。

4.2 市場競争と銀行サービスの変化

アルゼンチンの経験を踏まえて、Schargrodsky and Sturzenegger［2000］は市場競争と銀行サービスの変化の関係を説明する次のようなモデルを提示した。銀行サービスを利用する代表的な企業家の効用関数 U_{1j} は下式で与えられる。

$$U_{1j}(\theta_j, X_i, a_i) = V(\theta_j) - \theta_j \cdot X_i - a_i \tag{4.3}$$

ここで θ_j は銀行 j が企業家に提供するサービスの特化度（企業家固有のニーズへの対応の程度）、$V(\theta_j)$ はそのサービスを利用した場合の事業の収益率である。X_i は企業家が銀行にアクセスするコスト（交通費用）、a_i は銀行が要求するサービスの価格である。

図4-2は企業家の効用関数 U_{1j} を図示したものである。企業家の事業の収益率は銀行から提供されるサービスの特化度に依存していることを示して

図4-2 企業家の効用水準

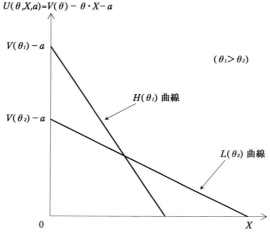

出所：Schargrodsky and Sturzenegger [2000] p.93, Fig. 4. より作成

いる。$H(\theta_1)$ 曲線と $L(\theta_2)$ 曲線は、それぞれ銀行サービスの特化の程度が θ_1 の時と θ_2 ($\theta_1 > \theta_2$) の時との企業家の事業の収益率を表している。銀行サービスの特化の程度が高いときには (θ_1)、その銀行から近距離に位置する企業家の事業の収益率が高くなる一方、銀行からの距離が遠くなるに連れて急激に企業家の事業の収益率が低下する。逆に、銀行サービスの特化の程度が低いときには (θ_2)、その銀行から近距離に位置しても企業家の事業の収益率はそれほど高くならないが、銀行からの距離が遠くなっても企業家の事業の収益率はそれほど低下しない。企業家は銀行の提供するサービスの内容と価格、さらに銀行までの距離を考え、効用水準を最大化するように取引先の銀行を選択する。

以上の想定の下で、銀行の期待利潤の最大化問題が設定され、その1階の必要条件から以下の式が導かれる[11]。なお、θ^* と a^* とはそれぞれ期待利潤を最大化する最適なサービスの特化度と供給価格を表している。

$$V'(\theta^*) = \frac{1}{2n} \tag{4.4}$$

$$a^* = p + \frac{\theta^*}{n} \tag{4.5}$$

　(4.4) 式は銀行の提供するサービスの特化度と銀行数の関係を示している。銀行数 n が増加すると (4.4) 式の右辺は減少するが、これに応じて左辺が減少するためには特化度 θ^* は上昇しなければならない。これは、銀行数が増えると各銀行の顧客となる企業家数は減少するので、銀行は利潤を増加させるためには顧客企業により特化したサービスを提供する必要があるからである。

　(4.5) 式は銀行サービスの価格 a^* が預金金利にマークアップ率 $\frac{\theta^*}{n}$ を加えたものに等しいことを示している。銀行数 n が増えるとサービス特化度 θ^* も増加するため、銀行数の変化がマークアップ率に与える影響は確定できない。銀行数が増えるとき、銀行の提供するサービスの特化度が大きく高まればサービス価格は上昇するし、サービスの特化度がそれほど増加しないならサービス価格は低下する。

　銀行市場の自由化と対外開放と競争激化によって、途上国では銀行の統合による寡占化が進んでいる。統合によって銀行数が減少すると、利用者にとってメリットとデメリットの双方が生じる。まず、銀行数が減少すると、銀行は幅広い顧客層に対応できる標準化（特化度の低い）したサービスを提供するようになる。そして、より標準化したサービスが提供されると、企業家固有のニーズには対応しなくなるので事業収益率は低下してしまう。一方、銀行数が減少すると、銀行はサービス価格を引き下げる可能性がでてくる。もしサービス価格が低下するなら、企業家の効用はその分改善する。銀行統合の効果は、企業家の効用関数の形状と、事業収益率への銀行サービスの影

---

11) 第 j 銀行の利潤は $\pi_j = (a_i - p) \cdot D(\cdot) - s_j$ で表される。$D(\cdot)$ は取引先の企業家の数である。p は預金金利、s_j は外生的なショックを表す確率変数（$s_j \sim U[0, S]$）を示す。第 j 銀行は期待利潤 $E(\pi_j)$ の最大化を図り、それを実現するようなサービスの特化度 θ_j と価格 a_i を選択する。

響の仕方に依存する。

　Schargrodsky and Sturzenegger［2000］のアルゼンチンの事例研究は、銀行市場の競争環境の変化が銀行の提供する金融サービスに変化を及ぼし、途上国の実態経済に影響を与えることを示している。すぐに想像できるように、社会厚生水準への影響は、図4-2の企業家の効用関数を表す曲線の形状を変えるとさまざまに変化する。第3節で述べたように、銀行の提供するサービスの内容は、銀行が個別に持っている得意分野がそれぞれ異なるために、単純に市場競争の水準から決定される訳ではない。とは言え、銀行間に大きな違いがない場合には、市場競争が強まり同時に銀行数が減少して市場集中度が高まると、銀行サービスの質が変化し顧客の効用水準を劣化させるという可能性があることを、Schargrodsky and Sturzenegger［2000］は示している[12]。

5 途上国銀行市場の残された課題

　途上国では、グローバル化の下で銀行市場の対外開放も含む積極的な競争促進政策が実施されてきた。また、グローバル化の進展に伴い途上国は幾たびかの金融危機を経験したが、これを契機として、各国銀行市場では健全性規制の強化が進んだ。この結果、今日の途上国では、以前と比較して市場環境が改善され、銀行経営は効率的でより健全になったが、なお、残された問題がある。銀行が効率的な経営を行い規模経済性や範囲経済性を十分に実現しようとするとき、企業として私的利潤を追求する銀行の行動と経済のインフラとして銀行が担う社会的な役割が乖離するかもしれないからである。銀行の社会的な役割はマクロ経済的視点から分析されるべきものであり、ミクロ経済的視点に基づく本章の分析スコープを超える問題であるが、その重要性を十分に認識し対応策を考慮しておく必要がある。

　このような問題の1つは、アジア金融危機後のアジア各国で、地場銀行が

---

[12] Williams and Nguyen［2005］はアジア危機後における東南アジア銀行市場の代表的な実証研究である。

図4-3　銀行総資産に占める消費者向け貸付の比率（％）

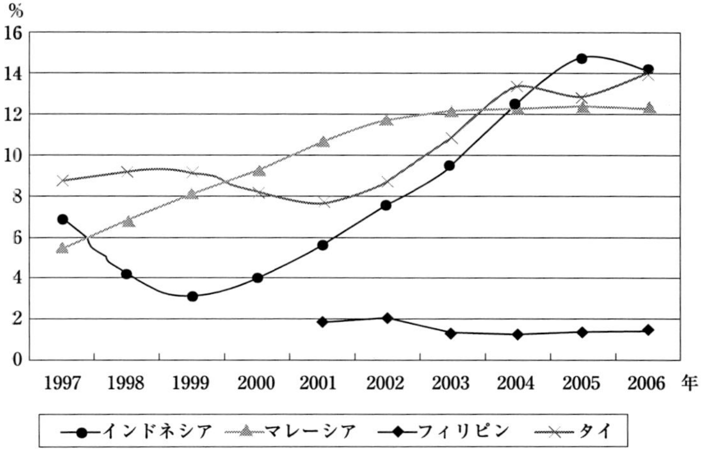

出所：各国中央銀行資料から作成

消費者向け金融（consumers finance）の比重を増やしていることである（図4-3）。その主たる要因は、アジア危機後の景気後退の影響を受けて企業の資金需要が低迷したことにあるが、同時に危機後のプルーデンシャル規制の強化によって銀行融資のスタンスが保守的になり、リスク管理が容易な小口消費者金融を選好する傾向が強まったことも要因として無視できない。

しかしながら、地場銀行の情報生産機能における特性を考えれば、外国銀行や証券市場などでは代替が難しく、同時に各国の経済発展には不可欠であると考えられる地場企業向け金融サービスの拡大こそ、地場銀行に期待されている役割である。特に地場銀行が他に優越する中小企業向け金融などのミドル・マーケット（middle markets）において、その活動が必ずしも活発ではないのは懸念すべき状況と言える。このような事態を改善するためには、銀行にとって企業向け金融のリスク管理を容易にするために、倒産法・会社更生法の整備を進めると同時に、企業ガバナンス構造の改善や情報開示の義務強化など幅広い市場環境の整備を進めることが強く求められている。

第 5 章

外国銀行の進出と役割

1 はじめに

　1990年代以降、新興市場経済（emerging market economies）に対する外国銀行の活動が急拡大している（World Bank ［2001, 2008a］）。外国銀行の進出が先行したのは中欧・東欧諸国やラテン・アメリカ諸国であったが、東南アジア諸国でもアジア金融危機後の金融改革を契機として外国銀行の進出が目立っている。外国銀行の進出は、途上国の銀行市場の機能を強化し経済発展を高めるものとして期待が寄せられており、今後の途上国銀行市場のデザインを考える上で重要な要素となっている。このため、外国銀行の進出効果に関する研究は、中欧・東欧諸国やラテン・アメリカ諸国についてだけでなくアジア諸国についても増えつつある。

　本章では、途上国の金融システムに対して外国銀行の進出がどのような効果を与えるのか検討する。まず第2節では、途上国への外国銀行の進出について一般的に指摘されているメリットとデメリットについて論点を整理する。第3節では外国銀行の影響について世銀が想定するシナリオを紹介し、第4節ではその議論を簡単なモデルで説明する。第5節ではアジア諸国に関する実証研究を紹介し、第6節ではアジア諸国を例にとって、外国銀行に期待される役割と政策課題について展望する。

表5-1　外国銀行の進出状況

（対銀行総資産比率%）

地域	1995年	2000年	2007年
東アジア・太平洋	4.8	13.3	11.2
欧州・中央アジア	13.3	36.6	54.7
ラテンアメリカ・カリブ海	11.7	27.1	35.6
中東・北アフリカ	6.9	8.5	10.6
南アジア	7.2	7.4	7.4
サハラ以南アフリカ	39.3	42.5	49.4
途上国地域全体	19.6	29.7	38.8

出所：World Bank [2009a]

2　外国銀行進出のメリットとデメリット

　1990年代に入って、中欧諸国やラテンアメリカ諸国の新興市場経済では、急激かつ大規模な外国銀行の進出が観察された[1]。一方、ASEAN諸国では、1990年代に入って金融自由化政策が本格的に開始され、対外的な資本取引についても規制緩和が進められたが、外国銀行の市場参入については厳しい規制が維持された。ASEAN諸国では海外資金の急激な流入とオフショア市場の急拡大とが見られたものの、国内銀行市場における外国銀行の活動は強く制約されたままで、その影響力も限定的であった。

　1997年のアジア金融危機を契機としてASEAN諸国の状況は大きく変化した。危機後の金融・経済改革を通じて、外国銀行の市場参入規制が大幅に緩和され、BIS［2004］によれば地場銀行への資本参加・買収などを通じてその市場シェアは表5-1のように大幅に高まった。同時に、外国銀行の営業活動の内容も大きく変化した。外国銀行はそれまで外資系企業や一部地場大企業などに営業活動を限定してきたが、地場銀行を買収後は店舗網を利用したリテイル市場への本格的な進出が見られるようになった。今後も、WTO参加やFTA交渉の進展を通じて、各国では金融部門のより一層の開

1）Litan et al. ed.［2001］, World Bank［2001］を参照。

放が進むと見られ、外国銀行のプレゼンスはさらに高まっていくものと予想される。

外国銀行の進出のメリットとして次の3つの理由が一般によく指摘されている（Levine [1997]）。第1は、外国銀行が進出することによって国際金融市場へのリンケージが強化され、海外資金の流入が拡大し投資が促進されることである。第2は、外国銀行の進出が国内の市場競争を促進し、新しいスキルや経営技術が導入されることである。この結果、銀行の提供する金融サービスの質が改善され、同時にサービスが利用しやすくなるというメリットが生まれると考えられる。第3は、外国銀行の参入が国内の金融取引をより高度なものにさせ国際的な取引も活発化させることを通じて、国内の金融政策手段が多様化し法制度や金融監督・規制といった制度インフラがレベルアップを促されるという効果である。

外国銀行の進出に伴うデメリットとして指摘されるものには次のようなものがある。第1は、外国銀行が参入し、海外市場とのリンケージが強まる結果、海外への資金流失（資本逃避）が悪化するのではないかという懸念である。第2は、外国銀行は富裕層や大企業・外国企業など良質な顧客層しか相手にせず、現地の大衆を相手とするリテイル市場にはサービスを提供しないという批判である。第3は、外国銀行が途上国の市場に参入すると、高い技術水準や強い資本力によって市場を支配してしまうという批判である。第4は、外国銀行は長期的な視点から途上国と取引関係を持とうとせず、何らかの問題が進出先もしくは母国で発生した場合、短期間で取引関係を縮小して引き上げてしまうのではないかと懸念されている。第5は、進んだ技術と幅広いサービスを提供する外国銀行が進出すると、受入国の監督・規制の能力が追いつかず、結果として金融システムの安全性が脅かされてしまうという心配である。

3 外国銀行の進出と世銀のシナリオ

外国銀行の進出が途上国の地場銀行経営に与えた影響について検討するため、世界銀行は1990年代の中欧諸国やラ米諸国に関する一連の実証研究を行

った。その結果として、World Bank［2001］は次のような変化が観察されたとしている。

まず、外国銀行の進出は、国内市場をより競争的にし、外国銀行の市場シェアが高まるほど地場銀行の利潤率は低下した。利潤率が低下した結果、地場銀行はより利鞘の大きな融資を行う傾向が見られたが、このような融資は高いリスクを伴うため、貸し倒れ引当金が増加することとなった。

市場競争の激化によって、地場銀行の経営効率性が高まったかどうかは必ずしも明瞭ではない。オーバーヘッドで見た営業費用は若干低下したものの、貸出債権のリスクが高まったことによる管理コストの上昇によって、総合的に見て経費が改善したかどうかは不明だからである。

これらの実証研究を踏まえて、World Bank［2001］は、外国銀行の進出による影響を肯定的に評価している。外国銀行の市場参入は地場銀行の効率性を改善しその競争力を高めることが期待でき、途上国金融システム全体への影響についても長期的に見て望ましいと判断している[2]。World Bank［2001］が期待する楽観的なシナリオは次のようなものであった。

まず第1に、外国銀行が進出して市場競争が厳しくなると、地場銀行は経費削減に努め、同時にサービスの多様化と質の向上に努力するようになる。したがって長期的にみると、外国銀行の参入は、地場銀行の効率性を改善させその競争力を高める効果を持つ。

第2に、外国銀行と競争して市場での信認を確保するために、地場銀行は従来の不透明な経営内容や曖昧な会計基準を改めざるを得なくなる。この結果、地場銀行の経営の透明性が高まりより厳格な会計基準が導入されるようになるので、地場銀行経営の近代化と国際標準化が進むと期待される。

第3に、外国銀行の参入による市場競争の激化が、金融システムを不安定化する危険性がある。これは、市場競争が激化して利潤が低下すると、地場銀行がそれをカバーするためにハイリスク・ハイリターンを狙った融資活動にのめり込むモラル・ハザードが生じるからである。この危険を防止するた

2）外国銀行参入が金融セクター全体に与えるメリットとそのための適切な環境整備策については、World Bank［2001］第4章、BIS［2004］、菱川・内田［2004］、奥田［2004a］を参照されたい。

めに、金融当局はプルーデンシャル規制を強化せざるを得なくなる。外国銀行の参入は、金融規制の近代化を促す契機ともなる。

第4に、地場銀行と外国銀行は、市場競争を通じて互いに競争力の強い分野や顧客層についてサービスを提供しようとする。したがって、零細顧客に対しても、地場銀行か外国銀行かのいずれかより強い競争力を持つ銀行が、積極的にサービスを提供するようになる。

2000年代以降に外国銀行の進出が実際に現地企業に与えた影響に関して、世界銀行は引き続き肯定的な評価を与えている。World Bank［2008a］は、外国銀行は途上国の現地企業に積極的に金融サービスを供給しており、外国銀行の進出によって現地企業の活動が阻害されることはなく、むしろその発展を促進していると論評している。また、外国銀行の進出後、富裕層だけでなく一般家計もより良い金融サービスを享受できるようになったと指摘している。

4 外国銀行の参入と地場銀行のモデル

4.1 銀行モデル

外国銀行の進出が地場銀行の行動にどのような影響を与えるのかを考えるためには、銀行の情報生産活動を明示的に取り入れた議論が必要である。ここでは Greenwald et al.［1993］の銀行モデルを利用して、外国銀行の進出効果を検討してみよう。

まず初めに、多数の企業に貸出を行っている銀行を考えよう。貸出先の企業はいずれも投資プロジェクトを持っており、その規模はどの企業も同じ水準 B であり、全額を銀行借入だけで賄っている。各企業の投資プロジェクトの収益 B は確率分布関数 $F(R,\theta)$ に従うものとし、θ は投資プロジェクトのリスクの程度を表し、その値が高いほど高いリスクを表す。銀行の貸出約定金利を r とすると、銀行の期待収益率 $\rho(R,\theta) = R$ は次のように表される。

もし $R \geq (1+r)B$ ならば、$\rho(R,\theta) = (1+r)B$

図 5-1　銀行の最適資産構成の選択

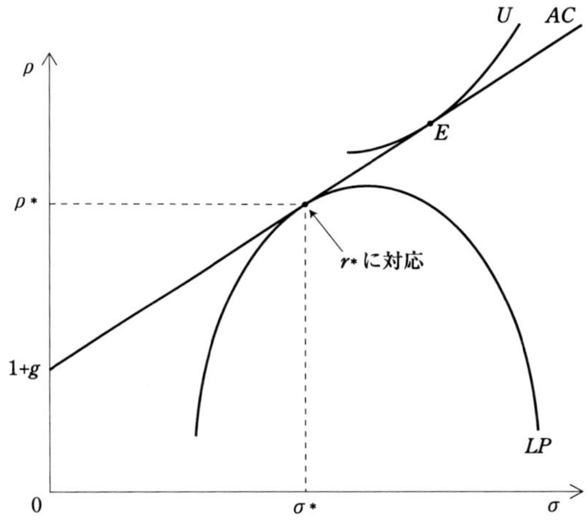

出所：Greenwald et al.［1993］

　　　もし $R < (1+r)B$ ならば、$\rho(R, \theta) = R$

　ここで企業と銀行の間で情報の非対称性が存在し、逆選択問題が発生すると仮定すると、銀行にとって貸出ポートフォリオの期待収益とリスクは図5-1のような形状で表される[3]。貸出金利が比較的低い水準にあるうちは、約定金利 r が高くなるに連れて貸出ポートフォリオの期待収益率 ρ は上昇し、同時に期待収益率の分散 σ も拡大する。貸出金利 r がさらに上昇していくと、投資プロジェクトのリスクが低い企業は銀行からの借入を行わなくなる。これらの企業は投資結果の良好と不良の差が小さいが、結果が良好だった時でも収益は小さいので高金利は支払えないからである。その結果として、銀行から融資を希望する企業の中にはプロジェクトのリスクが高いものの比率が次第に増えてくる。これらの企業は投資結果の良好と不良の差が大きく、結果が良好だった時には収益が大きいので高金利でも返済ができるからである。したがって、約定金利が高くなると貸出ポートフォリオの期待収

---

[3] Stiglitz and Weiss［1981］と同様の仮定が成り立つと仮定する。

益率の分散 σ は高くなるが、返済してもらえる貸出先が減ってくるので銀行貸出ポートフォリオの期待収益率 ρ は逆に低下してしまう。銀行の貸出ポートフォリオの分散-期待収益曲線は、図5-1の LP のように山型の形状になる。

　銀行貸出の原資は、銀行の自己資本 W と預金者から預かった預金であるとする。預金市場の金利（預金金利）は g であり、銀行はここから望むだけ自由に資金を調達することもできるし他の銀行に預金することもできる。また、簡単化のため、預金はリスクフリーの安全資産であると仮定する。この時、銀行にとって効率的な資産運用フロンティアは、縦軸切片を $(1+g)$ とし貸出ポートフォリオの分散-期待収益曲線に接する半直線 AC によって表される。銀行にとっての最適な貸出ポートフォリオは、効率的な資産運用フロンティア AC と貸出ポートフォリオとの接点で表され、その期待収益率は ρ^*、収益率の分散は σ^* となる。また、この貸出ポートフォリオを組成している銀行貸出の約定金利を r^* と表すことにする。

　銀行がリスク回避的でありその無差別曲線が U で表されるとする。銀行にとって最適の資産構成は、効率的資産運用フロンティア AC と無差別曲線 U との接点 E で決定される。図5-1のように接点 E が σ^* の右側にある場合は、銀行は預金市場で調達した資金に自己資本 W を加えて企業に貸出をしている。もし逆に接点 E が σ^* の左側にある場合は、銀行は預金市場では資金の出し手であり、自己資本 W を他行への預金預け入れと企業への貸出とに分けて運用していることになる。

　ここまでは、投資プロジェクトに関する情報はどの企業についても同程度に観察できると仮定してきた。しかし実際には、情報開示のレベルは企業によって差があり、投資プロジェクトの内容が同じ企業であっても、銀行にとって貸出ポートフォリオの収益性とリスクに違いが出る。情報開示が低い企業については情報収集コストが余計にかかるため、銀行にとってこのような企業への貸出は収益性が悪くなる。また、このような企業への貸出は、投資プロジェクトの内容が正確に掴めない分だけ、銀行にとって主観的なリスクが高くなる。図5-2の LP' のように、企業情報が取り難い企業ほど、銀行貸出ポートフォリオの分散-期待収益曲線は下方に位置する。

第 5 章　外国銀行の進出と役割　77

図 5-2　市場均衡の決定

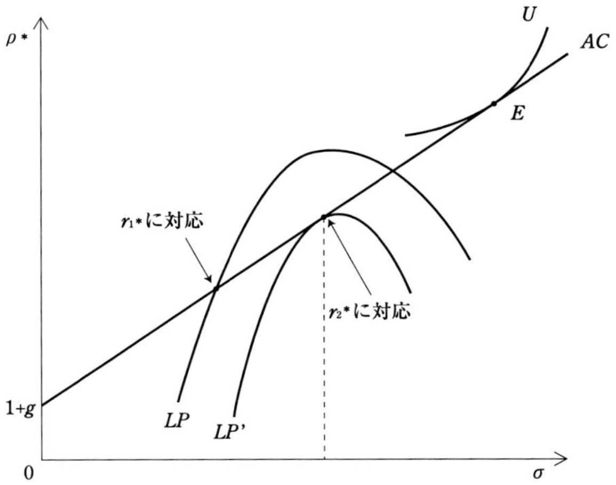

出所：Greenwald et al.［1993］

　銀行の貸出は、最も情報開示が高く、したがって収益性-リスク曲線が最上方に位置する企業のグループ（第 1 企業群）から開始される。第 1 企業群に貸出をしてもなお資金に余裕がある場合には、貸出金利を引き下げて、分散-期待収益曲線が第 2 番目に上方に位置している企業のグループ（第 2 企業群）にも貸出を拡大する。このとき、第 2 企業群への貸出ポートフォリオは第 1 企業群のものより劣っているので、第 2 企業群への貸出金利（r_2^*）は第 1 企業群への貸出金利（r_1^*）よりも高く設定される。

　こうして銀行は貸出金利を次第に引き下げながら貸出の対象となる企業を拡大していく。一方、貸出金利が低下するにつれて、より多くの企業が銀行から借入を望むようになる。均衡貸出金利は、銀行の貸出供給額と企業の借入需要額が一致した水準で決定される。均衡貸出金利は企業のグループ毎に異なっている。ここで最上位に位置する企業のグループから数えて k 番目の企業グループ（第 k 企業群）まで銀行が貸出した時に均衡が成立したと仮定して、このグループの企業への均衡貸出金利を r_k^* と表すことにすれば、より上位に位置する情報開示の優れた企業のグループ、すなわち第 j 企業群（$1 \leq j < k$）への貸出金利 r_j^* は $r_1^* < r_2^* < \cdots < r_j^* \cdots < r_k^*$ の順序に

図5-3 外国銀行の進出の影響

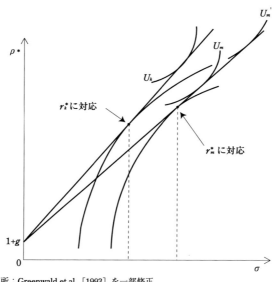

出所：Greenwald et al.［1993］を一部修正

なる。

4.2 外国銀行の進出：世銀のシナリオ

　外国銀行が途上国に進出してきた状況を World Bank［2001］のシナリオに沿って考えてみよう。外国銀行が進出すると、まず最初に、企業への銀行の貸出供給額が増加するので、市場競争を通じて銀行の貸出金利に低下圧力が加わる。

　次に、金利が低下する過程で外国銀行と地場銀行とでは行動が異なってくる。外国銀行は、大企業や外国企業など情報開示の進んだ企業グループについては、地場銀行と比較的遜色なくプロジェクトの情報を入手することができる。しかし、中小企業など情報開示が遅れた企業については、外国銀行は地場銀行と比べて情報収集が劣る。このため、外国銀行は中小企業への融資を躊躇し、いわゆる優良企業だけに融資を限定することになる。一方、地場企業は中小企業の情報も収集できるため、金利が低下する局面で分散-期待

収益曲線が下方に位置する企業グループへの融資を開拓することで収益を確保する行動を取るであろう。こうして外国銀行と地場銀行との間で顧客企業層の分化が現れる（図5-3）。

地場銀行の限界的な貸出先企業のレベルが劣化した結果、地場銀行の満足度は低下する。外国銀行の進出以前には、地場銀行にとっての限界的な貸出先企業は第 k 企業群であり、その貸出金利は r_k^* で地場銀行の満足度のレベルは無差別曲線 U_k で表されていた。外国銀行の進出後には、地場銀行にとっての限界的な貸出先企業は第 m 企業群に劣化し、その貸出金利は r_m^*（$r_k^* < r_m^*$）に上昇するが、満足度は無差別曲線 U_m のレベルに低下する。

経営環境悪化に直面してフランチャイズバリューが低下すると、地場銀行の行動が変化し過剰なリスク・テイクを行うようになる可能性がある。この場合には、地場銀行の無差別曲線の傾きが以前と比較して緩やかになり、U_m' のように変化する。その結果として、地場銀行は質の劣る企業のグループに対して一層大胆に貸出を拡大するようになるであろう。

外国銀行が進出先の市場環境に順応し、進出先の地場企業情報の収集能力を向上させるように努力するなら、外国銀行の貸出先は中小企業にも次第に拡大していくかもしれない。その場合には、外国銀行の貸出金利はさらに低下すると同時に、零細な企業にも銀行サービスが提供されるという望ましい状況が実現する。一方、地場銀行についても、外国銀行の持っている先進的な審査技能や資産負債管理技術が導入されれば、貸出ポートフォリオの内容が改善し、経営が好転する可能性がある。

外国銀行がこれまでにないサービスを提供するようになれば、途上国の金融当局が監督・規制の能力をレベルアップしたり、地場企業が情報開示や企業統治を改善しようとする誘因が生まれるかもしれない。もしこれらが実際に実現すれば、地場銀行の貸出ポートフォリオの分散−期待収益曲線は何れの企業のグループについても上方にシフトする。この結果、地場銀行の経営は改善し、貸出金利も低下するという望ましい状況が実現される。

5 東南アジア諸国における実証研究

5.1 財閥グループの存在と外国銀行進出効果

　アジア危機以前のアジア地域では外国銀行に対する規制が厳しく、東欧やラテンアメリカ諸国と比べると、その進出が遅れていた。その中で、フィリピンでは外国銀行に対する規制が比較的緩やかで、近隣諸国と比較すると外国銀行の進出が早くから進んできていた。Unite and Sullivan [2003] は1990年から1998年までのフィリピンの地場商業銀行のデータを利用して、地場銀行の経営に外国銀行の参入がどんな影響を与えるのか単回帰分析を行った[4]。

　ここで非説明変数 y は地場銀行の経営の特徴を示す指標（利鞘、利潤、非金利収入、営業費用、リスク）で、説明変数は外国銀行参入を表す指標 x（全銀行数に占める外国銀行数の比率、銀行総資産に占める外国銀行の比率、銀行別の外国出資比率）およびその他のコントロール変数 z_j である。指標 x については、地場銀行がビジネスグループに属しているかどうかを示すダミー変数 g と交差させてその効果も見ている。

$$y = a_0 + a_1 x + a_2 x \cdot g + \sum_j a_j \cdot z_j \quad (a_0 = 定数項、a_1、a_2、a_j = 係数)$$

　Unite and Sullivan [2003] によると次の特徴が観察された。第1に、外国銀行の進出による地場銀行の利鞘への影響は、地場銀行がビジネスグループに属しているかどうかによって異なっていた。これは、ビジネスグループに属する銀行の場合は外国銀行と顧客層が重なっているため外国銀行との競争が厳しくなったのに対して、ビジネスグループに属さない比較的規模の小さい地場銀行の場合は競合関係が弱かったことを示唆している。

　第2に、外国銀行の進出によって地場銀行の営業費用は縮小したが、ビジネスグループに属している地場銀行では縮小幅が小さかった。これは、ビジネスグループに属する銀行は経営基盤が安定しており、経費を削減する意欲

---

4) 外国銀行進出効果については Clarke et al. [2001] などのサーベイがある。

がそれほど強く働かないことを示している。

第3に、非金利収入は外国銀行の進出によって低下し、特にビジネスグループに属さない地場銀行の場合、その傾向が顕著であった。これは、投資銀行業務を巡る外国銀行の競争の結果、グループ企業という安定した顧客を持たない銀行が、外国銀行にビジネスチャンスを奪われやすくなったためと考えられる。

第4に、外国銀行が進出しても地場銀行の利潤は特に低下しなかった。これは、グループに属する地場銀行では、非金利収入の維持と営業経費の削減とで利鞘の縮小の影響を埋め合わせることができたためである。一方、グループに属さない地場銀行では、利鞘の縮小と非金利収入の減少の影響を、もっぱら営業経費の削減に努めることで埋め合わせることができたためと考えられる。

第5に、外国銀行の進出によって地場銀行の貸出債権への引当金の比率は高まった。このことについては、地場銀行の経営がより保守的になったことと海外投資家の銀行経営に対するモニタリングが厳しくなったことに対応したものであると考えられる。

フィリピンの地場銀行の分析結果は、多くの点でLevine［1996］やWorld Bank［2001］の議論と一致しているが、追加的な重要な示唆も含んでいる。その第1は、地場銀行といっても多様であり、外国銀行の進出による影響の受け方はその特性によって違いがあるという点である。したがって政策立案に際しては、地場銀行が選択する対応可能性について、具体的な議論を深めることが必要であろう。

第2は、外国銀行の進出に地場銀行がどう対応するかは、銀行セクター以外の産業構造のあり方とも不可分な問題だということである。フィリピンの有力地場銀行の対応は、その背後にあるビジネスグループの存在を抜きにしては説明できない。このような産業と金融を繋ぐ構造についての検討も政策立案にかかわる重要な課題と思われる。

外国銀行の進出が望ましい影響を与えるためには、単なる銀行部門の対外開放という限定された視点ではなく、ビジネスグループの在り方も含めた制度改革が不可欠になる。その意味において、制度改革の果たすべき役割は、

Levine［1996］や World Bank［2001］の指摘以上に重要になってくると言えよう。

5.2　外国銀行の資本参加と買収効果

　アジア危機後のアジア各国の金融改革では、外国銀行の参入規制が大幅に緩和された。この結果、タイやインドネシアなどアジア危機によって大きなダメージを受けた国々では、地場銀行の買収による外国銀行の進出が進んだ。Okuda and Rungsomboon［2007］は、アジア危機の前後を含むより長期間のデータを利用して、アジア危機後の金融改革の影響もコントロールしながら、タイにおける外国銀行の資本参加の影響について回帰分析を行った。

　表5-2はその推計結果をまとめたものである。被説明変数は、World Bank［2001］の研究を踏襲して、営業経費率 OE_{it}、収益率 $PROFIT_{it}$、預貸金利スプレッド $SPREAD_{it}$ の3つの経営指標である（添え字は第 t 期における第 i 地場銀行を表す）。一方、説明変数は個別銀行への外資出資比率 $FOWN_{it}$ と、その他のコントロール変数である。コントロール変数には2つのグループがある。第1のグループは銀行固有の営業構造を示す変数で、地場銀行の貸出残高 $LOAN_{it}$、地場銀行の実質賃金 $WAGE_{it}$、資本レンタル率 K_{it}、資金調達金利 IEX_{it}、預貸金利スプレッド $SPREAD_{it}$、総資産残高対数値 $log(TA)_{it}$、非金利費用比率 NIA_{it}、金利費用比率 FND_{it}、各銀行の市場シェア比率 RSZ_{it}、である。第2のグループは市場環境およびマクロ経済情勢を表す変数で、市場集中度 HI_t、アジア危機ダミー $CRISIS$、金融改革ダミー $DUMC$、法定預金準備率 RR_t、が含まれる。

　推計結果によれば、外国銀行のタイ地場銀行経営への参加は営業経費を増加させる傾向があった。また外国銀行の地場銀行への経営参加は、少なくとも2002年末までのところ、収益率を低下させるように作用している。奥田［2004b］のアンケート調査によれば、外国資本による買収銀行では、経営システムの近代化や新商品導入が行われており、これらの経費増加が短期的には収益率を低下させたと思われる。一方、外国資本の経営参加は、銀行の預貸金利スプレッドを拡大する傾向が観察された。このことは、外国資本の

表 5-2 営業経費率・収益率・預貸金利スプレッドの推計結果

営業経費率			
$log(LOAN)$	-0.014^{***}	-0.002	-0.001
$log(WAGE)$	0.006	0.009^{*}	0.009^{*}
K	0.008	0.007	0.006
$log(TA)$		-0.031^{***}	-0.030^{***}
市場集中度 HI	-0.134	-0.322^{***}	-0.307^{***}
金融改革ダミー $DUMC$	-0.002		-0.0007
外国銀行出資比率 $FOWN$	0.0002^{**}	0.0002^{***}	0.0002^{***}
R^2	0.285	0.389	0.384
収益率			
$log(WAGE)$	-0.036^{***}	-0.038^{***}	-0.025^{***}
K	0.012	0.015	0.014
IEX	-0.631^{***}	-0.535^{***}	-1.131^{***}
$SPREAD$	2.552^{***}	2.531^{***}	1.997^{***}
$log(TA)$	0.059^{***}	0.061^{***}	0.062^{***}
市場集中度 HI	0.653^{***}	0.446	0.249
金融危機ダミー $CRISIS$		0.011	0.030
金融改革ダミー $DUMC$			-0.049^{***}
外国銀行出資比率 $FOWN$	-0.0005^{**}	-0.0005^{**}	-0.0004^{**}
R^2	0.759	0.759	0.766
預貸金利スプレッド			
NIA	0.560^{***}	0.556^{***}	0.622^{***}
FND	-0.018^{*}	-0.018^{*}	-0.020^{*}
OE	0.040	0.039	0.022
RSZ	0.094^{**}	0.1^{**}	0.099^{**}
INF	-0.003^{**}	-0.002^{**}	0.0006
GDP	-0.0090^{**}	0.0007	0.0005
RR	2.973^{***}	2.193^{***}	2.890^{***}
アジア危機ダミー $CRISIS$	0.013^{***}	0.013^{***}	-0.014
金融改革ダミー $DUMC$			0.016^{**}
外国銀行出資比率 $FOWN$	0.0001^{**}	0.0001^{**}	0.0001^{**}
改革ダミー外銀出資比率 $DUMC \cdot FOWN$		-0.0002	
R^2	0.504	0.497	0.468
サンプル数	135	135	135

出所：Okuda and Rungsomboon [2005]
注1：*、**、*** はそれぞれ10%、5％、1％の有意水準を示す。

参加によって新しい商品や経営手法が導入され、より収益性の高い資産運用が可能となったものと解釈することができる。奥田 [2004b] では、外国資本参加行は地場銀行よりも積極的に新商品を導入し、より収益性志向の経営

方針に転換したという結果も出ている。推計結果はこれと整合的なものとなっている。

タイではアジア金融危機を契機として、外国銀行による地場銀行の買収が進み、外国銀行の本格的な市場参入が実現した。アンケート調査の結果によると、新しい市場環境に対応して、地場銀行は新技術や近代的な経営手法の導入に努めてきた。外国銀行の買収によってリテイル市場にも外国銀行の進出が進んだが、これに対して地場銀行は防御的に対応するのではなく、むしろ積極的に対応しており、World Bank［2001］が想定するような望ましい外国銀行参入効果が実現しつつあるといえる。一方、地場銀行の急激な対応によって、外国銀行の買収行はリテイル部門では苦戦しており、ある意味で守勢に立たされているといえる。ただし外国銀行支店については、地場銀行とは顧客も提供するサービス内容も異なることから、競合というよりもむしろ基本的には補完関係にあるといえる。

6 外国銀行の役割：アジア銀行市場の展望

外国銀行と地場銀行は、それぞれ特徴ある経営特性を持っている（Okuda and Rungsomboon［2006］）。外国銀行の中心的な顧客とサービスは地場銀行と異なっており、今後はより競争的な市場環境の下で互いの競争優位に基づき効率的な補完関係が形成されていくものと期待されている。近年の金融自由化政策および国内市場の対外開放政策の進展は、外国銀行にとっての人為的障害を軽減し、これからの外国銀行支店と地場銀行との望ましい分業関係の構築に役立つであろう。

地場銀行は多くの途上国で今後とも地場企業・家計にとって中核的な役割を担うと考えられる。その一方で、近年では外国銀行が地場銀行を買収してリテイル市場に進出することも稀ではなくなっている。これらの買収行の生産技術は、大幅なリストラを経て買収前より格段に効率的なものとなっている。このような意味において、リテイル市場に進出した外国銀行買収行は、地場銀行の強力なライバルであり、市場競争の促進を促し銀行の経営効率のレベルアップに大きな役割を果たすと期待されている。成長が見込まれるア

ジア諸国では、地場銀行と外国銀行が互いに競争優位を狙って新たな銀行市場の再編が続くと予想され、地場銀行の統合合併だけでなく、外国銀行買収行の整理・統合も進んでいくと思われる。

　最後に、外国銀行の進出は国際金融チャンネルを通じた金融危機発生の危険性を強く持っている点に注意する必要がある。2008年の世界的金融危機では、資金不足に陥った先進国の多国籍銀行が一斉に海外資金の回収を図ったために、途上国向けの外国銀行の融資が急激に縮小した。この結果、外国銀行の市場シェアが高い中欧・東欧諸国や中央アジア諸国では、深刻な信用収縮が発生した。国際金融チャンネルを通じた世界的金融危機では、システミックリスクの発生に対処するため、先進諸国と途上国の双方において、時期を逃さず即時に必要な流動性を経済に供給すると同時に、銀行など金融機関に必要な資本注入を行うことが必要である。外国銀行の役割が途上国で拡大するに連れて、国際金融チャンネルを通じた経済危機に対する危機管理政策の整備と国際協力が、重要な政策課題となっている。

第Ⅲ部　開発途上国における資金調達

第 6 章

途上国企業の資金調達：
東アジア諸国の事例

1 はじめに

　東アジア諸国企業の資金調達構造に関心が集まり、研究が本格化したのはアジア金融危機以後であり、分析の対象もそれ以降がほとんどである。この時期から急速に関心が高まった背景には、金融危機の発生と、それが大規模な企業破綻に波及した原因が、90年代に東アジア諸国の企業が負債ファイナンスへの依存を急速に高めたことにある、という認識がある。また、90年代半ばから各国横断的な大規模企業データーベースの整備と低廉化が進み、途上国についても本格的な分析に耐えうるデータが利用可能になったことも背景の一つであろう。

　この研究領域にはいまだ全体像や基本的傾向について認識の不一致が残っている。すなわち、東アジア諸国や途上国企業の負債比率は果たして相対的に高いのか、低いのか、その理由をどこに求めることができるのか、そして、それが金融危機といかなる形で関係しているのか、といった論点である。

　本章では、こうした点を中心に、東アジア諸国の企業金融に関する議論を整理したい。本章の前半では、資金調達方法決定の基本理論である、エージェンシー・コストの考え方について解説し、研究蓄積の豊富な日本経済の研

究を題材に、一般的な分析手法を解説する。これを踏まえて、本章の後半では、東アジア諸国における企業の資金調達の議論の問題点を整理し、各国を分析した最近の研究の一端を紹介する。

2 企業金融とエージェンシー理論

　企業の資金調達の決定理論は、Modigliani and Miller［1958, 1963］の議論を出発点としている。M＝M理論は、資本市場が完全で裁定取引が働く世界では、資金調達の手法が負債によるものか、資本によるものかの違いは、資本コスト、企業価値には影響を与えないことを示している。M＝M理論においては、生じうる唯一の相違の原因は、負債の増加による法人税の軽減効果であり、この範囲において企業は資本構成に関心を持つと考えられている。この考え方は理論における斬新性や直截性ゆえに広く受け入れられる一方で、現実の企業の資本構成[1]の多様性をほとんど説明できないという欠点を抱え、企業の資金調達をめぐる論争の起点となってきた[2]。

　このような見方に対して、より現実的な説明の論理を構築しようという試みの一つが、エージェンシー理論である。経済活動に関する行為が依頼人（principal）から代理人（agent）に委託（delegate）されているという関係（principal-agent関係）において、代理人が依頼人の利益に必ずしも一致しない行動をとる誘因があり、しかも依頼人は契約の不完備性や情報の非対称性ゆえにそれを阻止できない構造が存在することをエージェンシー問題という。principal-agent関係を通じた経済行為には、そのような構造からエージェンシー・コストと呼ばれるロスが発生する。エージェンシー理論とは、このような構造とコストに着目する議論の総称である。

　その先駆的業績であるJensen and Meckling［1976］は、企業の経営意思決定の過程において、2つの重要なエージェンシー問題の存在を指摘する。

1）通常、資本構成とは、バランスシート上の負債・資本側のストックの水準における選択を意味し、資金調達とはフローでの選択を意味する。資金調達に関心を持つ実証研究では、多くの場合資本構成を対象に分析が行われている。

2）M＝M理論のコンパクトな解説としては、堀内［1990］が便利である。

第1は、株主（依頼者）と経営者（代理人）との関係である。経営者は株主のために企業価値を最大化して役員報酬を得るだけでなく、経営者の地位にいること、またそれによって得るフリンジベネフィットを拡大することによっても効用を得ている。そして、株主は経営者による経営活動の細かな情報や決定内容をすべて把握できるわけでもない。その結果、経営者には自らの効用のために株主の利益に相反する行動をとる誘因が生じ、株主が経営を経営者に委託する関係のもとでは、株主自身が直接経営者として行動する場合と比べて、ロスが生じる。

　第2は、企業に資金を提供する債権者（依頼人）と株主（および経営者の連合体＝代理人）との関係である。有限責任制下での負債契約には、借り手（株主）にハイリスクな投資活動を志向させ、債権者（依頼人）の期待収益をより低くするメカニズムが内在している（Stiglitz and Weiss [1981]）。また、本来は投資に回すべきキャッシュ・フローを株主の利益のために配当してしまうような誘因が株主の側にはある。その結果、債権者にとって債権の平均的な収益率は、そのプロジェクトを債権者自身が推進する場合よりも低いものとなる。このエージェンシー・コストは、例えば貸し手（債権者）がこうした可能性へのプレミアムを金利に上乗せすることなどによって、陽表的に現れてくる。

　負債という資金調達手段の選択は、この2つのエージェンシー・コストを変化させる要素を持っている。株主＝経営者間のエージェンシー問題におけるロスは、実際には経営者が自由に利用できるフリー・キャッシュ・フローの規模と正の相関を持っている。負債によってキャッシュ・フローを最小限に圧縮しておけば、経営者が自らの利益のために行動する余地を狭くできる。したがって、負債の利用は、エージェンシー・コストを低める効果を持つ。一方、債権者＝株主間のエージェンシー問題は、負債にはそもそも、自己資本に比較してエージェンシー・コストが内包されていることを意味しており、負債への過度の依存は、かえってロスを大きくする可能性があることを意味している。エージェンシー理論の視点からは、株主がこのようなエージェンシー・コストを最小化するような負債への依存度を決定する形で企業の資金調達を決めている、と理解される。

他方、Myers［1984］、Myers and Majluf［1984］は、エージェンシー理論に類似した観点から、企業の資金調達方法の選択についてより明快な仮説を提示している。ペッキング・オーダー仮説（peking order hypothesis；きつつき仮説）として知られている考え方である。資金調達手段を自己資本（equity）と負債（debt）に2分して考えた場合、情報の非対称性と無縁の自己資本は、機会費用と等しいコストで資金を調達できる。それに対し、負債による調達では情報の非対称性などの市場の不完全性を反映してエージェンシー・コストが発生し、自己資本による資金調達より常に高コストとなる。したがって、企業の資金調達の選好順序では、自己資本が優先され、負債は自己資本が不足する範囲において選択されると理解される。

Myers［1984］、Myers and Majluf［1984］においては、自己資本とは主に内部留保と株主割当増資などの市場によらない株式ファイナンス（両者を併せて private equity と呼ぼう）を意味している。これらに加えて市場を通じた株式ファイナンス（public equity）を考えれば、ペッキング・オーダー仮説はとても実用的な分析枠組みとなる。その場合、負債ファインスと市場を通じた株式ファイナンスという2つの外部金融のエージェンシー・コストをどのように考えるかによって、さまざまな選好構造を想定することができる。実証分析での一般的な想定は、負債を銀行借入と同一視した上で、銀行による情報生産を市場における情報生産より効率的で、よりエージェンシー・コストが低いものと考え、自己資本、負債ファイナンス、株式ファイナンスの順に選好されるというものである。

ペッキング・オーダー仮説における選好順序は厳密には辞書式選好であるが、実際の実証分析においては、エージェンシー理論も併せて援用し、限界的なエージェンシー・コストの変化を想定するなどして、それぞれの調達手段が均衡する形でのモデル設定、仮説設定をおくことが多い（例えば池尾・広田［1992］)[3]。

3 企業・銀行間構造と企業金融：日本の研究例

3.1 メインバンク、企業集団、政策金融

　エージェンシー理論は、現実に存在する企業間および企業・銀行関係を解明するための有用なアプローチとして利用されてきた。途上国を対象とする研究の紹介の前に、ここでは、特定の経済に適用する具体的ロジックと分析手法の説明として日本についての研究事例を紹介したい[4]。

　エージェンシー理論を日本の金融システムについて適用した議論の例として、メインバンクの機能についての研究が挙げられる[5]。メインバンクとは、企業にとって長期的で安定的な関係を維持している特定の銀行を指し、戦後の金融システムの中でその存在が認識されてきた。80年代半ばから90年代にかけて、この機能と存在理由をめぐる研究が、不確実性や情報の経済学にもとづく仮説設定と企業データを用いた実証研究によって、さまざまに取り組まれてきた。最近では、長期的取引関係に基づく情報蓄積に依存にした商業銀行の活動や業態を指すものとして「リレーショナル・バンキング」という概念が使われるようになってきているが、メインバンクの議論はこの概念の主要な源流と位置づけられるべきものである。

　数多い議論のうち、情報の非対称性とエージェンシー・コストの側面に着目する見方は、概ね以下のロジックからなっている。銀行の活動の本質が融資先の性質や行動を評価するといった情報生産活動にあるとすれば、その活動は情報の非対称性を緩和しエージェンシー・コストを逓減させる機能を持

3）現実には、負債への依存が企業価値にもたらす影響としては、さまざまな要因が考えられる。例えば、債権者に経営不振に陥った企業の清算決定をする権限がある場合には、負債は株主・経営者の経営インセンティブを高める可能性があるし、逆に、株主・経営者の側にプロジェクトの事後変更の権限がある場合には、負債のエージェンシー・コストは高くなる。また、負債への過度の依存は一般に倒産リスクを高める。

4）日本の企業金融の諸論点については野間［2000］を参照。野間［2000］はエージェンシー問題全般と負債の機能についても整理を行っている。

5）メインバンクの研究については、例えば、堀内・隨［1994］の展望論文が参考になる。

っている。ところで、融資対象企業について生産された情報は、銀行の顕示された融資行動を観察することで間接的に入手可能だから、銀行には、自分で情報生産を行わずに生産された情報にただ乗り（free ride）する誘因がある。情報のこのような公共財的性格は、市場的競争環境において情報生産を過小にする可能性がある。こうした環境のもとでは、むしろ銀行間でモニタリングの対象企業を分担し、それぞれが担当する企業については長期のコミットメントによって情報を蓄積する一方、その他の企業についてはそれぞれのメインバンクの情報に free ride するという互酬的（reciprocal）な関係を銀行間で築くことが、情報生産の観点からより効率的であるのかもしれない。このような見方は、メインバンクの存在理由と機能を情報生産の効率性の側面から説明するものとして、支持を得てきた。

　メインバンクに類似した機能として、しばしば「六大企業集団」と呼ばれる戦後の企業集団の役割を、こうした側面から捉えようとする研究もなされてきた。戦後日本の企業集団は、戦前の財閥を源流とし、銀行を中核の一つとする株式の相互持ち合いによって、一定の結束を維持してきた。そのような長期的、集合的関係は、銀行・企業間の情報の非対称性を最小限に留め、エージェンシー・コストを低いものにしている可能性がある、という見方である（例えば、Hoshi et al. [1991]）。

　さらに、1990年代には高度成長期に旧日本開発銀行を中心とする政策金融が果たした役割を、こうしたエージェンシー理論から説明しようとする試みも行われてきた（Horiuchi and Sui [1993]、福田他 [1995]、三重野 [1997] など）。政策金融の機能としては、第1に、情報の公共財的性格に起因する生産の過小性を補完する機能が指摘される。第2に、高度成長期の海外技術の導入が、政府主導で行われたことを背景として、政策金融は導入されていく技術の詳細や導入の方向性に関する情報について優位にあり、市場でのそうした情報共有や伝達の機能を担って、協調的な投資行動のコーディネータとして役割を果たしたという側面が指摘されている[6]。

---

[6] 1990年代前半までの政策金融の研究については、寺西・三重野 [1995]、山中 [1995] のサーベイが参考になる。

以上のような制度要因の論点を検証する一つの有力な方法は、こうした制度の存在によって情報生産がより効率的になることで、負債（銀行借入）におけるエージェンシー・コストを逓減させていることを確認することである。

3.2 実証分析：資本構成の決定要因の推定

実証研究の手法は、大雑把にいえば、2つの類型に整理することができる。第1は、エージェンシー・コストの逓減を、資金調達における負債の選好順序の変化として捉えようとするものである。池尾・広田［1992］は、メインバンクが安定的な企業は、情報生産面で効率的であり、それ故に他の企業と比較してエージェンシー・コストが低く、より銀行借入を選好するという仮説をたて、1980年代後半の東証1部上場企業664社について資本構成の決定要因を実証的に検討している。そこでは、3つの資金調達方法が想定され、自己資本の調達コストを機会費用とし、負債ファイナンス（銀行借入）と株式ファイナンスの間にはそれぞれに情報の非対称性に起因するエージェンシー・コストが逓増的に付加される、それ故に両者の限界費用が等しいところで負債と資本の比率が決定される、という考え方が示される。それに基づいて、以下の定式化のもとに実証が試みられる。

$$\text{負債比率} = a_0 + a_1 X_1 + a_2 X_2 + a_3 D + \mu \tag{6.1}$$

X_1：リスク、企業規模、産業等のコントロール変数
X_2：所有、経営構造についての説明変数
D：メインバンク・ダミーもしくはメインバンク融資比率

推定の結果、安定的なメインバンクとの関係を保っている企業や、メインバンクからの借入比率が一定（20%）以上の企業は、有意に負債比率が低いことが確認され、これがメインバンクが効率的な情報生産を行っていることの証左とされている。なお、この研究では、X_2において、役員持株比率、株式集中度といった変数によって、株主と経営者の間のエージェンシー問題も検討されており、役員持株比率が高い企業ほど、株式ファイナンスのエー

ジェンシー・コストが低く、その結果、負債比率が低いことも見いだされている。

3.3 実証分析：設備投資関数の推定

実証手法の第2の類型は、エージェンシー・コストの逓減が平均的な資本コストの逓減を導くことに着目し、企業の設備投資行動が変化することを観察する方法である。日本の企業金融の多くの実証分析でこの方法が採られている。その先駆的研究である Fazzari et al. [1988] は、企業の属性によっては外部金融のコストは自己資本よりも高くなる可能性があることを、設備投資関数の推定によって示した。自己資本（ここではキャッシュ・フロー）の潤沢な企業は、平均的な資本コストが低くなるために、設備投資の水準がより高い可能性がある。自己資本の多寡が設備投資に影響を与えうるのである。Fazzari et al. [1988] は、米国企業をサンプルとして、主にトービン Q 型投資関数にキャッシュ・フローを説明変数として加えた定式化に基づいて推定を行った。それは単純化すれば以下の通りである。

$$\text{設備投資比率} = F(Q) + \alpha(\text{キャッシュ・フロー}) + \mu \qquad (6.2)$$

ここで、$F(Q)$ は投資関数であり、Q はトービン（限界）Q である。資本市場が完全でエージェンシー・コストが存在しない限り、第2項のキャッシュ・フローの多寡は、投資には影響しないはずである。ところが、ほとんどの分析結果でこの項が正に有意に推定された。このことは、自己資本が多い企業はより低い資本コストで投資資金を調達していると解釈される。

Fazzari et al. [1988] の定式化をベースにして、日本の金融システムについて多くの研究が進められてきた。例えば、Hoshi et al. [1991] は、企業集団に所属する企業は、企業集団の中核的銀行からの借入に関するエージェンシー・コストが相対的に低いという仮説の下に、サンプルを企業集団に属する企業と独立系企業に分割し、Fazzari et al. [1988] と同様の定式化のもとで推定を行った。

また、岡崎・堀内 [1992] はメインバンクとの関係を融資比率の指標を用いてより詳細に定義し、メインバンクの設備投資促進効果と内部留保の投資

促進効果の変化を検討している。前者の定式化は基本的に Fazzari et al. [1988] と同様である。後者の定式化は単純化すれば、おおよそ以下のようである。

　　設備投資比率
　　　$= F(\cdot) + \alpha_1 \cdot \{1 + \alpha_2 \cdot (\text{メインバンク指標})\} \cdot (\text{自己資本}) + \mu$ 　　　(6.3)

$F(\cdot)$ は一般的な投資関数であり、第2項の定式化は、自己資本の設備投資に与える効果のメインバンク指標による変化という、係数効果を測るものである。自己資本のパラメータ (α_1) が有意に正であることは、自己資本による資金調達とその他の資金調達（主に銀行借入）の資本コストに有意な差が存在することを意味している。メインバンクないし企業集団といった制度的要因を表す変数を導入することによって（あるいはそうした属性別にサンプルを分割した推定を行うことによって）、この項の係数や有意性が小さくなる、あるいは見られなくなる（α_2 が有意に負に利く）とすれば、制度的要因によって、その他の資金調達手段のエージェンシー・コストと自己資本のそれとの差が小さくなっている、あるいは消滅していると、解釈することができる。Hoshi et al. [1991] では、企業集団に属する企業においては、自己資本のパラメータが有意ではないこと、岡崎・堀内 [1992] では、自己資本のパラメータの係数がメインバンクの要因を加味した場合には有意に低下することが確認されている。

(6.3) 式型の定式化のバリエーションとして、制度を表す指標（この場合メインバンク指標）を定数的な説明変数としても導入する研究も多い。この場合、その係数効果が有意であれば、その要因による外部金融のエージェンシー・コストの逓減が平均的な資金コストの低下を実現し、設備投資を相対的に大きくすると解釈される。

同様の手法は、政策金融の機能をめぐる実証研究でも用いられており、Horiuchi and Sui [1993]、福田他 [1995]、三重野 [1997] 等では、政策金融が持つエージェンシー・コストの逓減効果や設備投資の促進効果が見いだされている。

4 東アジアの企業の資本構成

4.1 負債比率に関する認識

　上のような研究と同様の分析手法に基づいて、東アジア諸国の企業金融の特徴を解明しようとする研究が、アジア金融危機以降、多くの研究者によって取り組まれるようになってきている。本節では、そうした研究が見いだしつつある事実について、整理したい。

　まず、東アジア諸国の資本構成の一般的傾向がどのように認識されているか、既存研究を確認していこう。Claessens et al. [1998]、World Bank [1998, 2001] では、東アジア諸国の負債、銀行借入への過度の依存が、危機の発生や深刻化の原因となってきたことを指摘している。しかし、この見方は、既存研究で必ずしも明確な事実として共有されているわけではない。

　この分野の先駆的研究である Singh [1995] は、国際復興公社（IFC）のプロジェクトで収集された80年代のアジアを含む途上国10カ国のデータによって、途上国の資本構成の特徴を検討している。それによると、途上国の主要企業の負債比率は、国によって大きなばらつきがあるが、平均的には先進国と比較して低く、むしろ資本への依存が強いとされている。

　一方、Claessens et al. [1998] は、アジア金融危機の要因としての問題関心から90年代の東アジア諸国9カ国における企業の負債比率を検討している。彼らは、Singh [1995] とは逆に、東アジアの途上国では企業の負債比率は概して高く、また、危機に至る90年代に上昇する傾向があることを指摘し、これが危機の発生と深刻化の重要な要素であるとしている。

　表6-1は、こうした各国横断的研究とその他の国別の研究において計算された、各国主要企業の負債比率の水準を整理したものである。Claessens et al. [1998] が主に90年代前半を観察対象としているのに対し、Singh [1995] と Booth et al. [2001] の研究の対象は80年代と時期がずれるが、各研究によってかなり認識が異なることがわかる。韓国については、Claessens et al. [1998] は70％台という高い負債比率と、90年代前半期の上昇傾向を指摘している。Booth et al. [2001] の80年代の観察はこれとほぼ整合的

表6-1 既存研究における東アジア各国の負債比率

韓国

	主に1980年代	主に1990年代	対象年	サンプル	データソース
Claessens et al. [1998]	74.6%	78.1%	1988-91 1992-96	主要企業　392社	Worldscope, Extel
Booth et al. [2001]	72.8% 73.4%		1985-87 1980-90	主要企業　93社	IFC調査[1]
Singh [1995]	39.7%		1980-90	主要上場企業　100社	IFC調査
Lee et al. [2000]	73.3%	67.7%	1981-88 1989-97	主要上場企業 308-661社	Korea Listed Companies Association

マレーシア

	主に1980年代	主に1990年代	対象年	サンプル	データソース
Claessens et al. [1998]	43.7%	47.2%	1988-91 1992-96	主要企業　772社	Worldscope, Extel
Booth et al. [2001]	40.9% 41.8%		1985-87 1983-90	主要企業　96社	IFC調査
Singh [1995]	10.3%		1983-90	主要上場企業　100社	IFC調査
Suto [2003]		29.7%	1995-96	非金融上場企業 375社	KLSE[2]資料

タイ

	主に1980年代	主に1990年代	対象年	サンプル	データソース
Claessens et al. [1998]	65.6%	67.5%	1988-91 1992-96	主要企業　564社	Worldscope, Extel
Booth et al. [2001]	50.9% 49.4%		1985-87 1983-90	主要企業　64社	IFC調査
Singh [1995]	55.8%		1983-90	主要上場企業　69社	IFC調査
Wiwattanakantang [1999]		51.4%	1996	上場非金融業 270社	SET[3]資料
Mieno [2006a]		57.8% 75.0%	1991-95 1991-95	上場製造業　105社 非上場製造業　182社	Manager Information Service Ltd.,

注1：International Financial Corporation
　2：The Kuala Lumpar Stock Exchange
　3：The Stock Exchange of Thailand

表6-2　タイ企業の負債比率の推移

	1991	1992	1993	1994	1995
上場企業					
負債比率	58.5%	57.1%	57.1%	55.6%	60.7%
銀行借入比率	44.7%	45.1%	35.8%	43.4%	47.7%
非上場企業					
負債比率	77.7%	77.9%	78.2%	71.5%	69.7%
銀行借入比率	48.2%	50.2%	50.4%	48.2%	45.9%

出所：Mieno [2006], Table 4. より抜粋。
注：上場企業は84社、非上場企業は90社

であるが、Lee et al. [2000] の研究は、平均の負債比率は90年代にはむしろ低下する傾向にあったことを示している[7]。マレーシアは全般的に負債比率は40％台と低く、この数値は、Claessens et al. [1998]、Booth et al. [2001] とも共通している。Claessens et al. [1998] はここでも90年代前半に負債比率が上昇傾向にあったことを指摘している。しかし、Singh [1995]、Suto [2003] はこれらの研究より低い比率を観察しており、認識にかなりのギャップが見られる。

　タイの事例によってこの点をもう少し詳しく見てみよう。タイについては80年代を主な対象とする Booth et al. [2001] と90年代前半を主な対象とする Claessens et al. [1998] では、その認識のギャップが顕著である。一方、1996年の上場非金融企業を分析対象とした Wiwattanakantang [1999] と上場・非上場製造業企業（1991-95）を分析対象にした Mieno [2006] によると、上場企業の負債比率の平均は50％台の前半と計算されている。これらは、Booth et al. [2001] や Singh [1995] の認識に近い。ここで Mieno [2006] の観察では非上場製造業企業の負債比率は約70％とかなり高い。表6-2は、上場・非上場の製造業企業の負債比率の90年代前半における推移を計算したものであるが、Claessens et al. [1998] の認識と異なり、上場企

---

7) もっとも Lee et al. [2000] の負債比率に関する認識は、特定のグループ企業（中規模財閥）において、特定の負債（短期借入、外資借入）を拡大させたことを危機の遠因と見ており、より具体的な部分で負債の拡大を問題視する立場である。

表6-3　先進諸国の負債比率（1991年）

	Booth et al.[2001]		Claessens et al.[1998]	
	負債比率	サンプル数	負債比率	サンプル数
日本	69.0%	514	67.0%	392
フランス	71.0%	225		
イタリア	70.0%	118		
ドイツ	73.0%	191	61.4%	明記無し
アメリカ	58.0%	2580	49.3%	明記無し
イギリス	54.0%	608		
カナダ	56.0%	318		

出所：Booth et al. [2001] およびClaessens et al. [1998]

業、非上場企業とも負債比率の経時的な上昇は観察されない。

　表6-3は、先進国の主要企業の負債比率を比較したものである。Allen and Gale [2000] でも論じられているように、先進国の金融システムは、資本市場に比較的強く依存するアングロ・サクソン型（米国、英国、カナダ）と銀行の役割が大きい大陸ヨーロッパ型（フランス、ドイツ、イタリア、日本）に特徴が大きく分かれることが、確認できる。この先進国の事例を参照しながら東アジア諸国の負債ファイナンスへの依存度を評価すれば、韓国は大陸ヨーロッパ型に近い水準であり、タイ、マレーシアはアングロ・サクソン型の先進国以上に、負債への依存が低いことがわかる。

　以上を総合すると、東アジア諸国において負債ファイナンスへの依存が強く、しかも危機に至る90年代には負債比率が上昇したというClaessens et al. [1998]、World Bank [1998, 2001] の認識は必ずしも既存研究において共有されているものではない、というべきであろう。負債ファイナンスへの依存度合いは、企業規模や業種、公開企業と非公開企業、金融企業と非金融企業などの企業属性の違いなどによってさまざまであり、そうした属性のコントロールやサンプル・バイアスの除去によって、今後も慎重に検討されなければならない[8]。

4.2　負債の構成、資本の構成

　東アジアの企業の資金調達構造を検討する場合に重要な点は、負債と資本

の構成要素をより詳細に検討する必要がある、ということである。表6-4は、タイの企業の資本構成をまとめたものである。

　ここまで負債は銀行借入とほぼ同一視されてきた。途上国では社債の比率が概して低いため、このことは先進国について論じる場合よりもかえって妥当であることが多い。しかしその一方、負債のうちで銀行借入、社債以外の項目（関連企業借入や買掛金）の占める比率がかなり大きいことに注意が必要である。

　資本市場と銀行借入市場の双方ともが、不十分にしか機能していない途上国では、大企業においてもしばしば企業間信用が重要な役割を果たしている。そうした企業間信用の規模は一般にバランスシート上の買掛金、未払い金の規模に反映される。さらに、所有や経営面で集合性のある企業グループ間、あるいは有力な所有者や経営者からの資金の融通もまた一般的である。このような取引は、一般的な企業間信用と同様に買掛金、未払い金の項目に表れると同時に、「関連企業借入」などといった形でバランスシート上に明示されることもある。関連企業やオーナー家族との間の市場によらない金融取引の場は、しばしば内部資本市場（internal capital market）とよばれる。東南アジアで多くの比重を占める外資系企業は、海外親会社からの資金チャンネルをもっているが、これも一種の内部資本市場ということができよう。企業間信用ないし内部資本市場を通じた貸借関係は途上国の金融取引の中で、かなりの比重を持つと考えられるため、分析にあたっては、負債と銀行借入の峻別が重要となってくる。

　一方、資本の構成要素にも注意が必要である。自己資本（equity）もまた、市場によって調達される自己資本（public equity）と内部留保ないし内部資本市場から調達される自己資本（private equity）とでは、性格が全く異なる。前者はエージェンシー・コストが最も低い調達手段であるのに対し、後者は一般に銀行借入よりもエージェンシー・コストが高いと考えられ

8）表6-1にあるように、Claessens et al. ［1998］のタイについてのサンプル数は、564社とされている。危機以前のタイの上場企業数は454社以下であるから、そこには相当量の非上場企業が含まれている可能性がある。サンプル・バイアスの問題は極めて深刻である。

表6-4 タイ企業の資本構成

	上場企業	非上場企業
負債	57.8%	75.0%
銀行借入	43.3%	48.6%
短期借入金	23.0%	21.5%
長期借入金	20.3%	27.1%
内部市場からの借入	1.0%	4.2%
経営者・従業員からの借入	0.2%	0.7%
関連会社からの借入	0.9%	3.5%
その他	13.4%	22.3%
買掛金、支払手形	5.8%	14.4%
その他	7.6%	7.8%
資本勘定	42.5%	25.8%
払込資本金	13.3%	13.5%
内部留保	17.9%	13.4%
資本準備金その他	13.4%	2.5%

出所：表6-2と同じ。数値は1991-95年の平均値

ている。例えば、表6-4のタイの例に見られるように、上場企業における負債比率の低さは、広義の内部留保である資本剰余金の大きさによるものであり、払込資本金の水準はほとんど変わらない。このことは、負債比率の低さが直ちに株式ファイナンスが活発なことを意味するわけではないことを示している。

5 実証研究

以下では、エージェンシー理論に基づいて東アジア諸国の企業金融の特徴を捉えようとする最近の研究の一端を紹介しよう。

Booth et al. [2001] は、前述の10カ国の企業を横断的なサンプルとして利用して資本構成の決定要因を検討した数少ない研究の1つである。彼らは、資本構成の決定要因が、各国横断的な共通要素によるものか、国別に特殊な要素があるかを検討し、基本的には先進国で適用可能されるペッキング・オ

ーダー仮説に基づく説明変数は途上国でも適用可能であるが、国ごとのばらつきの要因については国ダミーによって説明される部分が多分に残っており、制度的要因の影響について、既存理論はまだ十分に解明できていないことを指摘している。

東アジア諸国の企業金融の特徴を解明するためには、日本においてメインバンクや政策金融の制度的特徴をエージェンシー問題から解明したように、各国が持つ制度的特徴を把握し、そうした制度とエージェンシー問題がどのような関係になっているを分析し、知見を蓄積していく作業が重要であろう。以下では、フィリピン、タイ、マレーシアについて制度的特徴を踏まえた国別分析をそれぞれ紹介する。

5.1 フィリピン

奥田・齋藤［2003］は、1999年のフィリピン製造業上位企業約2000社を対象とし、(6.1) 式のタイプの定式化によって負債比率の決定要因を検討している。奥田・齋藤［2003］は、フィリピンの企業金融の決定要因に関する制度的特徴として、以下の4つの特徴に注目している。第1は、企業の所有が著しく集中しており、少数の企業株主によって経営が支配されているという点である。このことは、株主と経営者の間のエージェンシー問題がそれほど深刻でなく、フリー・キャッシュ・フローを圧縮する誘因は強くないことを意味している。第2は、情報の開示が遅れており、外部資金導入のエージェンシー・コストは極めて大きいと考えることができる点である。第3は、株式市場は企業上場の基準が緩く、市場を通じたガバナンスの機能が十分に発揮されていない点である。第4に、大企業にかなりの程度含まれる外資系企業には、海外親会社からの出資というエージェンシー・コストが低い資金チャンネルがある、という点である。

奥田・齋藤［2003］は、上のような特徴を踏まえて、コントロール変数として、利潤率（内部留保の代理変数）と総資産を、制度的要因として上場企業と外資系企業および企業グループのダミーを導入して、検討している。表6-5は、推定結果の要約である。上場企業においては負債比率は必ずしも低くはないこと、外資系企業においては負債比率が明確に低いこと、企業グ

表6-5 フィリピンに関する奥田・齋藤[2003]の推定結果

	1993-1995		1998-2000	
	推定値	t値	推定値	t値
修正済み決定係数	0.184		0.189	
利潤率	-0.906	-6.178 ***	-0.659	-4.632 ***
総資産	0.028	4.532 ***	0.045	3.993 ***
利潤変動性	-0.03	-1.365	-0.055	-2.089 **
外資系ダミー	-0.057	-1.869 *	-0.146	-3.822 ***
上場ダミー	-0.079	-1.215	-0.16	-2.038 **
財閥ダミー	-0.101	-1.696 *	-0.04	-0.545

出所:奥田・齋藤[2003]、p.129、表13より抜粋。
注:産業ダミーは割愛した。*、**、***はそれぞれ1％、5％、10％水準で有意を示す。

ループにも一部で負債比率が低い傾向が見られることなどが見いだされている。上場企業において負債比率の低さが曖昧であるのは、情報開示規則の緩い株式市場には株式ファイナンスのエージェンシー・コストを引き下げる効果が小さいことが反映されていると解釈できる。外資系企業の負債比率の低さは、海外親会社からの資金チャンネルを確保しているという見方と整合的である。一部の企業グループの負債比率が低いことは、外部資金のエージェンシー・コストが高く、自己資本による資金調達を選択する傾向があることによると理解できる。

5.2 タイ

Wiwattanakantang[1999]は、上場非金融企業の1993年のデータを用いて、負債比率の決定要因について(6.1)式のタイプの実証分析を行っている。Wiwattanakantang[1999]の主要な関心は、企業の所有構造との関係であり、分析によって、単一家族所有の企業は負債比率が高く、単一家族所有企業においてのみ経営者株主の比率が負債比率に正に有意であることを見いだし、これをオーナー家族が株式ファイナンスを避けて企業の支配権を固守しているか、少数株主や債権者にフリー・キャッシュ・フローを圧縮しているシグナルを発しているかの、どちらかの行動であると解釈している。ま

た、株式が集中している企業ではモニタリングが容易であるために株主＝経営者間のエージェンシー・コストが低く、フリー・キャッシュ・フローの問題は深刻ではないために、負債比率が低く留まることなどを指摘している。

　Mieno［2006a］は、1990年代前半の上場・非上場製造業企業のデータを用いて、その資金調達構造の変化と設備投資への影響を（6.1）式および設備投資関数の両方のタイプの定式化のもとで推定を行っている。前者のタイプの分析においては、負債を銀行借入と「その他負債」に2分し、それぞれのエージェンシー・コストは異質のものであるという定式化を行った上で、タイにおける制度的要素を、証券市場への参加（上場・非上場の選択）、外資系企業、金融財閥系企業などの所有構造面で捉えて、それぞれの要素と資金調達の選択を分析した。

　表6-6はその推定結果を要約したものである。フィリピンと異なり、上場企業の負債比率は明確に低くなっていることが見いだされている。特徴的な点は、「その他負債」比率が大幅に低下しているのに対し、銀行借入はそれほど大きくは低下しておらず、結果として負債に占める銀行借入の比率が高まっている、ということである。これは、タイにおいては上場企業の情報開示の基準が厳しく、企業の上場は、そうした開示を通じて、株式ファイナンスだけでなく、銀行借入のエージェンシー・コストも逓減させる効果もあることも示唆している。また、金融財閥系の企業は、意外なことに銀行借入よりも「その他負債」への依存が強いこと、外資系企業は「その他負債」への依存度に差はないが、銀行借入への依存が弱いこと、なども確認されている。

　なお、この研究では新古典派型投資関数に借入金を説明変数に加える定式化のもとで投資関数の推定も試みられている。その結果、投資需要やキャッシュ・フローの代理変数である利潤率や負債自体は正の効果を持たない一方で、長期借入金が設備投資に正の影響を与えていることを見いだしており、投資決定には資金のコストよりも、アベイラビリティーが重要であるとしている。

表6-6 タイに関する Mieno [2006a] の推定結果

資本構成

	負債比率		銀行借入		その他負債	
	推定値	t値	推定値	t値	推定値	t値
修正済み決定係数	0.3440		0.2260		0.1330	
コントロール変数						
定数項	0.6125	18.596***	0.4592	13.926***	0.1540	5.271***
総資産	2.12E-12	1.310	3.79E-12	2.328**	-1.68E-12	-1.196
利潤の変動係数	-2.65E-01	-4.419***	-2.59E-01	-4.307***	-8.51E-04	-0.017
内部留保	-2.11E-03	-0.084	-3.84E-02	-1.531	3.35E-02	1.555
非負債節税枠	-3.25E-11	-1.824*	-3.01E-11	-1.680	-2.66E-12	-0.176
制度要因						
準自己資本	-0.5052	-16.399***	-0.2712	-8.761***	-0.2367	-9.010***
金融財閥ダミー	-0.0275	-0.748	-0.0927	-2.522**	0.0646	1.980*
外資ダミー	-6.20E-02	-2.748***	-7.20E-02	-3.188***	1.05E-02	0.522
上場ダミー	-0.1455	-7.536***	-0.0528	-2.733***	-0.0929	-5.409***

出所：Mieno[2006a], Table 8, 10より抜粋。産業ダミーは表示から割愛した。
注：*、**、***はそれぞれ1％、5％、10％水準で有意を示す。

5.3 マレーシア

Suto [2003] は、マレーシアの上場非金融企業を対象とし、エージェンシー・コストの観点から、企業の資本構成と設備投資関数の両方のタイプの定式化による推定を行っている。Suto [2003] はマレーシアの制度的特徴として、社債市場への銀行の関与、ブミプトラ政策による機関投資家の機能などに注目した。分析からは、(i)銀行の関与の高い企業は、負債におけるエージェンシー・コストが小さく負債比率が高いこと、(ii)所有の集中度の高い企業は、企業の内部者―外部者間のエージェンシー・コストが緩和されているために、負債比率が低くなること、(iii)直接、間接のブミプトラ株主のシェアは、内部者―外部者間のエージェンシー・コストに影響を与えておらず、フリー・ライダーでしかないと考えられること、(iv)外国人持ち株比率は、内部者―外部者間のエージェンシー・コストを緩和し、負債比率を低くすること、(v)銀行借入への依存は、設備投資を促進しており、危機以前の過度な銀行への依存が過剰な投資をもたらした可能性が高いこと、などを見いだしている。

5.4　韓国

　Lee et al.［2000］は、80年代から危機直前までの韓国の上場非金融企業を対象として、(6.1) 式の定式化のもとに、負債比率の決定要因を分析している。Lee et al.［2000］の主な関心は財閥（チェボル）系企業と非財閥系企業の傾向の違いと長期負債、短期負債の動きの違いである。分析の結果、財閥系企業は概して負債比率が高いことや、89年からアジア金融危機までの期間に、中位の財閥に属する企業が短期借入を中心に、負債への依存度を高めていたことが確認されている。

6　おわりに

　以上のように、東アジアの企業金融についての研究は各国の制度に配慮したタイプの研究が少しずつ蓄積されつつあるが、現在のところ、論点の網羅的な検証や、それぞれの国や東アジア全体の特徴が十分に解明されている段階にはない。しかし、こうしたいくつかの研究は、すでに東アジアにおける興味深い共通特徴を示唆している。

　第1に、所有の集中度の高い企業ほど負債比率は低い傾向が、確認されている（Wiwattanakantang［1999］, Suto［2003］）。このことは、所有集中度の高い企業は、株主、経営者間のエージェンシー・コストが小さく、負債によるフリー・キャッシュ・フローの圧縮の必要性が低いことを示唆している。

　第2に、各国において企業グループないし財閥に属する企業には、負債、とりわけ流動性の高い負債を選好する傾向が見られる。韓国では90年代に中規模の財閥が短期負債への依存を高めたし、タイにおいては、金融財閥系企業は銀行借入よりも「その他負債」に依存する傾向がある（Mieno［2006a］）。また、単一家族所有企業は支配権の確保のために負債を選好する傾向がある（Wiwattanakantang［1999］）。

　第3に、上の4カ国の分析に共通して、外資系企業は負債比率が低い傾向が、明確に見いだされている。この点は、外資系企業において株主＝経営者間のエージェンシー・コストが相対的に低いことを意味していると解釈する

こともできる。この問題の構造の解明、すなわち、外資系企業の資金調達が海外親会社や地場金融機関および多国籍企業グループ全体としての資金調達構造などとの関係で、現実にどのような形でなされているか、そしてそれをエージェンシー問題としてどのように整理・理解すべきか、といった点は、今後の興味深い研究課題であろう。

相違点も興味深い。非上場企業をサンプルに含む数少ない研究において、フィリピンとタイでは企業上場の負債比率への効果が異なっている。株式市場が持つガバナンスや情報の開示の機能は、各国でかなり異なるのかもしれない。こうした点を解明していくことも、重要である。

最後に、負債のより細かい項目ごとの機能や決定要因についての最近の研究展開について触れておきたい。社債の活用は、近年、東アジアの地域協力の一環として、政策的に取り組まれている（この問題は次章で触れる）。大株主、関連会社、従業員など企業の関係者（related parties）との信用取引の場、すなわち「内部資本市場」（internal capital market）の機能も重要な問題である。途上国では、財閥家族が傘下企業に対して直接的にあるいは関連会社を通じて信用を供与している場合が多い。また、直接投資型の外資子会社では、海外親会社からの「親子ローン」の活用がしばしば指摘される。本社-子会社間の信用関係の機能を扱う主要研究としては、Gertner et al. [1994] や Stein [1997] などがあり、(i)モニタリングの優位性、(ii)資金の調整の柔軟性、(iii)経営努力へのインセンティブの問題などの観点から、その機能が整理されている。このような内部資本市場における調達が、負債においてどの程度の比重を持っているか、また、どのような機能を有しているか、こうした問題を特に途上国の文脈において検討することは今後の課題であろう。

企業間の商取引の掛け売りなどの過程で発生する「企業間信用」（trade credit）についての関心も近年、高まっている。Petersen and Rajan [1997] は、米国の中小企業で企業間信用は銀行借入の2倍近い比重を占め、銀行借入と代替的な性格を持つことを実証的に示している。一方、Demirguc-Kunt and Maksimovic [2001] は、クロスカントリー・データの実証によって両者がむしろ補完的関係にあることを論じている。McMillan and Woodruff［1999］は、司法制度が不完全なベトナムにおいて、企業間信用の決定要因が、企業間の地理関係や、企業・経営者のネットワークに依存して決まっていることを示している。実際、ある種の途上国企業を観察していると、銀行借入自体が例外的な調達手段で、ほとんどが自己金融で資金を調達しているケースをしばしば見かけて驚かされることがある[9]。そのような環境では、商取引の結果として生じている企業間信用が資金調達としてそれなりに重要であることがある。金融市場が不完備な途上国の環境下で、このような負債がどのように活用され、どのような役割を果たしているか、一層の解明が待たれるところである。

9）2003年におけるミャンマー・ヤンゴンの中堅企業の資金調達構造を分析したMieno［2006b］のアンケート調査では、サンプル企業89社のうち、実に56社が銀行借入をしていないと回答している。

第7章

東アジアとコーポレート・ガバナンス

1 はじめに

　第6章の東アジアの企業金融の紹介では、企業金融の特徴についての定性的な分析を紹介するに留まった。しかし東アジアの企業金融への関心が近年高まってきた背景には、負債への依存をアジア金融危機の発生と深刻化の原因とする議論の登場がある。そこでは企業金融の問題は、支配株主と少数株主間の利害対立という新しいコーポレート・ガバナンス論の展開の一端として取り扱われ、そのあるべき姿が議論されるようになっている。本章では、東アジアとコーポレート・ガバナンス論についての最近の議論を整理・紹介し、企業金融についてもより踏み込んで考えてみたい。

　新しいコーポレート・ガバナンス論の展開は、金融危機直後に指摘されたいわゆるクローニー・キャピタリズム批判と関連するものである。それは、創業者や特定家族に所有が集中するファミリー・ビジネスにおいて現れる、所有と経営の未分離や関連会社間の複雑な持株関係・融資関係等が、どのように非効率性であり、金融危機とどのように関わっているかを、主要な問題関心としている。

　これらの問題は1990年代後半から2000年代にかけて盛んに研究が進められ、関連する多くの論争が進行した。研究の展開を包括的に整理することは

容易ではないが、アジア金融危機ないし東アジアのコーポレート・ガバナンスとの関連では、研究の潮流が概ね2層になっていると見ておくと、理解のために便利であろう。

　1つは、コーポレート・ガバナンス論そのものの発展であり、分析の対象を世界全体の比較研究に拡大して進めようとする潮流である。Rafael La Porta、Andrei Shleifer らを中心とするグループ（代表的な4人の頭文字をとって、LLSV グループと呼ばれることもある）は、中進国を包含した29カ国の主要企業の財務、所有、経営の情報を整理し、また途上国を含む49カ国の経済法の特徴を整理して、従来先進国の一部の国の間の差異として議論されることの多かった企業金融とコーポレート・ガバナンスの分析をより広い視座から行っている。とりわけ、各国の法制度、少数株主や債権者の権利保護の観点に注目し、多くの新しい考え方と知見を生み出している。

　もう1つは、こうした研究の発展を援用して、アジア金融危機の原因の解明ないし東アジアのコーポレート・ガバナンスの問題点の理解を進めようとする潮流である。Stijin Claessens 等を中心とする研究グループは、上の研究成果を踏まえて、こうした発想を東アジア諸国に適用して金融危機の発生・深刻化の原因との関連で捉えようとする多くの研究を行ってきた。

　本章では、最初に一般的なコーポレート・ガバナンスの主要論点を鳥瞰し、途上国におけるコーポレート・ガバナンスの特徴を整理する。その上で、アジア金融危機をめぐる議論を上の2つの研究の潮流に配慮しながら紹介する。最後に、残されている問題について指摘をする。

2 コーポレート・ガバナンスと負債、株式

　Berle and Means［1932］は当時の米国主要企業を観察して、企業は成長するにつれて、その経営が創業者株主から専門的経営者に移行する、すなわち所有と経営の分離が進むことを指摘した。前章で触れた Jensen and Meckling［1976］による株主＝経営者間のエージェンシー問題の指摘は、Berle and Means［1932］によって提起されたこの古典的問題を、精緻なミクロ理論を用いて、企業経営の不可避的なロスを生み出すメカニズムとして

捉え直したものと、位置づけることができる。この論点は近年では、所有者である株主にとって企業価値を最大化しその出資分の成果を回収できるように、エージェントである経営者の行動を規律づけるための、契約や制度に関わる問題、すなわちコーポレート・ガバナンス（企業統治）の問題として認識され、世界的な一大研究テーマとなっている。

この分野では、このような株主＝経営者間のエージェンシー問題の最小化を関心の中心におき、負債と株式市場によるガバナンス効果、取締役会の機能、役員報酬や配当の決定メカニズムなど多岐にわたる研究が、主に契約理論に基づく理論研究と、先進国の企業データに依拠した実証研究によって蓄積されてきた[1]。近年では、コーポレート・ガバナンスの関心範囲は、単に株主と経営者との関係だけではなく、債権者、従業員、取引先等との関係や、異なった種類の株主間の関係など、より広い利害関係者（stakeholders）の関わる問題に広がっている。

それらのさまざまな研究の中で、本章の内容との関係で重要なものは、負債と株式によるガバナンスのメカニズムについての考え方である。負債によるガバナンスのメカニズムの一つは第6章で言及したフリー・キャッシュ・フロー仮説である。経営者には配当あるいは生産的な投資に回すべきキャッシュ・フローを、非生産的な投資やフリンジ・ベネフィットによって消尽してしまうような行動をとる誘因が常にあるが、負債はフリー・キャッシュ・フローの圧縮によってこの行動を抑制する効果を持つ、というものである。

もう一つは、負債という契約形態が持つ効果である。Aghion and Bolton [1992]、Hart and Moore [1998] などの研究は、債務不履行に陥ったときに、コントロール権を企業（この場合は株主と経営者の連合体）から債権者に移行させるという負債契約の特質が、企業に経営規律をもたらすことを、不完備契約の観点から議論している。すなわち、経営者の努力や経営者が得る私的便益（フリンジ・ベネフィット）といった検証に禁止的な費用のかかる内容は、債権者と企業との間で契約化することは困難である。そうした環

---

[1] コーポレート・ガバナンスの諸議論に関する日本語のテキストとしては、谷川 [2000]、小佐野 [2001]、胥 [1999] などが便利である。

境の下では、容易に観察できる元本・利子の返済という事項をコントロール権の所在の基準にする形の契約を導入することで経営者の努力を最大限に引き出すことができる。また、元本・利子の支払い状況によっては事業途中での事業清算の可能性がある環境は、私的便益にも関心を持つ経営者に対し、事業継続が可能なように経営に努めるインセンティブを与えることになる。経営実態についての検証と契約化が難しい環境のもとで、ロスの少ない契約として経営者、債権者の双方から上のような負債契約が選択されると見るのである。

公募社債と銀行借入という異なる種類の負債の持つ意義も、このようなコーポレート・ガバナンスの観点から説明することができる。債務不履行時にコントロール権が企業から債権者に移転されるという負債契約が、実際に速やかに運用されるか否かはさまざまな条件に依存している。債権者はコントロール権の移転をうけて、企業を再生させるか清算するかを判断するが、社債の場合、再交渉に多数の債権者が参加し意見がまとまりにくい。その結果、再生の方がより費用が低い場合にも、清算が選択されてしまう可能性がある。銀行借入の場合、債権者の数は少数にとどまるし、特定の銀行が、債権者の代表として行動することで、こうした非効率な事態に陥る可能性を低くできる。このように債務不履行に陥ったときに生じる再交渉の問題を考慮して、債権者あるいは経営者の側が負債の種類や債権者の数を選択していると理解することができる（Bolton and Scharfstein［1996］）。

一方、株式によるガバナンスに関わる議論は、株式市場の機能としてのメカニズムと、株式という制度・契約形態が持つメカニズムとに分けて考えることができる。前者の代表的なものとしては、公開会社における敵対的買収の脅威をあげることができる。買収によって経営者はその地位を失う可能性があることで、企業価値を高めようとする経営規律がもたらされる。

後者のメカニズムは一株一票の原則と関連するものである。通常、株式には、企業の利潤から配当をうけ、また企業を解散して流動化する際には価値の配分を受け取る権利であるキャッシュ・フロー権（残余請求権）と、企業の経営を支配する権利であるコントロール権が賦与されている。コントロール権は、究極的には株主総会の投票権という形で担保されている。通常の株

式でとられている一株一票の原則とは、キャッシュ・フロー権と同じだけコントロール権が与えられるというものである。この制度は一般に、経営者が確保する私的利益の獲得競争が株価に反映されて社会的非効率を招くことを抑止するメカニズムとして、理解されている。すなわち、経営者＝株主の私的利益が、既存の経営者＝株主と潜在的な買収者のそれとに差がある場合、いずれの経営者＝株主もキャッシュ・フロー権よりも、コントロール権の確保を重視するであろう。一株一票の原則を崩してそのような買収を容易にする場合、（例えば、キャッシュ・フロー権は50％、コントロール権は100％といった株式が存在する場合）、分配不可能な私的利益をめぐってコントロール権の確保の競争が起き、その結果として、最適ではない（最大の収益を生み出さない）経営者＝株主が企業を取得してしまう可能性がある。一株一票の原則は、このような私的利益と収益の乖離を抑制する仕組みとして理解される（Hart［1995］, Grossman and Hart［1988］）。

3 途上国とコーポレート・ガバナンス

3.1 東アジアのコーポレート・ガバナンスの実相

　1990年代に大きな進歩を見せたこのようなコーポレート・ガバナンスの研究は、広く受け入れられてきた所有と経営の分離を前提とし、そこに内在する非効率性をどのように排除するか、あるいは既存のメカニズムによって排除されてきたかを、検討するものであった。ところが、アジア金融危機に際して東アジアの企業研究が広がった例のように、所有・経営構造の研究の今日的課題が一部の先進国から世界のより広い地域に広がるにつれ、この前提そのものがかならずしも妥当ではないことが明らかになってきた。それによって、コーポレート・ガバナンスの研究はさらに新しい展開をみせてきた。

　東アジアを例に考えてみよう。東アジアでは、従来から財閥、ビジネス・グループ、ファミリー・ビジネスと呼ばれる企業グループの存在が指摘されてきた。こうした制度は、1990年代前半には、東アジアの経済的成功と結びつけられて肯定的に論じられることも多かったが[2]、90年代後半以降、企業グループの存在は、企業価値を毀損し投資家の利益に反しているという文脈

図7-1 インドネシア スハルト関係企業グループの所有関係

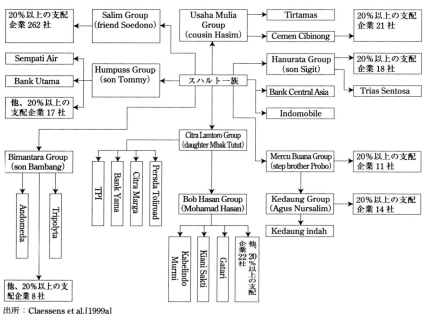

出所：Claessens et al. [1999a]

の中で論じられるようになっている。図7-1はインドネシアのスハルト一族支配下にあった企業の所有関係の概略図である。その特徴は、所有構造の中核に創業者家族とその近親者が位置し、その下にいくつかの中核会社が存在し、さらにそれが複数の子会社・関連会社を保有するという形でピラミッド状に連なっている、というものである。このような所有構造のもとでは、所有権は究極的にはピラミッドの最上位に位置するオーナー家族や個人に帰属する。実際に、企業グループの経営は、オーナー家族が個人事務所を構え、グループ企業の経営意思決定を一体として行っていることが多い。東アジア9カ国の主要上場企業2980社の1997-98年時の所有構造を検討した

---

2) 例えば韓国については、Amsden [1989]、Amsden and Hikino [1994]、タイについては、Doner [1992]。

Claessens et al.［1999a］によると、10％所有比率を基準とした場合、9カ国中7カ国でこのような家族所有が50％以上を占めている[3]。

3.2 ピラミッド型所有構造・企業グループと伝統的な議論

このような企業グループの存在は東アジアでは古くから認識されてきたものであり、地域研究者によって実態の解明が進められてきた。しかし、こうした企業グループの機能や問題点を、エージェンシー理論などに依拠した所有と経営の分離や、コーポレート・ガバナンスの論理立てから捉えようとする作業は、アジア金融危機前後に現れた新しい取り組みであるといえよう。

まず、負債や株式によるガバナンスの視点から考えてみよう。途上国においては負債によるガバナンスの機能や株式によるガバナンスの機能には、かなりの限界がある。途上国では一般に社債市場は小さく、負債とはほぼ銀行借入に限られるが、銀行の情報生産能力が十分ではなく、深刻な情報の非対称性の下にある環境では、銀行は債権者＝企業間のエージェンシー・コストを逓減する効果を十分には発揮できない。

企業の債務不履行時に銀行にコントロール権が移転することによる負債のガバナンス機能は、コントロール権の移行が実際に速やかに行われるような法的、社会的条件を前提とする。しかし、途上国では必ずしも債権者の法的保護が十分には機能しておらず、債務不履行時の経営者の企業整理への抵抗（entrenchment）がしばしば成功を収めることとなる。

また、銀行は所有関係のあるグループ企業への資金供給元であり、銀行借入がガバナンスをもたらすような負債の実質を持っていないことも多い。企業グループ内での貸出では、コントロール権の移転の実効性は曖昧なものとなるし、実質的にそれらがキャッシュと同質の資金であれば、キャッシュ・フローの圧縮としての負債の機能もほとんど発揮されないからである。

株式によるガバナンスも同様に不十分であると考えられる。買収の脅威という株式市場による経営者への規律づけの効果は、所有と経営が大きく乖離

---

[3] Claessens et al.［1999a］p.30、Table. 2による。家族所有50％未満の企業は、日本（13.1％）、フィリピン（41.3％）。

していない場合には必ずしも強くはない。株主経営者にとっては、企業の売却は経営権の委譲であると同時に、株主としての利益を得る機会であり、常にそのバランスを勘案しているからである。途上国の証券市場では上場基準が緩く、上場企業でも実質的にかなりの所有の集中が見られるし、また多くの主要企業がむしろ非上場を選択している。

ピラミッド型所有構造の企業における、株式によるガバナンスの論点には全く新しい展開がある。そこではキャッシュ・フロー権とコントロール権の同等性（一株一票の原則）が実質的に損なわれることからくる問題である。この点を次項で説明したい。

3.3 エージェンシー問題の転換

La Porta et al.［1999］は、一般的な問題として Berle and Means［1932］流の認識に疑問を示した。彼らは、先進国、中進国27カ国の主要企業の比較研究を行い、その結果、先進国も含めて所有と経営の未分離の企業の方が、大衆によって分散所有され市場で自由に取り引きされる企業よりも、実は一般的であることを明らかにしている。この指摘によって、所有と経営が未分離な企業のコーポレート・ガバナンスの問題は、例外的・特殊な問題ではなく、普遍的な問題として認識されるようになった。

その結果、エージェンシー問題をいまいちど捉え直す必要が生じてきた。第1に、所有と経営が未分離なもとでは、株主と経営者の間のエージェンシー問題はそれほど深刻ではない。むしろ債権者と企業（株主＝経営者）間のエージェンシー問題が深刻であり、債権者の権利をどのように保護するか、という論点が重要となってくる。

第2に、所有と経営が未分離でかつ公開されている企業には、数多くの少数株主（投資家）が所有者として参加している。彼らと、しばしば経営者を兼ねる支配株主の間には、利益相反が生じる可能性があり、また著しい情報の非対称性が存在する。支配株主が少数株主の利益に反する経営決定を行う場合、少数株主はそれを十分に認知、抑止することが必ずしもできないのである。株主と経営者の間の問題として認識されてきたエージェンシー問題は、支配株主と少数株主の間のエージェンシー問題として再構築される必要

に迫られたのである。

4 アジア金融危機とコーポレート・ガバナンス

4.1 危機の発生原因・深刻化原因とコーポレート・ガバナンス

支配株主と少数株主の間のエージェンシー問題を考える前に、ここで、アジア金融危機の原因としてのコーポレート・ガバナンスのロジックを確認しておきたい。危機から間もない時期に発表された World Bank［1998］とそのバックグラウンド・ペーパーの1つである、Claessens et al.［1998, 1999a,b］は、東アジアの金融危機とコーポレート・ガバナンスの関係を以下のように捉えている。第1に、80年代以降の金融自由化により、東アジアの金融システムには銀行の健全性規制に空白が生まれていた。そうした環境の中、90年代の対外資金の流入と高い貯蓄率の中で、銀行は十分な情報生産を伴わずに、特に企業グループとして近い関係にある企業を中心に貸出を拡大させた。このことは、コントロール権の移転の脅威やキャッシュ・フローの圧縮といった、負債が本来もつガバナンス機能を弱めることになった。その結果、企業の投資は非貿易財を中心とする「魅力的ではあるが非生産的な部門」（World Bank［1998］, ch.4）へ向かうことになり、企業の収益性を浸食した。これらの研究では、この傍証として90年代の負債比率の上昇と企業収益の低下の同時進行という事実を指摘している。

第2に、企業の所有構造の関係にも着目する。一般に所有の集中は企業の収益性に肯定的な効果と否定的な効果の両方をもたらす可能性がある。所有の集中は株主と経営者の間のエージェンシー問題を緩和させ企業価値を高める効果がある。他方、支配株主はその他の投資等の利害関係者の権利を奪い、私的利益の追求を行うかもしれない。World Bank［1998］（ch.4）はタイの事例によって、1992年には収益率と正の相関を持っていた所有集中度が、1996年には負に転じていることを指摘し、90年代半ばには、所有集中が弊害をもたらす形に機能したとしている。さらに、所有の集中と負債比率の相関が、90年代半ばには強まっていることを見いだし、銀行に対する支配権を有する一族によって所有されている企業において市場規律の緩慢化が著し

かった、としている。以上のような収益率の低下が、97年に海外資金が流出に転じる遠因であったと見ているのである。

　もう一つのタイプの議論として、発生した銀行危機が深刻な企業財務危機に結びついた原因をコーポレート・ガバナンスの構造に求めるものがある[4]。Johnson et al. [2000a]は、新興市場25カ国の金融危機時におけるパフォーマンスを比較し、その決定要因としてはマクロ経済的要因よりも、コーポレート・ガバナンスの要因の方が重要であることを主張している。危機の時期には経営者が自己利益のために資金、資産を流出させる誘因が生じ、企業価値の毀損が生じやすい。外部の投資家や債権者による監視などのガバナンスがよく機能していれば、こうしたことを抑止することができ、それ故に、外部の投資家が危機時に早期に資金を引き揚げる誘因は低くなる、としている。Mitton [2002] も同様の観点から、金融危機時の東アジア5カ国における企業価値の決定要因を探り、その結果、外部株主の比率が高い企業ほど企業価値は高いことを見いだし、危機時の企業経営の深刻化がコーポレート・ガバナンスの構造に左右されていることを指摘している。この研究では、国際会計基準に近い会計方針をとっている企業ほど企業価値が高いことも見いだされており、法整備が不備なもとでも、企業自身の努力によって危機時に企業価値を守ることができることを指摘している。これらの研究は、アジア金融危機が企業の財務危機として深刻化した背景には、コーポレート・ガバナンスの弱さがあったことを基本趣旨としている。

4.2　支配株主と少数株主の利害対立—expropriation という見方

　アジア金融危機の発生・深刻化の原因としてのコーポレート・ガバナンスの議論の有力な道具立てとして登場したのが、支配株主と少数株主のエージェンシー問題、とりわけ支配株主による少数株主の収奪（expropriation）という考え方である。「はじめに」で言及したように、この研究の広がりを理解するには、これらの概念形成に係わる研究が La Porta et al. [1999,

---

[4]　金融危機によって企業の財務状況を深刻化する原因をコーポレート・ガバナンスに求める議論については、小幡［2003］のサーベイが参考になる。

図7-2 ピラミッド型所有構造の例

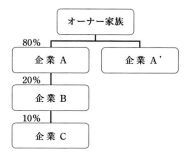

2000]、Johnson et al.［2000a, b］、Bebchunk et al.［2000］らによって一般的な問題意識のもとで進められ、Claessens et al.［2000］などが、そのアイデアを東アジアの危機と再建の問題に適用しているという二段階の展開でとらえておくとわかりやすい。

　一株一票の原則をもつ株式という仕組みが株主の経営者に対するガバナンスの機能をもたらしていることは既に説明された。Claessens et al.［2000］は、ピラミッド型所有構造のもとでは、この原則が崩れ、キャッシュ・フロー権とコントロール権の乖離が深刻化することを主張する。図7-2は、ピラミッド型所有構造の一例を模式化したものである。オーナー家族は企業Aの株式を80％保有し、企業Aは企業Bの株式を20％、さらに企業Bは企業Cの株式を10％保有する、という形でピラミッド型の所有構造をなしている。このとき、オーナー家族は企業Cを何％所有していることになるのであろうか。Claessens et al.［2000］の考え方は以下の通りである。オーナー家族は企業のキャッシュ・フロー権を$0.8 \times 0.2 \times 0.1 = 0.016$（1.6％）保有している。企業Cの配当額の10％は企業Bの収入となり、そこから間接的に生じる企業Bの配当の20％が企業Aとなり、さらにそれに起因する企業Aの80％がオーナー家族の元に届くからである。企業Cを流動化する場合も同様である。

　これに対し、コントロール権は連鎖の最も弱い場所（the weakest chain）の10％であると考える。オーナー家族は80％という強い支配力のもとにある

企業Aを通じて企業Bを20％程度支配する。その企業Bを通じて企業Cを10％程度コントロールできると考えられるからである[5]。

　ピラミッド型所有構造のもとでは、このようにキャッシュ・フロー権がコントロール権を下回る形での2つの機能の乖離が生じる。このとき、究極的所有者であるオーナー家族には、企業Cへの相対的に強い支配力を利用してのその資産を「抜き去る」（tunneling）誘因が存在する。オーナー家族は企業Cの行動を10％くらい方向づけることができる。一方で、企業Cの利潤のうち1.6％しか手にすることができない。このような環境のもとでは、オーナー家族は10％の支配権を活用してより多くの資産を抜き去ろうという誘惑に駆られるであろう。具体的には、親会社と子会社の間の商品取引の価格を操作する、あるいは親会社が子会社からのサービスを無償で受けることなどによって、子会社の資産を親会社に移転させるのである。Johshon et al.［2000a］は、こうした「抜き去り」をヨーロッパの企業の事例によって具体的に説明している。このような形で企業価値が毀損する場合、それによる不利益の大部分は少数株主が被ることになる。それらの抜き去られた資産は、本来少数株主が手にすることができたはずのものであるからである。その意味で少数株主は「収奪」（expropriation）されているのである。「収奪」が明らかな環境では、その企業の株式を保有する少数株主つまり投資家は市場への参加を控えるであろう。すなわち、この構造はそれ自体として株式市場の発展の制約要因になるのである。

　こうしたロジックに沿って、東アジアの9カ国について企業のコントロール権とキャッシュ・フロー権の水準と乖離を計算したClaessens et al.［2000］によると、これらの国々ではピラミッド型あるいは持ち合い型の所有構造に属する企業では、しばしばコントロール権がキャッシュ・フロー権を上回ることが確認されている。

5）もっとも、コントロール権の基準をweakest chainにもとめることが合理的であるかどうかについては、議論の余地がある。Bebchuk et al.［2000］は、ピラミッドの構造の範囲の定義を50％以上の連鎖に限定している。

4.3 「収奪」の抑止

このような「収奪」の発生を抑止するためには、どのような方策が有効なのだろうか。LLSV グループの回答は、少数株主・投資家の権利を保護し、監視を強めることによって、このような「抜き去り」の余地をできるだけ小さくすることであり、また破産制度の整備、実効性の確保などにより、破綻時のコントロール権の移転を確実にすることで、債権者の権利を保護することである。La Porta et al. [1997, 1998] は、49カ国の経済法の内容を比較し、投資家保護の度合いが高い国ほど、企業の所有の集中の度合いが低いことを指摘し[6]、投資家の法的な保護が十分でない国では少数株主の市場参加が低くとどまることを議論している。

こうした結果を、アジア金融危機とその後の金融市場改革の文脈で理解すれば、危機の発生や深刻化の要因となった金融システムの問題を改革するためには、法整備その他によって、投資家の権利を向上させることが、鍵となる。危機以降、世界銀行や国際通貨基金との政策合意書に基づいて進められた、韓国における財閥の整理、タイ、インドネシアにおける銀行再編と証券市場改革などは、こうした理論的基盤を背景とし、企業の所有集中や負債への過度な依存を脱して株式市場を活性化することに、改革の眼目をおいていた。

5 改革の成果とつづく論争

5.1 本当にファミリー・ビジネスは問題か？

以上のように、ピラミッド型所有構造におけるコーポレート・ガバナンスの問題を解明するための研究は近年大きな進歩を見せ、エージェンシー問題やコーポレート・ガバナンスの議論の展開に大きな影響をもたらした。このことは確かである。しかし、このようなコーポレート・ガバナンスの議論

---

6) ここでは、興味深いことに、投資家保護の度合いは、法の起源と体系によって分類できることを議論している。すなわち投資家保護は、英米法体系において最も強く、大陸法体系特にフランス法において弱い。スカンジナビア、ドイツはその中間に位置するとしている。

が、アジア金融危機の発生と深刻化の要因に対して、どの程度の説明力を有していたかは、現実の東アジア経済の実態に照らしてみると、必ずしもはっきりしない部分が残っている。

　第1に、危機にいたるまでの30年間、形成されつつ成長する企業グループという存在は、むしろ東アジアの成功の鍵の一つとしてみられてきた。1990年代になって、なぜこれが突然、極端な経済危機を生む非効率な存在となってしまったのか。コーポレート・ガバナンスの議論は必ずしもこの問題に体系的に答えてはいない（吉冨［2003］ch.1）。World Bank［1998］の指摘するように金融自由化が企業グループのガバナンスを弱めてしまったとすれば、責められるべきは自由化の手順であるはずで、投資家・債権者保護の方策は、それ自体の重要性はともかく、危機への対処策としては二次的な意味しか持たないはずである。

　第2に、東アジア経済が危機後の停滞と2001年の小さな不況を経て2003年以降大きな回復を見せる中で、危機以後の要因を排除すべく導入された諸改革は必ずしも当初想定した成果を収めていないように見受けられる。タイを例にとれば、証券市場改革は上場企業の情報開示の向上や経営組織の制度改革として導入されたが、そうした施策が証券市場に活性化をもたらしたようには見受けられない（三重野［2002］、末廣［2002］）。Khanthavit et al.［2003］は、タイでは金融危機の前と後で、実物部門の企業においては所有構造やコントロール権、キャッシュ・フロー権の乖離の構造には、ほとんど変化が見られないことを指摘している。東アジアの実物経済の回復は、コーポレート・ガバナンスの議論が想定した改革の成否とはほとんど関係なく生じているのである。Suehiro［2001］は、タイ企業の所有構造について早くから一般的な見方と異なる多くの事実を指摘している。1990年代半ばまでのタイ上場企業の所有構造、財務構造の分析によって、家族所有の企業が必ずしもパフォーマンスが悪くないこと、むしろ少数株主に広く分散している企業のパフォーマンスが概して劣ることを見いだした。また、外資系企業のパフォーマンスの高さも指摘している。Suehiro［2001］は、家族所有の企業のパフォーマンスが高いことについて、専門的経営者が希少であるなかで、財閥家族の家族メンバーを（海外留学の機会を与えるなどして）専門的経営

者に育成していること、すなわち経営能力が高いことが一因であると解釈している[7]。

東アジア企業のガバナンスの弱さが企業の財務危機を深刻化させた要因であるという Johnson et al.［2000a］や Mitton［2002］の指摘は、それ自体妥当であるとしても、それが危機の発生、展開、収束の過程での他の要因、例えばマクロ的な資本流出や、銀行サイドの急激な流動性の需要による貸出の回収という事態などと比較して、どの程度重要であったのか、この点は今後慎重に吟味される必要があろう。ここでも、ピラミッド型所有構造を解釈する上でのコーポレート・ガバナンス論の展開そのものと、アジア危機の発生・深刻化の原因の議論とはやはり慎重に峻別して認識されなければならない。

5.2　企業金融再論

読者は、ここまでコーポレート・ガバナンスの議論を追う中で、企業金融の問題がこれと不可分な形で再び登場していることに気付いたに違いない。World Bank［1998］、Claessen et al.［1998］の文脈では、1990年代における企業の負債比率の上昇は、銀行の貸出行動の規律と企業の経営規律の両方の弛緩を示唆するものとして、捉えられている。LLSV グループの議論では、投資家保護や債権者保護の度合いは、コーポレート・ガバナンスの鍵であり、企業の収益性や企業価値に影響を与えると同時に、外部金融の活発さを規定する要素とされている。

これに対応する形で、危機以後のコーポレート・ガバナンスの改革でも、銀行中心の金融システムから市場（株式市場）ベースの金融システムへの転換が基調として唱えられてきた。それは以下のような論理である。負債への過度な依存は、企業グループ内の私的な関係による融資の拡大とそれによる経営規律の弛緩を意味している。健全なコーポレート・ガバナンスを実現するためには、企業と銀行間に「適切」な距離を保たせるとともに、資本市場

7）なお、第6章で指摘されたように、そもそも90年代に本当に実物部門の企業の負債比率が上昇していたのか否かも今後検討されるべき問題であろう。

の発展によって株式ファイナンスを活性化し、負債と株式によるガバナンス機能を効果的に発揮させることが重要である。株式市場の活性化は、負債への過度な依存や経営規律の弛緩を招いた根本要因である所有集中の逓減にも資するであろう。そのためには、法整備や会計基準、上場規則などの整備によって少数株主の権利保護をはかることと、破産手続きの実効性を高めることで債権者の保護をはかることが、重要である、といったものである。いわば、最適なコーポレート・ガバナンスをもたらす企業金融の形態を模索するというロジックで語られるようになったのである。このように、コーポレート・ガバナンス論の転換は、企業金融の考え方の転換をももたらしている。

5.3 債券市場育成

しかし、現実の東アジアにおいて、市場中心の金融システムへの転換が速やかに進むという見方は必ずしも大勢ではない。現にアジア金融危機直後に進められたコーポレート・ガバナンス改革を通じた株式市場の育成の成果は、ほとんどの国で乏しいものに終わった。第3章でも論じられているように、経済発展にともなって銀行中心のシステムから市場中心のシステムに速やかに移行するメカニズムが働くかどうかは、実証的には必ずしも自明ではないのである。

2000年代に入って、東アジアではコーポレート・ガバナンスの観点からの株式市場改革にかわって、金融仲介と市場の中間的性格を持つ社債市場の育成に関心が移ってきた。2000年5月のASEAN＋3の合意（チェンマイ・イニシアティブ）では、アジア金融危機を招いた構造として通貨と期間の「2つのミスマッチ」が指摘され、その解消の柱の一つとして債券市場の育成が位置づけられた。それを踏まえてアジア債券市場育成イニシアティブ（ABMI）による市場整備の取り組みや、中央銀行間の協力枠組み（EMEAP[8]）の下でのアジア債券基金（ABF）の運用などによって、域内の各国における債券発行が後押しされてきた。

社債市場の育成動機には多様な動機が関わっているが、コーポレート・ガ

8）東アジア・オセアニア中央銀行役員会議。

第 7 章　東アジアとコーポレート・ガバナンス　127

バナンスの議論との関係では、それを深化させる議論というよりは、それに対する代替的な提案としての性格を持っている。吉冨［2003］、Yoshitomi and Shirai ［2001］は、金融危機の本質的要因を「2つのミスマッチ」に求めた上で、社債市場の育成は、今後も続くと考えられる銀行中心のシステムのもとで、銀行の情報生産能力を活用した形でなされるべきであるとしている。つまり、社債市場の育成は、コーポレート・ガバナンスを重視する株式市場の発展とは異なる経路を見通した取り組みとして位置づけられているのである[9]。

　もっとも、東アジア各国における社債の成長はこれまでのところ限られており、取り組みの成果は芳しいとはいえないのが実情である。この10年で債券市場の規模が拡大している国も、そののほとんどは国債・中央銀行債等の公債の拡大によるものであり、社債の比率は国営企業などを計算にいれても限られている。今後の推移を注意深く見守っていく必要があるといえよう。

6　おわりに

　東アジアをめぐるコーポレート・ガバナンスの議論は、La Porta 等の世界各国の比較研究を基本とする一般理論の研究を底流として、アジア金融危機への強い政策的関心から、それを東アジアへと適用する研究がなされてきた。しかし、危機が過去のものとなり、東アジア経済が実物経済の変容によって回復する中で、後者のタイプの関心は、盛んであった2000年代はじめを経てやや後退しつつあり、関心はむしろ前者のタイプの一般理論に回帰しているように見受けられる。いわば、コーポレート・ガナバンス論は、東アジアの問題に向かって勢いよく押しかけてきて、そして、去りつつある。

　コーポレート・ガバナンスの諸議論が、東アジアの経済構造、金融システムの認識のあり方にもたらした影響は大きなものがあるが、その一方で短いブームの中では、必ずしも十分に認識されなかった問題も多い。2つの例を

9）東アジアにおける社債市場の未発達の要因と潜在的役割については、Herring and Chatusripitak［2000］も参照。

挙げよう。

　第1は、東アジア諸国の主要企業の多くが非上場企業にとどまっていることを、コーポレート・ガバナンスの観点からどのように理解すべきか、という問題がある[10]。非上場企業には株式によるガバナンスはほとんど機能しないと考えられる。株式市場の育成には、こうした非上場企業の市場への参加の問題が重要であるが、上場企業における少数株主（投資家）の保護は、非上場企業の上場誘因と整合的であるのか否か、整合的でないとすれば、どのように考えるべきか、非常に重要な問題である。この点は、上場企業のデータを利用した各国横断的な比較研究では十分に捉えられない問題であろう。

　第2に、東アジア諸国の外資系企業の存在をどのように考えるか、という点がある。特に東南アジア諸国では、日系、米系および域内諸国の外資系企業が付加価値のかなりの部分を生み出している。こうした外資系企業の資金調達は、各国の金融システムの大きな特徴をなしているはずである。また、合弁企業における国内パートナーとの関係は、コーポレート・ガバナンスの重要な問題を含んでいる可能性がある。

　コーポレート・ガバナンス論はこれまでのところ、東アジア経済について伝統的に指摘されてきたこのような構造に関する論点と接点を持って議論されるに至ってはいない。東アジア経済の解明にコーポレート・ガバナンスの議論が有用であるためには、90年代後半の経済混乱の単純な原因論を超えて、伝統的構造に係わる論点を含んだ、息の長い検証が必要であろう。

---

10) 三重野［2003］によるとタイの非金融企業の総資産上位100社のうち、上場企業は高々38社であり、さらに上位500社では23.4％にすぎないことが指摘されている。

第 8 章

途上国農村の金融問題とマイクロ・ファイナンス

1 はじめに

　途上国農村における金融の問題は、開発問題の中では極めて重要な論点であるにもかかわらず、金融論自体で取り扱われることの少ない分野である。この分野は、伝統的に農業経済論の一部として、開発経済学との共有領域でこそ主要なテーマであり続けたが、国内の金融論の研究者からは、最近までほとんど関心が払われてこなかったのが実情である。

　金融論のアプローチが、情報の経済学や契約理論を基礎に金融取引の詳細な構造を分析する方向に拡大することによって、そして、開発援助の世界でマイクロ・ファイナンスが貧困削減の重要な手法として世界的に広がることによって、近年ようやく多様な立場の研究者がこの問題へ取り組みはじめている。

　特に開発経済学の分野では、近年、世帯データを用いたマイクロ・ファイナンスの家計へのインパクトについての研究が世界的に盛んになっており、これにともなって、返済率や借入世帯の決定要因等のミクロ分析の蓄積が進んできている。

　しかし、本章では、こうした近年の研究の蓄積を踏まえつつも、2つのポイントに重点をおいてこの分野の紹介を試みたい。第1は、目配りする範囲

をより広く、長くとって、マイクロ・ファイナンスだけでなく、それ以前からある途上国農村の金融問題を含めて紹介を進めることである。第2は、マイクロ・ファイナンスのさまざまある議論のうち、金融としての機能についてのものに重点をおくことである。まず、伝統的な途上国農村の金融問題から紹介を始めよう。

　農業金融論の問題認識の出発点は、途上国農村における在来金融（インフォーマル・クレジット、未組織金融）の存在である。これらの言葉は、質屋（Pawn Shop）、地縁の互助組織（Rotating Savings and Credit Associations: ROSCAs、講など）などの組織実態を持つ金融主体や、地主や中間商人、しばしばそれらを兼ねるマネーレンダー（金貸し）の活動、さらに地縁・血縁間の貸し借りなどを総体として指している。在来金融の金利水準は一般に著しく高く、マネーレンダーは農家を搾取する主体として否定的に捉えられてきた。特に「緑の革命」の普及にともない、農業への設備投資や投入物の必要量が増大すると、低金利の資金供給のための政策的な農業金融機関や農業信用供給プログラムが広く試みられてきた。

　しかし、市場金利以下の補助金的性格を持つそうした資金供給によって、在来金融は速やかに退出するであろうという漠然とした期待は、1980年代までの経験によって見事に裏切られた。1980年代半ばには、そうした信用プログラムが著しく高い未返済率によって破綻をきたす一方で、在来金融は、これほどの金利格差にもかかわらず併存して生き残ってきた。こうした、在来金融の「しぶとさ」は、その存在の合理性について再認識を迫るものであった。

　表8-1は、在来金融を鳥瞰したHoff and Stiglitz［1996］による有名な表である。いくつかの途上国における在来金融と近代的金融のシェアおよび金利の水準を大ざっぱに集約している。在来金融の金利に注目するとタイ・ナコンラチャシマー県で年率90％、パキスタン・チャンバーで79％など極めて高く、近代的金融との差は著しく大きい。また、1951年インドのデータは、国内での地域差が著しいことを示唆している。この研究の一環をなすタイの1980年代後期における全県調査でも8000バーツ（約270ドル）の借入に対する金利が月利2％～18％と同様に著しいばらつきが報告されている（Siam-

表8-1　在来金融のシェア、金利および取引規模

観察地域	近代的金融の比率	平均金利		平均取引額（米ドル）	
		近代的金融	在来金融	近代的金融	在来金融
タイ・ナコンラチャシマー県 1984-85	44%	12-14%	90%	440	254
インド1951	7%	3.5-12.5%	7-35%	400	200
1961	17%				
1971	30%				
1981	61%	10-12%	22%		80-345
パキスタン・チャンバー 1980-81	25%	12%	79%		284

出所：Hoff and Stiglitz [1996], Table 1.

walla et al. [1990]）。

　こうした在来金融の「しぶとさ」に対して、1990年代はじめ頃から新しい見解も登場した。すなわち、農村における信用取引では市場が十分に機能しており、合理的理由によって在来金融が存在するのであり、信用プログラムなどの補助金的資金供給は市場をむしろゆがめる存在であるという見方である[1]。Basu [1997]（ch.14）は、そうした見解を2種類に整理している。第1は、リスク仮説であり、農村在来金融の対象となるプロジェクトのリスクが極めて高いために、金利は高くならざるを得ないという議論である。この仮説に基づけばプロジェクトのリスクが地域によって異なるがゆえに金利が異なるということになる。第2は、独占仮説であり、特定地域で余裕資金を持つ貸手が希少であるゆえに形成される地域独占が、高金利と金利の地域格差を生み出すという見方である。

　しかし、これらは在来金融の「しぶとさ」に対する説明としては十分ではない。この点をふくめて、在来金融を、情報の非対称性と契約履行の視点か

1）これに関連する「農村金融市場論」と呼ばれる一連の議論については、泉田・万木 [1990]、泉田 [2003] に詳しい。

ら包括的に分析して見せたのが、Hoff et al.［1996］らの研究である。農村の金融市場では、情報の非対称性と契約履行の不完備性が深刻で、それを原因とする市場の失敗が常態であり、本来的に金融取引が困難である。在来金融は独自の仕組みを構築することによって、限界的ながらも信用取引を可能にしているのであり、初期の信用供給プログラムの失敗は、そうした市場の失敗に対応した仕組みもなく参入したことによる結果である、という見方である。最近では、マイクロ・ファイナンスを対象とするアクション・リサーチも蓄積され、Hoff and Stiglitz［1996］らの見方を基礎として、新しい信用供給プログラムの成功条件を探る議論が盛んになっている。

　近年、マイクロ・ファイナンスの分野を紹介するサーベイや教科書的文献が多く見られるようになってきた。Hoff et al.［1996］[2]や Hulme and Mosley［1996］は、それぞれ在来金融の解釈とマイクロ・ファイナンスの事例分析についての、具体例の豊富な教科書として読むこともできる。マイクロ・ファイナンスの実務面に力点をおいた内容としては岡本他編［1999］があり、運営マニュアル的な概説として Ledgerwood［1998］が世界銀行から出版されている。90年代までの経済学からのマイクロ・ファイナンスの研究の方向性を鳥瞰したサーベイとしては、Morduch［1999a］があり、同じ1999年に *Journal of Development Economics* が行った、グループ・レンディングの特集に所収された8本の論文は、その後のいくつかの研究方向の先駆的業績となっている。さらに、Armendariz and Morduch［2005］は、これまでの研究の流れを総括的に整理した教科書として定評がある。邦語の教科書的文献としては黒崎・山形［2003］（ch.4, ch.9）があり、本章を担当する筆者自身も三重野［1998a, 2004］などを書いている。

2）この調査の主要部分については、Hoff and Stiglitz ed. として、世界銀行の *World Bank Economic Review*, 1990, Vol.4, No.3 特集号にも発表されている。

2 農村金融の構造

2.1 インター・リンケージの諸相

在来金融の「しぶとさ」の理由を解くカギの一つは、在来金融の主体がインター・リンケージ（interlinkage、市場連関取引）という形態として存在していることである。一般に途上国農村部においてマネーレンダーが専業で存在することはまれであり、多くの場合、地主や中間商人がこれを兼ねている。信用取引は単に金融取引としてではなく、しばしば労働市場や生産物市場あるいは中間財市場と連関しながら機能している。インター・リンケージとは、こうした取引形態のことを指す。例として挙げれば、地主がマネーレンダーを兼営しているケースで、借手である農家が資金量や金利と同時に小作料や労働力の供出あるいは賃金について約束を取り交わすという取引関係や、中間商人がマネーレンダーを兼営しているケースで、資金量や金利と同時に生産物の引き取りや肥料購入についての約束を取り決めるといった取引関係などである。

Basu [1997]（ch.14）は、金融取引が農村内の労働取引と連関して取引されているようなインター・リンケージを簡単なモデルで示し、その均衡の特徴を検討している。これを簡単に紹介しよう。村内の家計が独占的な地主（兼マネーレンダー）と多数の自作農から構成されているとする。地主だけが村外への資金アクセス機会を持っており、また村内で労働力を需要する。自作農は地主から信用を受け、かつ地主に対し労働力を供給する。はじめに農村内で金融市場と労働市場が別個に機能しているケースでは、均衡は以下のようになる。

金融市場については簡単化のために資金調達費用をゼロとし、資金需要関数を $L(i)$ で表す。i は貸出金利である。労働市場については賃金 $\bar{w}$ で労働力が無制限に供給されるとする。このときそれぞれの市場の利潤は

労働市場：$\prod_l = y(n) - \bar{w}n \qquad y'(n) < 0$

金融市場：$\prod_f = iL(i) \qquad L'(i) < 0$

図8-1

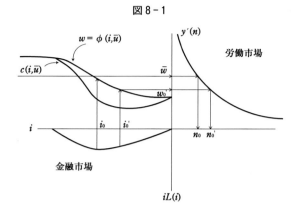

のように表現できる。ただし、$y(n)$、n はそれぞれ農業生産に関する生産関数、雇用者数を表す。利潤最大化の一階条件はそれぞれ、

$$\max_n \prod_l : y(n) = \overline{w}$$
$$\max_i \prod_f : iL(i) - L(i) = 0$$

である。図8-1には第1象現に労働市場の均衡が、第3象現に金融市場の均衡が図示されている。2つの取引は全く独立に決定され、地主の主体均衡は $(i_0, \overline{w})$ である。

ここで、自作農の効用は、金利水準が低ければ低いほど、また賃金が高ければ高いほど、高いというように、2つの要素によって決まっていることに注意したい。このことは自作農について金利と賃金に関する効用関数

$$u = u(i, w) \qquad u_i < 0, u_w > 0$$

を想定することで表現できる。このとき地主は、金利と賃金を別個に決定するのではなく、両市場の取引を同時に勘案して決定することで、より高い利潤をあげることができるのである。まず、$\overline{u}$ を自作農が契約に応じる留保効用水準とし、w についてのその逆関数を $w = \phi(i, \overline{u})$ とすると、利潤最大化

問題は

$$\Pi_n = y(n) - nc(i, \overline{u})$$
$$\text{where } c(i, \overline{u}) = \phi(i, \overline{u}) - iL(i)$$

のように記述できる。$c(i, \overline{u})$ は雇用1人当たり費用を表している。利潤最大化の一階条件は、

$$\max_{n,i} \Pi_n : y'(n) = c(i, \overline{u}) \tag{8.1}$$
$$c'(i, \overline{u}) = \phi'(i, \overline{u}) - iL'(i) - L(i) = 0 \tag{8.2}$$

となる。この有名なモデルの優れている点は、この解の特徴を図で直感的に理解できることである。図8-1の第2象現には $w = \phi(i, \overline{u})$ と $c(i, \overline{u})$ の2つが描かれている。ここで、後者は前者から第3象現の縦方向の距離で表される地主の金利収入の額を引いたものであることに注意されたい。地主は(8.1) を満たす i'_0 に金利を決め、賃金をこれに対応する w'_0 とし、(8.2) から雇用量（生産水準）を n'_0 に決めることになる。

　上の例はインター・リンケージ取引下における均衡のいくつかの特徴を示唆している。第1に金利は労働市場の構造や自作農の選好にも依存して決まっている。このケースでは地主は金利を低くするかわりに低い賃金で雇用することを選択している。一般にインター・リンケージ取引下では観察される金利の水準は他の市場の構造をも反映したものとなる。このことは在来金融の高金利性と地域格差についての一つの説明となっている。第2に、このケースではインター・リンケージ取引の均衡では地主は個別契約より多い雇用量を（したがって生産量を）実現している。特定の条件下では地主にとってインター・リンケージ取引を採用することによって、より高い利潤を実現することができる可能性がある。それゆえに、こうした取引が慣習的に選択されていると考えられるのである。

2.2　インター・リンケージの形成要因

　情報の経済学や契約理論を踏まえた Hoff and Stiglitz［1996］は、このイ

ンター・リンケージ取引に対する見方を一歩進めて、単に貸し手の利潤拡大余地ゆえにこれが選択されるのではなく、情報の収集や契約の不履行への対処として準備された仕組みであるという見方を示し、在来金融の考え方に大きな影響を与えた。貸し手は、インター・リンケージのような取引形態によって、資金の回収可能性の評価や労働の質の管理を可能とし、信用取引が未発達な地域において取引を成立させているのだ、と考えるのである。この考え方は、在来金融の「しぶとさ」を見事に説明することができる。

ここでは、標準的な理解として頻繁に引用されるこの研究に依拠して、在来金融のメカニズムについて見ていこう。彼らは、途上国農村に深刻な問題として、「情報の非対称性」と「履行強制の欠如」の2つを挙げる。情報の非対称性とは、信用取引では、借り手に関する情報を貸し手側が借り手本人ほどには持っていないことをさす。借り手に関する情報とは、彼が借りた資金で行おうとしている事業の性質、借り手が勤勉に働くか否かといった彼の性格や行動などである。貸し手と借り手の関係が親密であれば、このような情報の非対称性の度合いは低い。一方、履行強制の欠如とは、金融取引において返済が行われないなど契約が履行されないときに、担保の接収や、法的措置による返済の強制、といった手段によってそれを強制することができない状態のことである。途上国農村部の信用取引では低所得層には十分な担保はなく、また借り手が返済を拒否したときに強制的手段をとる法的制度が十分に機能していない場合が多い。

市場の失敗としては、他にもいくつか考えられよう。たとえば農村部の居住者が近代的な金融機関にアクセスして融資を得るためには、移動や交渉のために無視しえない大きさのコストがかかる。このように取引において追加的に発生するコストは総称して取引費用（transaction cost）と呼ばれる。このような取引費用が深刻であるために途上国農村部では信用取引が成立しにくい、と考えられるのである。

Hoff and Stiglitz［1996］は、在来金融はこのような金融市場の失敗を克服するために取引にさまざまな工夫を行っており、それらは大きく間接的メカニズムと直接的スクリーニング・メカニズムの2つに分けることができる、としている。間接的メカニズム（indirect mechanism）とは、情報の非

対称性や履行強制の欠如の度合いそれ自体の克服をめざすのではなく、それを前提として、借り手に返済へのインセンティブを与えていくような仕組みである。情報の非対称性が存在するもとでは、金利はそれ自体として借り手の性質や行動のシグナルとなる。すなわち、高金利は高収益・高リスクの借り手を引きつけ、堅実な借り手を取引から排除する結果となる（Stiglitz and Wiess［1981］）。そうした情報の非対称性を防止するための仕組みの1つとして、在来金融では継続的取引関係の下で取引停止の威嚇を日常的に行うという方法を採ることがある。また、履行強制の欠如に対してはインター・リンケージ型の取引関係によって、貸し手は信用取引での債務不履行を他の市場の取引で相殺する手段を確保していると考えられるのである。

これに対し、直接的スクリーニング・メカニズム（direct screening mechanism）とは、情報の非対称性を直接的に逓減するために、在来金融が用いている仕組みのことである。例えば、最も基本的なこととして、在来金融は取引を地縁・血縁に限定して行うことが多い。このことは、情報の非対称性や履行強制の欠如が比較的低い範囲に貸付を限定することで、信用取引を成立させているのだと解釈することができる。また、インター・リンケージは、借り手の他の市場（労働市場、生産物市場）での活動を観察できるというメリットがあり、それによって情報の非対称性の度合いを逓減できる。

このように考えてくると、近代的金融の農村部への参入には、以上のような在来金融が持つ農村の金融取引環境に対応した仕組みと同程度に合理的な仕組みを伴わないと、難しいことになる。そうでないと、旧来の農村信用プログラムが経験したように、金融機関の貸出活動における取引費用の一部分は高い営業費用として、他の一部分は貸倒損失として顕在化し、金融機関の健全な活動が阻害される可能性が高い。在来金融の「しぶとさ」の原因はここにあると考えられるのである。

他方、農村部の金融市場への対応としてのインター・リンケージ取引は経済厚生の観点から見て必ずしも最適な均衡をもたらしているわけではないのも事実である。著しく不完全な金融市場下で、次善の均衡が選択されているにすぎないのである。Hoff and Stiglitz［1996］はこのような農村における

金融取引に外部性が存在することを指摘し、これを他市場との関係におけるものと、農村内組織におけるものとの2種類に分類して整理している。前者に対しては、全域的なインフラの整備などを処方箋とする一方、後者を、マイクロ・ファイナンスにおけるグループ・レンディングによって内部化が部分的に可能な事例として捉えている。

3 マイクロ・ファイナンスのメカニズム

3.1 マイクロ・ファイナンスの機能の分類

在来金融に対するこのような説明は、それ自体が初期の信用供与プログラムが失敗した理由や、マイクロ・ファイナンスが機能するメカニズムの、説明にもなっている。

Hulme and Mosley [1996]（ch.2）は、在来金融のメカニズムについてのHoff and Stiglitz [1996] の分類を意識して、貧困層向けの金融活動に内在する問題点と、それを克服するマイクロ・ファイナンスの機能について、分類している。それによると、返済を確実にする工夫は、直接的手法と間接的手法の2つに大別することができる。

直接的手法とは、資金の回収を確実にするためのスクリーニングや履行強制、保険制度などを直接的に整備することである。その第1は、強い資金回収体制であり、毎週決まった日時に返済を求めるために行員が借り手のもとに出向くことで返済を強化するといった活動である。第2は、返済へのインセンティブ付けであり、期日までの返済に対しては金利を減免する措置を設けるというような方法が挙げられる。これらの2つの方法には、金融機関にとっては高い管理費用がかかるため、このような手法のコストと返済への効果との間で、最適な部分を探る必要がある。第3は、借り手に貯蓄（預金）を行わせることによって、一種の担保あるいはローン保証として機能させるという手法である。返済が滞ることによって、預金が取り上げられる可能性のある環境のもとでは借り手はできるだけ誠実に返済を行う、すなわちモラルハザードが防止される可能性が高い。

これに対し、間接的手法とは、特定の仕組みを導入することで、借り手の

行動にインセンティブ付けを行う、あるいは借り手が自らの性質を顕示する行動をとるように仕向けるような方法である。その代表的手法がグループ・レンディングである。

3.2 グループ・レンディングの意義

　マイクロ・ファイナンスが取り入れた「革新的手法」で、研究としてもその蓄積も多い事例が、グループ・レンディングという手法である。グループ・レンディングは、借り手に自主的にグループを形成させ、彼らの連帯保証のもとで貸出を行うという方法であり、グラミン銀行などの先駆的活動がこれを取り入れて成功したことから、世界的に普及した。この手法がどうして機能するかについての解釈は大まかにいって2種類に分かれる。第1は、相互監視（peer monitoring）によるとする見方である。お互いに情報の非対称性の度合いの低い隣人たちに連帯保証を導入することにより、それぞれが監視しあうことで、モラルハザードが防止されている、という見方である（Stiglitz [1990], Besley and Coate [1995]）。第2は、相互選抜（peer selection）によるとする見方である。情報の非対称性の度合いが低い隣人たちが自主的なグループを形成する時には、彼らの戦略的行動の結果としてリスクの高い借り手が排除されると考えられる（Ghatak [1999]）。後者は皮肉なことにグループ・レンディングによって最貧層が排除されているという指摘と整合的なものであり、その点でも説得力を持っている。

3.3　貯蓄の機能、融資の逐次的拡大、猶予期間のない返済

　借り手の返済を確実にするために、マイクロ・ファイナンスが考案した間接的、直接的メカニズムを持つ「革新的手法」としては、他に以下のようなものがある。第1に、貯蓄には上述の担保機能に加えてさまざまな役割があると考えられている（Morduch [1999b] sec.7, Hulme and Mosley [1996] ch.2）。貯蓄の拡大はマイクロ・ファイナンス機関にとって重要な資金確保の手段となる。また、銀行との取引は当初は預金者としてはじまり、後に借り手となるのが一般的であり、その意味で預金業務は将来の顧客をプールする役割も果たす。最近のマイクロ・ファイナンスの実践から、アクセス機会

さえあれば、貧困層にも十分な預金需要があることが明らかになっている。

　第2に、融資の逐次的拡大（dynamic incentive）という手法がある。これは、新しい借り手には、少額の融資枠を設定し、取引を繰り返すごとにそれを拡大していくという方法である。この方法には、新規借り手のモラルハザードを防止するとともに、マイクロ・ファイナンス機関に低いコストで借り手に対する情報を蓄積させる機能があると考えられている。

　第3は、信用を猶予期間なしで返済させるという方法である。これによって、借り手の情報を入手し、リスクの高い借り手であるかどうか判断するなどの管理を経常的に行うことができる。また、実行した投資がその成果を生み出す前から資金の返済を行わせることは、借り手のさまざまな所得源泉全体に融資することを意味し、マイクロ・ファイナンス機関にとってはリスクを軽減するメリットがある。

3.4　実証研究

　このようなマイクロ・ファイナンスの「革新的手法」は、本当に効果があるのだろうか。この点を実証する試みは、最近の研究一つの潮流となっている。実証の主な対象は、(i)返済率の決定要因、(ii)マイクロ・ファイナンスの所得向上への効果、および(iii)借入の決定要因についてであり、多くは特定のケースについて複数の問題関心を扱っている。このうち、借入の決定要因は、他の観察目的の分析のための中間ステップとして取り扱われることが多い。

　返済率の決定要因については、先駆的な研究として、Hulme and Mosley［1996］(ch.3) がある。この研究では、46のマイクロ・ファイナンス機関のサンプルを用いて、機関の属性と返済率の関係を検討し、集中的な融資の回収の手法を用いている機関、あるいは貯蓄や保険サービスを提供している機関で、返済率が高いことを見いだしている。また、借り手に占める女性の比率の高さや道路インフラの普及度合いも、返済率に関係しているとの結論が得られている。一方で、先進国アメリカのマイクロ・クレジット・プログラムにおける返済率の決定要因を借り手のミクロデータから検討した Bhatt and Tang［2002］では、性差はその決定要因としてほとんど働いておらず、

むしろ教育水準や金融機関との親密さ、融資時の取引費用の低さ、あるいは未返済時のコストの大きさが関係していると、結論づけている。グループ・レンディングの返済率への効果の分析については、北タイの世帯データによって実証を行った Coleman［1999］があり、グループやマイクロ・ファイナンス・プログラム自体への参加・不参加による計測上のバイアス（内生性）を考慮すれば、グループ・レンディングの手法は、一般に指摘されるほどには返済率への効果を持っていない、という見解を示している。

つぎに、マイクロ・ファイナンス・プログラムが、世帯の所得向上（貧困削減）にどの程度の効果を発揮しているかについての研究（インパクト研究）は、現在、最も盛んな研究テーマの一つである。バングラデシュのマイクロ・ファイナンス・プログラムを対象として個票データを分析した Khandker の論文・著作や Coleman［1999］は、この分野の研究の嚆矢である。Khandker［1998］では、90年代前半の調査によるクロスセクション・データを用いた分析を行ってマイクロ・ファイナンスが所得向上に一定の効果を持っていたことを見いだした。また、Coleman［1999］も90年代前半の調査による個票のクロスセクション・データによって、限定的ながらも所得向上への効果があったことを見いだしている。これらの研究は、マイクロ・ファイナンスのインパクト研究においてその後の論争の起点となった。両研究とも、クロスセクション・データという制約に直面して、内生性のバイアスを回避するために独自の手法を考案しているが、この手法の再吟味がそれらに続く研究の大きな論点となっている。

前者の研究では、Khandker［2003］において、90年代後半に行われた再調査のデータを合わせたパネル分析による追試が行われ、内生性バイアスを除去しても所得への効果が残ることが示された。しかし、その効果は、クロスセクション・データによる以前の研究よりもかなり弱いものであり、結果として、以前の分析の限界を示す形にもなっている[3]。インパクト研究は、クロスセクション・データによる分析への批判から、パネル・データによる

3）クロスセクション・データによる推定とその問題点については、Armendaris and Morduch［2005］(ch.8)で特に詳しく論じられている。

分析へ、さらには、実験経済学の一手法である field experiment の応用へと進化が進んでいる（例えば、Karlan and Zinman［2008, 2009］）。新しい研究によって、マイクロ・ファイナンスのインパクトは、当初見いだされていたよりはかなり小さなものに留まるのではないか、という見解が受け入れられつつある。

4 マイクロ・ファイナンスの持続可能性と商業化

4.1 マイクロ・ファイナンスの経営評価

　マイクロ・ファイナンスの評価に関するいま一つの論点は、そのような業務に特化する組織が金融機関としてどの程度の経営健全性や自立性を持ちうるか、という点である。自立性を持ちうることは、純粋な民間金融機関への転化が可能であることを意味するし、そうでなければ補助金や競争政策のあり方が問題になる。

　自立性の評価基準として最も一般的なのが、補助金依存指数（SDI）という指標である（Yaron［1994］, Ledgerwood［2001］, Hulme and Mosley［1996］ch.2）。SDI は以下のように定義される。

$$SDI = \frac{(i^*-i)X+(i^*E-p)+K}{rX}$$

ここで、E は銀行の株式（資本）価値、p は税引き前利潤、K は利子補給以外の補助金、i^* は市場金利を表す。また、i, r, X はそれぞれマイクロ・ファイナンスの貸出金利、調達金利、貸出額を表す。金融機関は、一般に預金と借入および自己資本で資金調達を行い、貸出の原資としている。預金や借入に対しては金利を支払わなければならないし、さらに民間金融機関であれば出資者に対して市場金利の水準と同程度の配当を行わなければならない。SDI ではこの両方の補助が考慮されている。すなわち、右辺の分子第1項は預金・借入に対する利子補給の総額であり、第2項は自己資本に関して、出資者が配当収益の機会を放棄することで生じている補助金を示している。このように右辺の分子は、実質的な補助金の総額を示しており、SDI は、実質

的な補助金がゼロになったときに費用をカバーするために引き上げなければならない金利水準(％)を意味している。あるいは、貸出収益1単位当たりに含まれる補助金の率と解釈することができる。*SDI*が負値であれば、完全に自立し純収益をあげていることを意味する。Yaron[1994]は80年代後半の4つの農村金融機関について、Hulme and Mosley[1996](ch.3)は13のマイクロ・ファイナンス機関についてこの*SDI*を計算しているが、その数値は－9％から1000％以上と機関によって大きなばらつきがあることがわかっている。

もう一つの指標は、「損益分岐」金利水準という考え方である(Hulme and Mosley[1996] ch.2)。この指標は、金融機関の資金調達および営業費用をちょうどカバーするために必要な金利水準のことであり、最も簡単な形式では

$$r^* = \frac{i+a+\alpha p}{1-p}$$

と表すことができる。ここで、iはグロスの平均調達金利、aは貸出に関する平均の管理費用、αは信用の毎期の返済シェア（ここでは金融機関が信用のために調達した資金返済シェアと同一と仮定）、pは平均の貸倒確率である[4]。Hulme and Mosley[1996](ch.3)によると、「損益分岐」金利水準は、全体として、市場金利よりはかなり高い。しかし、一般には同じ地域で活動する在来金融の金利水準よりは低いことが知られている。通常の金融活動より管理費用のかかるマイクロ・ファイナンス活動を純損失が生じない範囲で行っても、在来金融よりも低い金利で信用を提供でき、十分な参入余地があると考えられるのである。

同様のロジックではあるが、最近では、マイクロ・ファイナンス機関の自立性を表す基準として、*FSS*(financial self-sufficiency：金融的自足度)と*OSS*(Operational self-sufficiency：経営的自足度)の2つの指標が用いられることも多い。両指標とも、

---

4) この式の導出は、Hulme and Mosley[1996] ch.2, p.19を参照されたい。

営業収入／(資金コスト＋貸倒れ損失＋営業費用)

で定義される。分子の収入と分母の費用項目に実数を用いて計算したものが OSS、すべてについて補助金要素を控除し、インフレ率を調整した数値を用いて計算したものが FSS と呼ばれる。すなわち、OSS は補助金を受けているもとで収入が総費用を上回っているか否かを示す指標、FSS は補助金要素を差し引いて（かつ資金コストを実質化して）、その上で、収入が総費用を上回っているか否かを示す指標である。

4.2 金融機関の情報生産能力と補助金

　マイクロ・ファイナンスの補助金依存の評価は難しい問題である。マイクロ・ファイナンスが伝統的な信用供与プログラムと異なり、高い回収率によって活動の持続性が確保されたことがその特徴であることから、ある程度の補助金依存からの脱却が評価基準とされることは合理的であろう。しかし、この活動が貧困層へ信用のアクセス機会を与えることを目的とする援助としての性格を持つ限り、自立的に収益をあげることは第一義的な目的ではない。特に、収益確保の重視が、貧困層へのターゲッティングを損なわせる可能性があること（ミッション・ドリフト）が、しばしば指摘される[5]。

　これは、補助金のあり方と関係する問題でもある。金融機関の本質が借り手を把握し管理する情報生産能力にあるとすれば、機関としてその能力を確立するにはノウハウや過去の履歴の蓄積などに相当の時間がかかる。新しい地域や借り手グループへの新規参入時にも同じことがいえる。すなわち、情報生産能力の劣位をいかにして短期間で克服するかが重要であり、補助金はそうしたセットアップ・コスト部分に活用されるべきであるという見解は、Jain [1996] や Besley [1994] など初期の議論から指摘されてきた。また、Armendariz and Morduch [2005] (ch.9) では、そういった意味での "smart subsidy" の在り方が論じられている。

　実態として、マイクロ・ファイナンス機関がどの程度の補助金に依存しているかについては、Yaron らの業績をはじめ多くの実務調査がなされてき

---

[5] この間の二律相反を理論面で扱っているものとして Conning [1999] が挙げられる。

た。近年では、より詳細な分析や比較研究も増えてきている。Morduch [1999b] はグラミン銀行の補助金依存度を独自に推計し、グラミン銀行も必ずしも自立性を達成していたわけではないことを指摘している。Cull et al. [2007] は、世界各国の124のマイクロ・ファイナンス機関のサンプルデータによって、補助金依存率と収益、コストの関係を分析し、補助金依存からの脱却と最貧層への貸出にはやはりトレードオフが存在することを指摘している。

4.3　補助金、競争環境と商業化

　補助金依存の問題の先にあるのが、マイクロ・ファイナンスの競争環境と商業化の問題である。援助手法としてのマイクロ・ファイナンスの認知が高まるにつれて、世界中で数多くのマイクロ・ファイナンスが設立され、すでに「過剰参入」を指摘される国もある。そして、援助手法としての社会目的型の機関だけではなく、ビジネスとしての利潤追求型の機関の参入も増えつつある。そのような中で、マイクロ・ファイナンスに対する補助金、規制、競争環境がどのような形であるべきか、より広い議論が行われつつある。

　この問題の展開を端的に表しているのが、マイクロ・ファイナンスの「商業化」(commercialization) といわれる問題である。利潤追求型マイクロ・ファイナンスの登場という実態と、そもそもマイクロ・ファイナンスが金融市場一般から超然としているべきことの根拠に乏しいという論理の両面から、マイクロ・ファイナンスと市場との関係を捉え直す機運が高まっている。例えば、世界銀行から *Transforming Microfinance Institutions* と題するレポート (Ledgerwood and White [2006]) が出版され、こうした議論の提起が試みられている。

　この問題についての理論、実証の精緻な研究も盛んになってきている。Hoff and Stiglitz [1998] は先駆的研究として、彼らの独占的競争モデルのもとで、補助金が貸出金利の上昇をもたらす可能性を指摘した。Hellman et al. [1996a] は、金融のネットワークを一種のインフラと捉え、その整備が進むような制度設計の必要性を論じている。最近の代表的研究としては、McIntosh and Wydick [2005] がある。彼らは、理論モデルによって顧客数

最大化を目指すマイクロ・ファイナンスの主体均衡として、収益性のある顧客から得る余剰を、収益性のない顧客に移転しているメカニズムがある状態を設定し、競争環境の強化はそうしたメカニズムを弱めて、貧困層へのアウトリーチを弱めかねないことを指摘している。また、McIntosh et al.［2005］はウガンダのデータを用いて、実態としては競争環境の強化はターゲット層の脱落をもたらすのではなく、顧客が複数の機関から借入を行いがちになることがマイクロ・ファイナンス機関の情報生産力や履行強制力を弱め、その結果として返済率が低下することを実証的に見いだしている。このあたりの問題は、今後の重要な論点であろう。

5 おわりに

　途上国農村の金融問題は、伝統的な開発のイシューであると同時に、近年、マイクロ・ファイナンスを中心に広がりを持ちはじめてきた領域でもある。研究対象としても最近の10年間で飛躍的に注目度を増している。インパクトの計測を中心とする実証研究は、経済学の最新の手法を駆使した一大テーマとなっている。また、金融問題としてマイクロ・ファイナンスが市場とどのように向き合うのかという問題も、さまざまな角度から提出されつつある。しかし、実証研究のほとんどがアドホックな誘導型モデルの推定に留まっていること、そして現段階ではマイクロ・ファイナンスのインパクトについてコンセンサスが形成されるにはほど遠い状況にあることなど、研究の課題はまだまだ多い。

　その一方で、援助実践としてのマイクロ・ファイナンスでは常に新しいイノベーションを経験し続けている。近年では、IT技術との融合による電子マネー、モバイルバンキング型の融資の試みが進んでいる。また、インターネットを介して国際間での個人間の融資を実現する試みもなされている。こうした取引では、取引コストを大幅に節約する一方で、履行強制の問題やコミュニティーレベルでの連帯感の欠如が返済意欲低下を引き起こす可能性もある。このようなマイクロ・ファイナンスの進化は、また新しい課題を生み出していくことになるのであろう。

重要な事実は、マイクロ・ファイナンスがさまざまな農村経済においてなぜ機能するのかという問題が、結局のところ、現在の研究の到達点においてはまだ解明の途上にあるということである。国内の研究を挙げれば、藤田［2005］は、バングラデシュの小口金融を農村調査の中で独自に追跡し、借り手である小規模農が、資金を地主層に転貸している事実を指摘し、マイクロ・ファイナンスは、「緑の革命」以降形成された在来金融の資金フロー構造に取り込まれたに過ぎない、という興味深い見解を示している。マイクロ・ファイナンスの成功（に見える現象）が、実は単にその活動の外側の環境に依存しているに過ぎない可能性があるという指摘は、これまで紹介してきたような欧米の主流の議論では見落とされがちな、重要な問題を捉えているようでもある。

　途上国の農村金融の問題のさまざまな議論を眺めていくと、近年解明が格段に進んできたようにみえて、しかし本質的な理解あるいは全体的理解というようなものには遙かにとどいていないような気分にとらわれる。援助効果などへの直截的なインプリケーションから少し距離を空け、農村の社会経済の構造との関係、あるいは市場とマイクロ・ファイナンスの距離の在り方など、多様な角度からの研究が、今後ますます必要なのであろう。

第IV部 開発途上国における対外ファイナンス

第 9 章

開発途上国の対外資金

1 はじめに：対外資金フローの種類

　開発途上国に対する海外からの資金フロー（対外資金フロー）は、公的資金と民間資金に大別できる。公的資金は、主に海外の公的主体が供給するものであり、二国間の政府開発援助（ODA）や、主として輸出信用等の ODA 以外の公的資金である OOF（Other Official Flows）、多国間ベースとなるマルチ機関（世銀等）による資金から構成される。この公的資金は、また返済義務の有無に着目して、公的長期債務と贈与とに分類することもできる。

　他方で、民間資金は、主に海外の民間主体が供給するものであり、(i)株式フロー（equity flow）である外国直接投資、ポートフォリオ投資、(ii)債務フロー（debt flow）である債券、商業銀行貸付から構成される。前者は、返済義務がなく、基本的には投資先企業の利益等に応じて配当が支払われるものであるのに対して、後者には返済義務があり、あらかじめ定められた償還スケジュールに基づき返済がなされるものである[1]。また、最近では、後述するとおり、労働者送金の存在感が強まっている。

---

1) 民間資金フローは、直接投資と間接投資とに区分することも可能である。直接投資（外国直接投資）は経営権の取得により事業運営を通じて、間接投資は、利子・配当・キャピタルゲインを通じて投下資本を回収するものである。

図 9-1 開発途上国への資金フロー

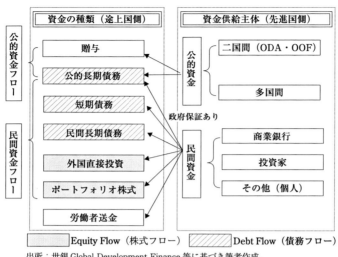

出所：世銀 Global Development Finance 等に基づき筆者作成。

　以上の説明を図解したものが図 9-1 である。なお、国際収支との関係では、「贈与」と「労働者送金」は経常移転収支項目（経常収支の一部）となるが、これら以外の「公的長期債務」「民間長期債務」「短期債務」「外国直接投資」「ポートフォリオ株式」については投資収支（Financial Account）項目に含まれる。

　本章では、最初に、こうした開発途上国への資本移動がなぜ生じるのかという理論的背景の整理を行う。その上で、これまでの資金フローのパターンに関する歴史的展開を概観する。

2　対外資金の理論的背景

2.1　資本移動の理論（マクドゥーガル＝ケンプ・モデル）

　国際間の民間資本移動を説明する最も重要な要因は、国際間の資本収益率の格差である。このことを説明する古典的モデルが、マクドゥーガル＝ケンプ・モデルである（MacDougall [1960], Kemp [1962]）[2]。このモデルで

図9-2 マクドゥーガル＝ケンプ・モデル

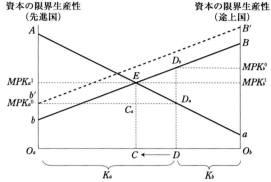

出所：澤田[2003]等を基に筆者作成。

は、投資収益が均等化するように資本豊富国から資本稀少国に資本が移動し、その結果効率的な資源配分が国際間で実現するとともに、世界全体で生産量が最大化されることを示すものである。

　このモデルのエッセンスを図示したのが図9-2である。世界にはA国（先進国）とB国（開発途上国）という2国が存在しており、A国とB国の投資の限界収益は、収穫逓減型のマクロ生産関数を前提として、それぞれAa線とBb線で示されている。国際間での資本移動が行われる前の初期時点において、A国の資本ストックがK_aでB国の資本ストックがK_bであると仮定すると、A国の投資の限界収益はD_a点に対応するMPK_a^0であり、B国の投資の限界収益はD_b点に対応するMPK_b^0で示される。資本ストックが相対的に低水準であるが故に開発途上国での限界資本生産性は非常に高く、資本ストックが豊富な先進国では限界資本生産性が相対的に低くなっている。A国の生産額はAD_aDO_aの面積で、またB国の生産額はBD_bDO_bの面積で、それぞれ表され、世界全体の生産額は$O_aAD_aD_bBO_b$の面積で表される。

2）マクドゥーガル＝ケンプ・モデルは、国際貿易論のヘクシャー・オリーンモデルの枠組みを使用している。

次にA国とB国の間で資本移動が可能となれば、A国の投資家はB国での高い投資収益を期待してB国への投資を行う。資本移動によって、先進国の資本ストックは減少し、逆に途上国の資本ストックは増加すると、両国間の資本の限界生産性の差は縮小する。資本移動は両国の投資収益が等しくなる（$MPK_a^1 = MPK_b^1$）まで行われ、Aa線とBb線の交点であるE点で均衡が成立する。A国の生産額は$AECO_a$の面積で、またB国の生産額は$BECO_b$の面積で、それぞれ表され、世界全体の生産額はO_aAEBO_bの面積で表される。資本移動によってA国では生産額が減少し、逆にB国では生産額が増加するが、世界全体では三角形ED_aD_bに相当する部分だけ生産額が拡大（世界全体の厚生が向上）する。資本ストックは、世界全体の生産額が最大化されるように両国に配分されている。

2.2 直接投資の理論

マクドゥーガル＝ケンプ・モデルは、投資収益率の格差（より正確には資本の限界生産力の格差）に着目して資本ストックの国際移動を説明するものであった。しかしながら、投資の形態を外国直接投資と間接投資とに分けてより詳しく見てみると、両者の間には質的に大きな違いがある。間接投資が単純に利子・配当やキャピタルゲインを求めているのとは異なり、外国直接投資は海外販売先の拡大（市場志向動機）やより安価な労働力の獲得（資源志向動機）などを目指して海外で企業を直接経営しようとするものであり、本質的に経営資源の移動を伴う。このため、外国直接投資の説明には、間接投資の説明とは異なる要因を考慮する必要があると考えられている。

こうした点に配慮した直接投資の理論化の試みとしては、Dunning [1988, 1993]による折衷理論（OLIモデル）[3]がある。このモデルは、企業が直接投資を行うには、3つの必要条件、すなわち所有の優位性（Ownership Advantage）、内部化の優位性（Internalization Advantage）、立地の優位性（Location Advantage）があるとする。第1の所有の優位性とは、自社の保有する資本・技術・ノウハウといった有形・無形の特殊資産が、現地企

---

3) Ownership（所有）- Location（立地）- Internalization（内部化）モデル。

業と比較して優位性を持っていることである。第2の内部化の優位性とは、現地企業に対して優位性を持つ特殊資産は、現地企業に使用権を売却するよりも自らが海外に進出して使用する方が有利となることである。第3の立地の優位性とは、自国から輸出するよりも海外に直接に進出する方が合理的となることである[4]。

間接投資と海外直接投資の違いは、特殊資産の移転から生まれる。何らかの優位性を持った特殊資産が移転される海外直接投資が途上国に与える影響は、単純な資金の移転だけに過ぎない間接投資とは異なっていると考えられる[5]。海外直接投資には、(i)資本ストック増加によって生産能力が向上する生産拡大効果、(ii)輸出販路拡大によって輸出が増加する輸出拡大効果、(iii)技術の伝播によって外部経済性が発生するスピルオーバー効果（Blalock and Gertler［2008］,Liu［2008］,Javorcik［2004］）、(iv)雇用創出効果、(v)進出企業からの税収増加などの財政面の効果、(vi)通貨危機等においても直接投資の場合は急激な流出が発生しないという資金フローの安定性（Albuquerque［2003］）、(vii)国内新規投資の拡大をもたらすコファイナンス効果といった多面的な影響が考えられる。これらの効果には間接投資でも発生するものもあるが、特にスピルオーバー効果については、直接投資に特有の大きなメリットであると考えられる。直接投資を通じて受入国に新たな技術・ノウハウ・知識が伝播することで、途上国の経済成長を高める効果が期待されるからである（Romer［1993］）。

以上の議論を踏まえて考えると、先進国から途上国への直接投資は、マクドゥーガル＝ケンプ・モデル（図9-2）において、途上国の資本限界生産性を Bb 線から $B'b'$ 線へ上方シフトさせる効果を持つと言える。これは、

---

4) 木村［2003］によれば、Dunning［1988, 1993］の折衷理論は経済学的な整合性に欠ける。また、内部化の優位性は産業組織論の垂直統合の理論と、立地の優位性は生産技術の相違に基づく比較優位により貿易パターンを説明するリカード・モデルや生産要素賦存比率の相違に基づく比較優位により貿易パターンを説明するヘクシャー・オリーン・モデルと関係する。最近では、空間経済学（Spatial Economics）における生産の集積（aggromeration）や、製造工程の分散化（flagmentation）の概念とも関連性を持っている。
5) 例えばMoran et al.［2005］は、スピルオーバー効果等の計測を試みている。

コラム9−1　労働者送金の理論

　最近では、労働者送金の存在感が強まっている。この労働者送金は開発途上国から先進国への出稼ぎ労働者が母国へ送金するという意味で、開発途上国への資金フローを構成するものである。また、労働者送金は出稼ぎ労働者という民間主体による資金供給と整理できるため、広義の民間資金フローと位置づけることも可能であろう。

　労働者送金がなぜ生じるのかという問題であるが、例えばマクドゥーガル＝ケンプ・モデル（図9−2）における「資本ストック」を「労働ストック」に置き換えればマクロ的には理解が容易である。すなわち労働収益率に格差が生じている場合、労働移動に制限がなければ、より労働収益率が高い先進国に向けて途上国から労働者が移動することになる。また、労働者に着目したミクロ理論の見地からすれば、(i)利他的動機（altruistic motive）、(ii)利己的動機（self-interest motive）、および(iii)暗黙の家族契約（implicit family contract）といった点が考察されている（Solimano [2005]）。利他的動機とは、労働送金者が母国の家族の厚生に配慮して送金するというものであるが、いずれは、母国の家族を呼び寄せたり、家族関係が疎遠になったりすることが予想される。これに対して、利己的動機とは、労働送金者自身が自己の資産形成を目的とするものである。すなわち、賃金が高い外国で資金を稼ぎ、相対的に資産運用のリターンが高い母国で資産蓄積を行うというものである。暗黙の家族契約理論とは、家族がその一員を出稼ぎ者として投資を行うという契約、あるいはリスクヘッジ契約を暗示的に結んでいるという考え方である。この場合、開発途上国の家計は、投資回収ないしリスクヘッジとして労働者送金を受け入れていることになる。このため、労働者送金は家計所得を補償する役割を持つため、マクロ的には、労働者送金は景気循環をならすような動き（counter cyclical）を示す（Chami et al. [2005]）。

単なる資本の移動である間接投資と違って、海外直接投資では特殊資産が途上国に移転することによって、途上国の資本収益性自体が高まるからである。間接投資と比較して、直接投資は途上国の生産をより拡大し、世界全体の厚生をより高める効果を持っていると言えよう[6]。

6）他方で、直接投資にはデメリットがともなう可能性もある。例えば、多国籍企業の移転価格操作（税金逃れや利潤移転を目的とした親子会社間の取引価格を操作するもの）のリスクや、多国籍企業の独占による弊害、そして現地企業育成が阻害されるリスク等が挙げられる。

2.3 公的資金の理論

　国際間の民間資本移動は、国際間の資本収益性の違いによって基本的には説明される。それでは、開発途上国に向けての公的資金はどのような経済的合理性によって説明できるのであろうか。その理論的な説明としては、市場を通じた民間資金供給だけでは、途上国向けの国際資金移動が過小供給となってしまうという問題、即ち市場の失敗が発生するからである。この市場の失敗の原因は、「情報の非対称性」と「外部性の存在」の2点に集約することができる。

　第1の「情報の非対称性」という問題は、例えば、投資機会あるいは途上国の債務返済能力に関する情報が貸付主体に十分に提供されない問題である（Gertler and Rogoff [1990]）。図9-2のマクドゥーガル＝ケンプ・モデルでは、完全情報が暗黙のうちに仮定されおり、このとき先進国から途上国に向けて CD だけの資金が移動し、先進国と途上国の投資収益は E 点で等しくなり均衡が成立する。均衡において、先進国の産出量は $AECO_a$ であり、途上国の産出量は $BECO_b$ である。しかし、先進国の投資家にとって途上国の情報が不完全であり、途上国における投資機会がわからないとすれば、途上国向けに移動する資金量は CD よりも小額にとどまる。完全情報の場合と比較すると世界全体で見て資本の配分は非効率になり、世界全体の生産量は低くなり厚生水準も低下する。

　途上国への過少な資金移動を根本的に是正するには、情報の非対称性を低くすることが必要である。このためには、開発途上国政府による情報開示制度の整備や、格付け会社など民間ベースで情報ギャップを埋めるようなシステムを構築することが本格的な対策となる。しかし短期的な方策として、途上国向けの公的資金移動は、民間の過少な資金移動を補填し、最適な資金移動を実現させる効果を持つ。同時に、公的資金の途上国への提供が、途上国向け投資を躊躇している民間投資家に対して、投資実施の決断を促すある種のシグナリングとして機能するとも考えられる。さらに、公的資金の提供は、さまざまな調査活動や援助活動を通じて途上国に関する投資情報の生産を促すことによって、開発途上国に関する投資環境も含めた情報提供媒体となる可能性も指摘しておきたい。

第2の「外部経済性の存在」はより重要な理由となる。例えば、開発途上国における、道路・港湾・空港・電力・工業用水といった基礎的インフラストラクチャー向け投資を考えてみよう。これらのインフラ整備は途上国の資本収益性を大幅に高め社会的には非常に高い便益を生み出す。図9-2のマクドゥーガル＝ケンプ・モデルでは、仮にこうしたインフラ整備が進めば、途上国での投資の収益が大幅に改善することになり、資本の限界生産力がBb線から$B'b'$線に上方シフトする。もしこのようなインフラ投資が行われれば、先進国から途上国へはCDを上回る資金移動が発生するはずである。しかしながら、インフラ投資は大きな外部経済性を持っていることが知られている（奥田・黒柳［1998］）。このため、インフラ投資によって大きな社会的便益が生み出されたとしても、投資に直接かかわる企業が回収できる私的便益の部分は大きくない。直感的に言うなら、社会的な利益は大きいが投資事業としては利益が小さいと言える。したがって外部性が強いインフラ整備を民間資金だけで行うことは困難であり、途上国向け資金移動はCDを超えることはない。資本の限界生産力を$B'b'$線に上方シフトさせ、途上国向け資金を拡大させるには、公的資金を利用してインフラ投資を実現することが有効となる。

　途上国における外部経済性の問題は、いわゆる悪循環もしくは貧困の罠の問題と関連している。例えば、Nurkse［1953］は、途上国では所得水準が低いために需要が小さく、需要が小さいために小規模生産しか成り立たないが、逆に小規模生産のため近代的技術が利用できず、この結果、労働生産性が低くなり所得水準が低くなる、という貧困の罠（poverty trap）を指摘した。このような悪循環はある種の外部性と類似した性質を持っており、多部門で一斉に近代技術の導入を目指す「ビッグプッシュ政策」が必要であるが、民間の個別の努力ではこの問題は解決できない（Murphy et al. ［1989］）。このような問題も、公的資金を利用することで解決する可能性がある。

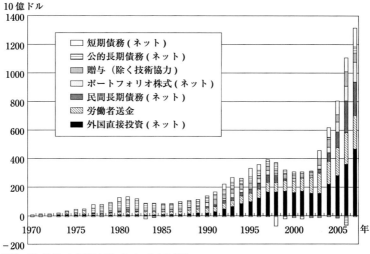

図9-3 対外資金の動向（1970-2007年）

出所：World Bank [2008a] データベースより作成。

3 開発途上国への資金フローの歴史的展開

　1970年～2007年における開発途上国への資金フロー（対外資金）の動向（図9-3）を見ると、まず資金移動量自体が格段と拡大している。その資金移動のパターンを見た場合に、第1に、債務性資金よりも非債務性資金の割合が拡大していること、第2に、公的資金よりも民間資金の割合が拡大していること、第3に、新たな資金源として労働者送金の割合が拡大していること、の3点を挙げられる。これらには、企業行動のグローバル化（直接投資、ポートフォリオ投資）、金融のグローバル化（債券市場の発達等）、そして労働のグローバル化といった点が影響していると考えられる。以下では、これら外国資金が歴史的にどのように展開してきたかを見よう。

3.1　1960年代まで：公的資金が中心

　1960年代までは、公的資金が主流であった。この理由として、第1に、開

発途上国では、開発戦略として輸入代替工業化戦略が採用され、公営企業を中心とした重化学工業化が推進されたことが挙げられる。理論的には戦略的補完性のあるまとまった投資を行うビッグプッシュ理論（第11章参照）が背景にあり、政府が金融取引に直接関与することになる。第2に、この時期、ほぼすべての開発途上国は、国際資本市場にアクセスできない状況にあり、先進国側の民間銀行も資本規制等により開発途上国にアクセスできない状況にあった。第3に、開発援助も、ケネディ演説を受けて1960年に国連開発の10年が開始され、東西対立の下で急速に拡大した時期である。ODAのGNP比0.7％目標の原型が作られたのは、この時である。ギャップ理論（第11章参照）が定式化されたのも1960年代であり、「投資－貯蓄ギャップ」と「外貨ギャップ」という2つのギャップを埋め合わせることが理論的背景となった。

3.2　1970年代～80年代：民間債務の拡大と縮小

　1970年代に入ってからの特徴は、民間主体から開発途上国政府への貸付けが拡大した（図9－4）という点である。背景として、第1に、1971年のニクソンショックを受けた変動相場制への移行、そして資金移動の自由化が進められたことが挙げられる。これにともない、間接金融型の民間資金（商業銀行貸付）が拡大することになる。第2に、1970年代の2回にわたるオイルショックの影響がある。国際石油価格の急騰を受け、産油国の経常収支の黒字が拡大し、ドルを中心とした余剰資金が、運用上有利で安全性の高いユーロ市場（自国通貨以外の通貨取引を行う市場）で資金運用されることになり、オイルマネーが国際的に供給されることになった。第3に、米国における金融自由化（実質的な金利自由化）や拡張的金融政策を受け、国内業務における利ざやが縮小したことから、開発途上国のソブリン向け投資が相対的に有利な投資機会となったことがある。より収益が期待でき旺盛な資金需要を有する開発途上国（特に、豊富な天然資源を持ち経済成長の潜在力を持つとみなされた中南米諸国）への商業貸付を急増させた。理論的には、第2節で見たように投資収益の格差に着目した資金移動であると言える。

　この時、先進国の民間銀行側は、国際的な協調融資方式（シンジケートローン方式）を採用したが、これは相手国への交渉力（レバレッジ）を高める

図9-4 1970年代・80年代の公的債務と民間債務

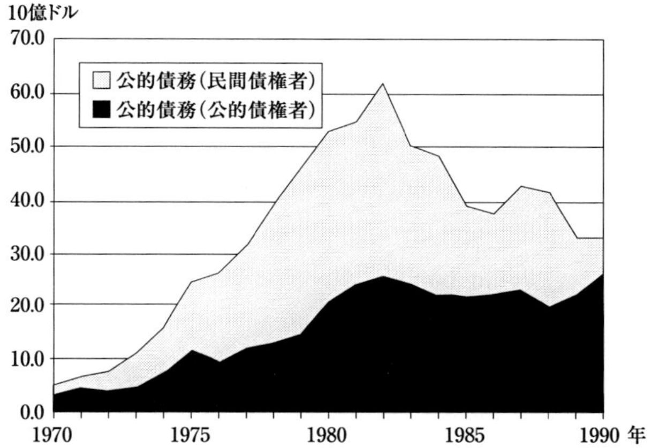

出所：World Bank [2008a] のデータベースを基に作成。

とともに、事務コストを節約できるという利点があった。同時にシンジケート形成によるリスク分散効果も期待でき、さらに変動金利であったため預金金利とのミスマッチが少なかったことも貸付を拡大する誘因となった。また、国家は破産しないとの安心感も、審査コストを引き下げ貸付に拍車をかけたと考えられる。同時に、市場原理に基づく借り入れは、世銀・IMFも抑制が困難であったこと、またユーロ市場が拡大している状況では、ロールオーバー（借り換え）が容易であったこと等も問題発生の要因となった。さらに、民間銀行の貸付は迅速であり、資金使途も含め細かな条件が課されなかったことも無視できない[7]。

ところが1980年代に入ると、中南米の累積債務問題が顕在化し、1982年8月には、メキシコ政府によるモラトリアム宣言が出された。中南米向け貸付の多くはドル建て・変動金利であったため、80年代にレーガノミクスの下で金融引き締め政策でドル金利が高騰し、アメリカへの資本流入によるドル高

---

7) この当時、アジア諸国は、商業銀行借入に対して慎重であり、譲許的な公的資金を選好していた。

が発生すると、返済に窮することになったことが原因であった。この時期、石油価格の下落とともにオイルマネーも縮小していたため、以前のように潤沢な資金供給が保証されるものでもなかった。

　1985年10月のベーカー提案は、国際機関との協調により、民間銀行が新規融資を債務国に供与することで債務問題を解決しようとするものであった。しかし、BIS自己資本規制等から財務状況改善の必要に迫られていた民間銀行が新規融資に消極的であったため、成果を挙げることができなかった。1987年9月のメニューアプローチ[8]により、ベーカー提案を補完しようとしたが、最終的には、1989年3月のブレイディ提案による新債務戦略が重要な役割を果たすことになった。これは、従来の債務繰り延べ（リスケジューリング）から債務削減に戦略を転換するものであり、債務国債券の流通市場での売却とリンクするものであった。具体的には、途上国向け貸出債権をブレイディ債と呼ばれる開発途上国政府の発行債券に転換するスキームが考案された。ブレイディ債は満期一括償還で、元本部分を米国財務省証券で担保する仕組みであったが、その後、さまざまなスキームを持つ債券が発行されることになった。1990年2月にメキシコ政府が発行したものが第1号で、その後、アルゼンチン、ブラジルといった中南米諸国が起債に成功した。このブレイディ債の仕組みが、証券化（securitization）の流れを形成し、開発途上国への資金還流が改めて増加する契機となった。

3.3　1990年代～2000年代：民間非債務資金の拡大
(1)非債務性資金へのシフト

　1990年代以降の資金パターンの主たる変化の1点目は、債券や銀行貸付といった債務性資金から、直接投資といった非債務性資金へのシフトが生じたことである。そもそも、1980年代までの直接投資は資源志向型の第1次産業向け投資と、特にアジア地域を中心とした輸出志向型の製造業向け投資が主流であった。後者は、ASEAN諸国を中心とした自由貿易区（Free-trade

---

8）民間銀行は状況に応じて、(i)貿易金融、プロジェクト貸付、(ii)国際収支支援融資、(iii)転貸、(iv)ニューマネー債、(v)債務の株式化、(vi)債券による元利の返済、(vii)債権の事業資金への転換、(viii)免責債（Exit Bond）、(ix)金利軽減のメニューから対応策を選択する。

Zone) や輸出振興政策の導入と、1985年のプラザ合意以後の円高を背景としした日本企業の海外進出が強く影響している。これに対して、1990年代の直接投資の特徴の一つは、サービス分野の割合が高まっていることである。サービス分野には、電力・ガス・水・運輸・通信といったインフラ・サービスや、金融サービスなどが含まれるが、これらのサービスの大部分は非貿易財であるという特徴がある。1990年から2002年における直接投資フロー全体の15％がインフラ部門と金融部門向けであり、2150億ドル以上となった。そのうちの70％がラテンアメリカ地域における民営化とM&Aにかかわるものであった（World Bank［2004］）。背景には、1990年代前半から多くの開発途上国ではインフラ・サービスの民活・民営化を進めたこと、そして資本勘定の自由化と金融市場改革が進んだことが挙げられる。

(2)伝染性のある通貨危機の発生

　変化の２点目は、直接金融型の民間資金が拡大したことと、それにともなう金融危機の国際的な伝染の深刻化である。直接金融型の民間資金が拡大した背景としては、世界的な潮流としてこの時期に資本市場の発展に伴う直接金融が台頭したこととが考えられる。同時に、開発途上国向け貸出債権をブレディ債に転換するという市場ベースでの債務削減が成功したことも影響していると考えられる（第10章参照）。他方で、国際間での市場性資金の移動が膨張したことは、新興市場国における通貨危機が生じた際には、当事国にとどまらずに短期間で市場を通じて他国へ伝染（contagion）するというリスクを生むこととなった。

　1994年に発生したメキシコ通貨危機は、北米自由貿易協定（NAFTA）の発効にともなう成長期待を受けた資本流入がある中、メキシコ大統領候補暗殺という政治不安や、米国経済の拡張の下での金利上昇等から為替バンド制度の維持可能性に疑問を持たれたことに起因する。これを契機としてアルゼンチンやブラジルといった南米諸国でも通貨危機が発生するという伝染が見られ、テキーラ効果と呼ばれた。1997年に生じたアジア通貨危機でも、７月にタイが投機アタックを受けて対ドル相場を事実上固定していたバスケット・ペッグ制から管理フロート制へ移行すると、フィリピン・ペソ、マレー

シア・リンギット、インドネシア・ルピア、韓国・ウォンの減価が発生し、ASEAN諸国から韓国まで影響が伝染した[9]。1998年8月に拡大する財政赤字の中で短期国債の償還が不安視されたことを背景としてロシア通貨危機[10]が発生すると、その影響は1999年のブラジル通貨危機に波及した。

(3)労働者送金の拡大

　変化の3点目は、労働者送金が増加したことである。1980年代には200億ドル程度であったが、2007年には2400億ドルを超える水準にまで拡大している（図9-3）。労働者送金は開発途上国の家計所得を補償する役割を持つと考えられるが、これらが実際に開発資金として機能するためには、送金手数料が値頃（アフォーダブル）で信頼のできるフォーマルな送金メカニズムが一層整備される必要がある。他方で、送金者は出稼ぎ先の国では往々にしてインフォーマルな存在となっている場合があり、そのためマネーロンダリング（不正取引などで得た資金の洗浄）との関係にも留意する必要があろう。

(4)途上国の経常収支の黒字化

　変化の4点目として、2000年以降、開発途上国全体の経常収支が黒字となったことが注目される。開発途上国の経常収支は、1976-99年にかけて対GDP比率にて平均1.4%の赤字であったが、2000年以降は黒字に転じている。国際収支上の恒等式からすれば、経常収支が黒字であるということは、開発途上国が資本輸出を行っているという勘定になる。この経常収支の黒字化は、米国の経常収支赤字をそれ以外の国が支える状態と裏腹の関係にあり、いわゆるグローバル・インバランスと呼ばれた。この問題は、第12章で改めて取り上げる。また、資金フローの新たなチャネルとして、政府系ファ

---

9) アジア各国に共通する問題点として、金融機関がドル建て短期資金を借り入れ、自国通貨建て長期資金を貸し付けたため、通貨と期間のミスマッチが発生していたことが指摘されている。

10) 欧州各国の金利差を拡大させる契機ともなり、1999年のユーロ導入にむけて金利が収斂することを予想して投機を行っていた米国大手ヘッジファンド、ロングターム・キャピタル・マネジメントが破綻した。

コラム9－2　政府系ファンド（SWF）

　政府系ファンド[11]は、その資金源に着目して、(i)コモディティ型（主に原油などのコモディティ輸出により得た資金を活用したものであり、サウジアラビア・アラブ首長国連邦等の産油国で設立されているもの）、(ii)非コモディティ型（主に経常収支黒字・外貨準備高増加を背景として、中国等の新興アジア国で設立されているもの）に分類される。

　政府系ファンド（SWF）の目的としては、(i)資源価格の安定化、(ii)貯蓄資金（将来世代向け）、(iii)外貨準備の投資、(iv)開発資金の確保、(v)年金基金の確保といった点が掲げられることが多い。そうしたSWFの意義・メリットは、第1に、外貨準備運用と比して多様な投資戦略をとりえることにある。SWFは外貨準備と比べてリスク許容度が高いとされ、より長期の運用が可能とされる。第2に、金融資本市場の安定化に寄与する可能性を挙げられる。SWFが安定した資金供給を行えることが重要であり、サブプライム住宅ローン問題でも、金融機関の資本増強を支援するなど、金融危機におけるショックアブソーバーとして機能する可能性がある。逆に、デメリットとしては、SWFの投資活動に政治的な意図が含まれる可能性があることなど、受入国において警戒感も一部にみられ、国際機関や欧米等ではSWFに関するベストプラクティスや投資原則の策定が進められている。これに関して、ファンドのガバナンス・投資・リスク管理に関する原則と業務慣行について、SWF間で最近合意された（サンチャゴ原則）。この合意を受け、この種のファンドに対する懸念が緩和され、SWFを通じた資本流入に非生産的な制限を課す動きが生じる恐れを低減する効果が期待できるだろう。さらに、OECDの下、資本の受け手国に対するガイドライン策定が進められており、これは、SWFに対し、公正で透明性が高く、自由な市場へのアクセスを確保するのに寄与するとみられる（IMF [2008]）。

コラム9－3　イスラム金融

　イスラム金融[12]とは、イスラム教の教義（シャリア）に基づく金融であり、金利（riba：リバー）、投機（maisir：マイシール）、不確実性（gharar：ガラル）、罪のある行為（haram：ハラム（アルコール、豚肉等が該当））を主な禁止事項とするものである。すなわち、資金そのものを資金として増やすことが禁止されている。シャリアに基づくか否かは、シャリア学者（イスラム法学

---

11) IMF [2008] およびPark [2008] 等に基づき概要をまとめた。
12) 吉田 [2008] およびJobst [2007] 等に基づき概要をまとめた。

者）による審査を受けることになっている。シャリア自体は、(i)コーラン（クルアーン）、(ii)スンナ（モハメッドから出た言葉・行為・承認等）、(iii)イジュマーア（イスラム法学者間におけるコンセンサス）、(iv)キヤース（法源に名文のない事象を明文のある事象から類推解釈したもの）から構成されており、その解釈は極めて難解であるとされる。

　市場規模は、1兆ドル程度とされ、地域的には、(i)中東イスラム圏（サウジアラビア、ドバイ（UAE）、バーレーン等）、(ii)東南アジア・イスラム圏（マレーシア、インドネシア、ブルネイ）、(iii)その他イスラム圏（パキスタン、北アフリカ等）、(iv)非イスラム圏（ロンドン・シンガポール・香港）でイスラム金融が拡大している。

　イスラム金融は、歴史上、3つの危機と強く関係している。まず、1970年代のオイルショックは、産油国が大量の外貨を獲得する契機となり最初の近代的イスラム金融機関（1975年、ドバイ・イスラム銀行）が設立された。次に、1990年代後半のアジア通貨危機は、マレーシアがイスラム金融を推進する契機となり、現在ではイスラム債（スクーク）の60％以上が発行されるイスラム金融センターの一つとなっている。また、2001年の米国9・11テロ事件以降、中東資金が米国から他地域にシフトする動きが強まり、イスラム金融の役割が注目されることになった。さらに、原油高等により原油輸出国である中東各国（大半がイスラム国）の運用資金が増え、イスラム金融の成長につながる可能性が高い。

　イスラム金融の基本スキームは、(i)損益分担型概念として、ムダラバ（mudarabah：他者に運用を委託するスキーム）、ムシャラカ（musharakah：共同出資のスキーム）が挙げられる。また、(ii)商品取引型概念（販売型・リース型）として、ムラバハ（murabaha：ある主体が商品等を売却者から購入する際、金融機関がその間に介在し、購入者に代わって購入を代行して転売すると同時に、支払いを立て替えるなどして金融機能を果たす仕組み）、タワルク（tawaruq：商品市場における商品取引を通じて、金利相当部分を創出する仕組み）、イスティスナ（istisna：製品や建設案件に関する詳細条件を踏まえつつ、銀行の顧客である発注者に代わって、銀行が製造・建設業者に資金を先払いする金融取引）、イジャラ（ijarah：一般の金融でいうリースとほぼ同じ取引）が挙げられる。

　イスラム型預金の代表例は、ムダラバ預金であり、預金者が出資者、銀行が事業家となる。イスラム型貸付の代表例は、ムラバハ貸出であり、購買対象が特定された取引となる。イスラム債はスクーク（sukuk）と呼ばれ、クーポンはリバーとみなされシャリアに反してしまうため、SPCを設立して利払いの原資を事業収益とみなすような工夫が講じられ、イジャラ型・ムシャラカ型・ムダラバ型等のスキームが利用される。

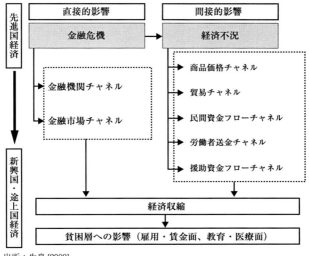

図9-5　金融・経済危機の波及メカニズム

出所：生島 [2009]

ンド（SWF：Sovereign Wealth Fund、コラム9-2参照）が、また同様にイスラム金融（コラム9-3参照）も注目を集めている。

3.4　世界金融・経済危機の影響

　サブプライム問題を契機として先進国経済で発生した金融危機は、2008年9月のいわゆるリーマンショック以降、世界同時不況にまで発展したが、開発途上国に与える影響は、金融危機による第一波としての直接的影響と、経済危機による第二波としての間接的影響に分けられる（図9-5）。

　直接的な影響は、当該国の金融システムがどの程度グローバル化しているのか、より具体的には当該国の金融機関がサブプライム関連証券化商品をどの程度保有しているか等により異なる。例えばアジアの金融機関は、サブプライム関連商品の保有比率は0.09％であったとされ、銀行部門はアジア危機以降に不良債権処理や自己資本比率の上昇に取り組んだ健全化努力が功を奏し、直接的な影響は小さかった（ADB [2009]）。

　他方、開発途上国による国際金融市場からの資金調達については、投資家

が質への逃避に動いたことから、資金調達コスト（ソブリン・スプレッド）が拡大した。いくつかの低所得国[13]では債券発行を延期せざるを得ず、借り換えリスク（roll-over and liquidity risk）が高まった。途上国の国内金融市場に関しては、株式市場で外国投資家がリスクが最も大きな証券である株式を一斉に売却したため、株価が下落した（IMF［2009］）。

間接的な影響は、(i)商品価格チャネル（先進国経済の収縮を通じた商品価格の低迷、これに伴う政府歳入の減少）、(ii)貿易チャネル（開発途上国の輸出先市場である先進国経済の不況による外需の低迷）、(iii)民間資金フローチャネル（投資企業の母国経済の影響による直接投資の低迷等）、(iv)労働者送金チャネル（先進国から開発途上国への労働者送金の低迷）、(v)援助資金フローチャネル（援助供与国自体の経済状況を受けて援助資金が低迷）といった5つのチャネルによりもたらされると考えられている（IMF［2009］）。

4 おわりに

開発途上国の対外資金の歴史的発展を踏まえると、発展の初期段階における対外資金の主力は公的資金であった。情報の非対称性が大きい中で、貧困の罠から逃れるだけの戦略補完的な外部性の強い投資を行う必要があるからである。次に、情報の非対称性が緩和され、投資機会の所在が明らかになるにつれて、また投資環境が整うにつれて直接投資を中心とした民間資金の割合が増加していくことになる。グローバリゼーションとの関係からすれば、企業活動のグローバル化が直接投資を中心として、金融のグローバル化が間接投資を中心として、そして労働のグローバル化が労働者送金に影響を与えている。発展段階とグローバリゼーションという外部環境の変化とを組み合わせて、開発途上国の対外資金のパターンを捉える必要があろう。

---

13) アルバニア、ケニア、タンザニア、ウガンダ、ザンビア。

第 10 章

対外債務問題

1 はじめに

　開発途上国が債務を負うこと自体は、経済的合理性から見て悪いとはいえない。後で見るように、開発途上国政府を含め、各経済主体が借入を行う（債務を負う）ことで、消費の平準化（consumption smoothing、第3章参照）や生産的な投資活動を行い、異時点間の最適資源配分を通じて当該国の経済厚生を高めることになる。

　他方で、1980年代の中南米諸国の累積債務問題、1990年代の重債務貧困国（HIPCs：Heavily Indebted Poorest Countries）の債務問題、2001年のアルゼンチンのデフォルト宣言等、対外債務が問題化して数多くの経済的な混乱が生じていることも事実である。例えば、開発途上国の債務問題を扱う先進諸国による債権国会合であるパリクラブ[1]では、1956年の発足以来、2008年末までに合計で406回の債務救済に係る合意をしている。図10－1は、パリクラブでの合意を受けて債務救済を受けた債務国の地域別内訳を示している。1960～70年代にはほとんど見られなかったパリクラブ合意が1980年代以降に急増している。1980年代半ばから、中南米諸国での累積債務問題を受けてこれらの地域の割合が高まっているが、現在までに一貫して多いのがサブサハラ・アフリカ諸国である。1990年代の重債務貧困国の問題とは、サブサ

図10-1　パリクラブ合意の地域別変遷（1956-2008年）

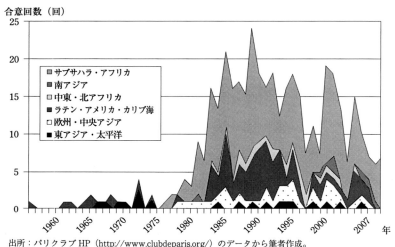

出所：パリクラブHP（http://www.clubdeparis.org/）のデータから筆者作成。

ハラ・アフリカの債務問題であるとする所以である。また、1990年代に入ってからは、新興市場国を中心として通貨危機をトリガーとした新たなタイプの債務問題も見られる。その背景として、グローバル化の下で資本市場統合が進み、銀行によるシンジケートローンなどの間接金融から債券発行などに

1）パリクラブとは、対外債務の返済が困難となった債務国に対し、先進諸国から開発途上国への公的債務の再編方法を協議する非公式な債権国会合である。1956年にアルゼンチンの対外債務問題をパリで協議したことを契機として結成された。具体的な債務再編手法としては、(i)スケジューリング、(ii)債務削減などが組み合わされることになる。1980年代後半からは、G7サミットにおいて、しばしば開発途上国の債務問題が取り上げられ、パリクラブで債務救済スキームが成立するパターンが定着している。パリクラブで使用されているリスケジューリング条件は、通常条件（クラシック・ターム）以外に、低中所得国を対象としたヒューストン・ターム、最貧国を対象としたナポリ・ターム（1994年のナポリサミットでの合意を受けたもので、債務削減率が67％）、重債務貧困国（HIPCs）を対象としたケルン・ターム（1999年のケルンサミットでHIPCsイニシアティブの拡充を合意したことを受けたもので、債務削減率が90％）がある。なお、ケルン・タームの債務削減率は原則として90％であるが、わが国を含むG7はODA債権および非ODA債権ともに自発的に100％削減することを表明した。

よる直接金融に比重が移ってきたため、従来よりも多くの投資家が新興市場国との取引に関与するようになったことが指摘できる。

間接金融に比重があろうが、直接金融に比重があろうが、債務をいかに生産的に活用し、関与する債権者と債務者のインセンティブを適切に確保し、債務を持続的なものとするのかという問立ては共通するものである。本章では、第2節にて、債務持続性[2]をめぐる伝統的な理論を整理しながら、グローバル化が進む中での新たな債務問題への対応方法を考察する。続いて第3節にて低所得国向け対応方法を考察し、第4節にて中所得国向け対応方法を考察する。

2 対外債務の役割・持続性

2.1 対外債務の役割

開発途上国が対外債務を負うことの経済的合理性について、Obstfeld and Rogoff [1996] を参考にして、アービン・フィッシャー（Irving Fisher）の異時点間モデルを用いて検討しよう[3]。モデルでは、(i)当該国は小国で世界利子率（r）は所与であり、(ii)現在 $t=1$ と将来 $t=2$ からなる2期間を想定し、(iii)消費・生産される財は1種類（貿易財 Y）であると仮定されている。また、世界金利（r）の下で国際間の資本取引は自由であり、情報は完全であると仮定されている。

代表的消費者は、現在の消費 C_1 と将来の消費 C_2 を通じて効用を得るものとし、その効用関数 U は凹性を満たす (10.1) 式で表される。ここで ρ は時間選好率で、これが低ければ、それだけ将来の消費よりも現在の消費に

---

2) 債務持続性とは、IMF [2002a] が「借入人が将来において非現実的なほど大規模な所得・支出バランスの修正を行うことなく債務返済を継続できると見込まれる状況」と定義するように中長期的な視野に基づく支払能力にかかわる問題と整理できる。ここでは、債務持続性とは、広く流動性・支払能力・支払意思が確保されている状態として扱う。

3) 途上国の国際収支を扱った他のモデルとして、Ghosh and Ostry [1995] が、資本移動により消費の平準化を可能にし厚生が向上することを示している。

対する評価が低いことを意味する。このことは、時間選好率が低ければ、それだけ時間的視野が長く、忍耐をもって長期の消費計画を立てているとも言える。

$$U = u(C_1) + \frac{1}{1+\rho} \cdot u(C_2) \qquad 0 < \rho < 1, \quad u'(\cdot) > 0, \quad u''(\cdot) < 0 \tag{10.1}$$

　代表的消費者は、財の生産者でもある。財 Y は、資本ストック K を投入財として生産され、その生産関数は（10.2）式で表される。なお、資本の限界生産力は逓減するものとし、将来の資本ストック K_2 は現在の資本ストック K_1 よりも今期の投資 I_1 の分だけ増加する（$K_2 = K_1 + I_1$）と仮定し、減価償却はないものとする。

$$Y_t = F(K_t) \qquad F'(K_t) > 0, \quad F''(K_t) < 0 \tag{10.2}$$

　生産可能な現在と将来の財 Y の組み合わせを示す生産可能性フロンティアは、（10.3）式で表される。資本限界生産力は逓減するので、この生産可能性フロンティアは凹性を満たす。

$$C_2 = F[K_1 + F(K_1) - C_1] + K_1 + F(K_1) - C_1 \tag{10.3}$$

　代表的消費者が直面する異時点間予算制約には、（10.4）式の通りとなる。

$$C_1 + \frac{C_2}{(1+r)} = (Y_1 - I_1) + \frac{(Y_2 - I_2)}{(1+r)} \tag{10.4}$$

この予算制約下での代表的消費者が効用を最大化するためには、1階の必要条件として異時点間オイラー方程式である（10.5）式が得られる。この式は、現在消費と将来消費の相対価格が現在消費と将来消費の限界代替率と等しく、同時に投資収益率にも等しくなっていることを示すものである。

$$\frac{u'(C_2)}{u'(C_1)} = \frac{(1+\rho)}{(1+r)} = \frac{F'(K_1)}{F'(K_2)} \tag{10.5}$$

　以上を図解すれば図10－2の通りである。効用関数は U 曲線で示され、A'

図10-2 フィッシャー・ダイヤグラム

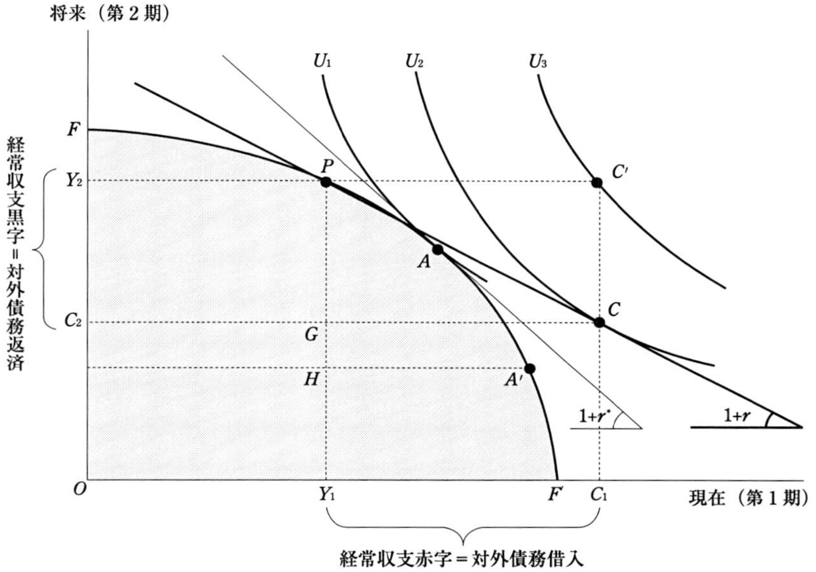

出所：Obstfeld and Rogoff [1996] に基づき筆者作成。

点が財の初期賦存量だとすれば、異時点間予算制約式と生産可能性フロンティアは、それぞれ PC 線と FF' 曲線で表される。

まず国際的な資本移動が行われる前の状態を考えると、均衡点は効用関数 U_1 と生産可能性フロンティア FF' が互いに接する A 点で成立する。図から明らかなように、対外的な取引が行われない経済では、生産点と消費点が一致している。また、国内金利 r^* は A 点を通る接線の傾きで示される。次に、世界金利 r の下で自由に国際貸借が可能な状態を考えてみよう。資本の乏しい途上国では一般に金利が高いので、世界金利は国内金利よりも低いと仮定する。国際貸借が可能になると、もはや生産点と消費点は一致する必要はなくなり、生産点は生産可能性フロンティア FF' の限界変形率と世界金利が等しくなる P 点に移り、消費点は無差別曲線の傾きと世界金利が等しくなる C 点に移る。国際貸借によって、効用水準は U_1 から U_2 に向上する

ことがわかる。

　この例では、第1期には消費水準 OC_1 が生産量 OY_1 を上回り、この差額分 Y_1C_1 に当たる経常収支赤字は、国際借入により充当される。第2期には、消費水準 OC_2 を生産量 OY_2 が上回り、その差額分 Y_2C_2 が経常収支黒字になる。これは、開発途上国の経常収支が、開発の初期段階では赤字であるが、発展段階が進むと黒字化するという国際収支サイクル理論（balance of payments cycle theory）に、理論上の一つの基礎を与えるものでもある。

2.2　債務問題が生じる理由

　債務不履行が発生する理由として、(ⅰ)流動性（liquidity）の欠如、(ⅱ)支払能力（solvency）の欠如、(ⅲ)支払意思（willingness to pay）の欠如が挙げられる。

(1)流動性の欠如

　流動性が欠如する状態とは、「流動資産が不足することにより対外債務支払が影響をうける状態」（IMF［2003］）のことを指す。支払能力や支払意思があっても流動性が一時的に欠如する場合に債務問題が生じることになるが、これを図10-2で説明すると、PG に相当する産出量が売却できないため、債務の支払原資が一時的に用意できない状態に当たる。例えば、経済ファンダメンタルズが良好であるにもかかわらず、投資家が通貨危機を予想して、当該国の通貨を売り浴びせると外貨準備が枯渇してしまい、実際に通貨危機が発生するような状況である[4]。1992-93年に生じた欧州通貨危機では、

4）これは、通貨危機を説明するモデルのうち、第2世代の「自己実現的期待モデル」である。通貨危機を説明するモデルとしてはこのほかに、拡張的財政政策と固定相場制の不整合を原因としたファンダメンタルズに着目する第1世代モデル、国内金融部門が脆弱なままに資本自由化が行われるために通貨危機と金融危機が併発する点に着目した第3世代モデルが挙げられる。これらの説明については例えば澤田［2003］を参照。また、第3世代モデルについては、バランスシート・アプローチとして検討が進められている。例えば Allen et al.［2002］を参照。

財政赤字といったファンダメンタルズに変化が生じていなかったにもかかわらず通貨危機が発生している。また、1997年に発生したアジア通貨危機でも、財政収支やインフレ率といったファンダメンタルズは悪化していないのに通貨危機が発生している。

これらは、裏を返せば、当面の流動性を確保するための新規融資や、債務繰延などの方策を講じれば、問題を乗り切れる可能性があることを意味する。Hong and Tornell［2005］は、これらの通貨危機からの回復プロセスを分析し、GDP 成長率が元の水準に回復するまでの期間は3年以内であり、通貨危機は基本的には支払能力ではなく流動性の問題であると指摘している。

(2)支払能力の欠如

次に、支払能力とは「当該国が継続して対外債務支払を行える能力」（IMF［2003］）と定義できる。これを図10-2で説明すると、$A'H$ に相当する現在の投資が非生産的で、将来において PH に相当する産出量が達成できない状態にあたる。投資が生産的でない理由としては、生産要素の効率的な利用ができていない X 非効率性の問題が発生しているか、借入資金が財政赤字の補填など他の目的に利用されて投資がされない場合などがある（Easterly［1999］）。こうして債務問題が生じている場合には、支払能力を高めるための基本的な構造改革が必要となる。

債務の時間的推移に着目した動学的分析として、将来支出と将来収入の動きに着目して、将来的に債務残高がどこまでも増加して返済不能となるのか、ある水準に収束して返済可能するのかという点を明らかにしようという分析もある。例えば、借入国の経済成長率や輸出成長率と対外借入金利の比較を行うことによって、支払能力が確保される条件を検討することができる。

(3)支払意思の欠如

支払意思の問題が生じる場合とは、流動性や支払能力を有しているにもかかわらず、返済拒否によって得られる利得が大きいために、借入国が意図的

図10-3 債務救済ラッファー曲線

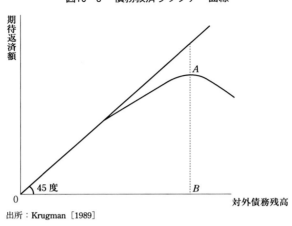

出所：Krugman [1989]

に債務の返済を行わないという状況を指す。債務不履行による評判（名声）の喪失などさまざまな不利益を発生させるが、債務不履行による利益が不利益を上回れば債務不履行を選択することが起こりうる[5]。これを図10-2で説明すると、流動性・支払能力がともに確保されているにもかかわらず、返済原資に利用すべきPGを意図的に消費（CC'部分）にあててしまう状態である。債務不履行による利益は厚生水準のU_2からU_3への上方シフトで示されるが、これが債務不履行による不利益を上回るなら、債務返済を拒否することが経済合理的な選択になる。したがって、こうした事態を避けるためには、直接・間接の制裁によって債務不履行による不利益を高めることが必要である。

ただし、ある種の状況の下では、債務国に債務履行をあくまで要求すると、債務国の返済意思を低下させ、結果として債務国だけでなく債権国にとっても経済的に不利益になってしまう場合がある。これをデッド・オーバーハング（過剰債務）問題と呼ぶ。過剰債務によって、債務返済に対しディス

---

[5] この問題を扱ったものとしては、動的計画法を使ったEaton and Gersovitz [1981]、ゲーム理論の逐次均衡を利用したBulow and Rogoff [1989] がある。

インセンティブが働き、債務持続可能性が損なわれる状況が、図10-3に示した債務救済ラッファー曲線（Krugman［1989］）である。

対外債務残高が増加していくと、債務国の債務返済意欲が低下し、返済確率が低下していく。このためある水準（B点）に債務残高が達すると、債務残高が増加するほど期待返済額が逆に減少してしまう。このような過剰債務が発生した場合は、むしろ債務を部分的（B点より左側まで）に削減してやることで、実際の返済額が増加する。このような意味において、債務削減は、債務国だけでなく債権国にとっても経済的に利益になると言える。

2.3 債務持続性に関する実証分析

債務持続性が損なわれる要因とは何かという点に関する最近の実証分析の成果を見てみよう[6]。Reinhart et al.［2003］は、債務不耐性（debt intolerance）の領域に入るとデフォルト確率が高まり債務持続性が急速に損なわれる可能性を示し、債務持続可能性は、当該国の履歴（デフォルト履歴、インフレ履歴）に大きく依存する点を明らかにしている。また、この債務不耐性領域は初期の債務レベルや金利といった条件により変わるもので、国によって異なるとされる。Eichengreen et al.［2005］は、自国通貨での借り入れができずに外貨建て債務を累積させることが問題の根源、すなわち「原罪（original sin）」であり、為替レート変動によってデフォルト確率が高くなる点を指摘している。ここでは、対外債務の通貨構成（currency composition）が債務持続性を考慮する上で重要な要因であり[7]、当該国の債務管理能力の重要性を指摘するものとも言える。

Manasse et al.［2003］は、債務危機を予測する早期警戒モデル（Early

---

6) 最近、これら実証分析が増えているが、これは、後述するようにHIPCイニシアティブ適用後のHIPCs諸国が再び債務問題を引き起こさないようにするとの観点、国連にて採択されたミレニアム開発目標（MDGs）達成のためのファイナンス確保（第11章）といった観点が背景にある。

7) わが国が主導するアジア債券市場育成イニシアティブは、アジア通貨危機の再発防止の観点から通貨および期間のミスマッチを解消するために、アジア域内の債券市場を育成することを目的とするものである。自国通貨建ての債券発行が促進されれば、ここでいう「原罪」の解消が期待される。

Warning Model)の構築を目指すという観点から、債務危機のトリガーとなったマクロ経済変数の抽出に取り組んだ[8]。それによれば、GDPと債務残高の比率、外貨準備と短期債務残高の比率、低いGDP成長率、経常収支の不均衡、低い貿易開放度、G7諸国の金融引き締め政策、インフレ率のボラティリティー、公的債務と歳入の比率といったマクロ経済変数が、過去の債務危機の発生を説明する有力な変数である。ただし、他方で各国の特異性（heterogeneity）を考慮することの必要性も指摘している。

Kraay and Nehru［2006］は、債務問題の発生という苦痛（Debt Distress）を、延滞、パリクラブでの債務救済措置、IMFプログラム合意といった事象と定義した上で、これらの事象の発生原因を回帰分析している。実証分析の結果として、(i)債務–輸出比率やデッド–サービス・レシオ（DSR）といった債務負担の水準、(ii)ガバナンスといった政策・制度環境、(iii)商品価格変動や自然災害等の外生ショックが債務持続性を維持する上で重要な要因であるとしている。

3 低所得国の債務問題

3.1 低所得国の特徴

低所得国（LICs）とは、1人当たり所得（GNI）が相対的に低い国（2006年であれば1人当たり所得が905ドル以下の国を目安）であり、世銀グループで譲許的融資や贈与を行う国際開発協会（IDA）からの支援を受けている国を指す。一口に低所得国と言っても、紛争問題を抱えている国や、キルギス、モンゴルなど移行経済にある国、そしてインド、ベトナムなど新興市場国に近づいている国と多様である。新興市場国に近づいている国を除けば、概して、低所得国は、FDIなど民間資金導入が進んでおらず、無償・有償

---

[8] ただし、債務危機の定義は、IMFへの出資割当額（クオータ）の100%を超えるクレジット・トランシェを利用するケースも含めた広義のものとなっている。なお、IMF加盟国がIMF一般資金勘定から資金を引き出そうとする場合、(i)リザーブ・トランシェからの引き出し（クオータの25%まで無条件で引き出し可能）、(ii)クレジット・トランシェからの引き出し（信用供与として引き出しに条件が付される）の2通りがある。

図10-4　低所得国の対外債務残高構成

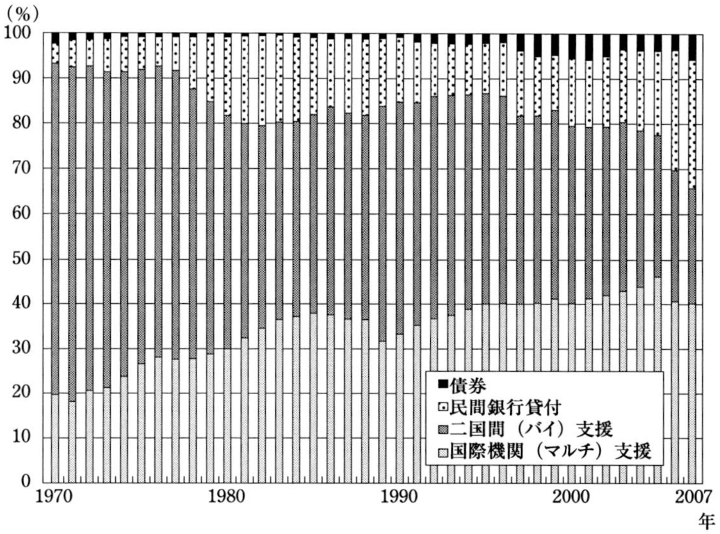

出所：World Bank [2008a] のデータベースを基に作成

の公的支援が投資ニーズを満たす形が多い。図10-4は低所得国の対外債務残高の構成比率を示しているが、その70％程度が国際機関や二国間機関による公的支援が大半を占めている。

　公的支援が多いことは、民間資金依存型への転換を遂げる過渡期において、安定的な開発資金を得るという意味がある。そして、このことは、新興市場国での債務危機と比較して、低所得国での債務危機は緩やかに形成される理由の一つとなっている。他方で、低所得国はいくつかの落とし穴に直面している。第一に、政策制度も発展途上にあるため資金利用が効率的・効果的とはならないリスクがあるという点である。そもそも公的支援が大半を占めるということは、低所得国側でも公的セクターが経済活動の主要な担い手となっていることを意味し、民間部門も未熟であることの裏返しとも言える。第二に、仮に、うまく資金利用ができる政策制度が具備されていたとしても、天候不順・商品価格変動・災害・紛争（コンフリクト）等といった外

生ショックへの脆弱性という問題も抱えている。低所得国の債務持続性を検討するにあたり、こうした特徴を踏まえる必要がある。

3.2 HIPC イニシアティブの債務持続性分析

　低所得国の中でも債務問題が特に深刻化した国が重債務貧困国（HIPCs：Heavily Indebted Poor Countries）であり、世銀・IMF によって40カ国（2009年時点において、ボリビア・ホンジュラスなど中南米3カ国、アフリカ34カ国、ネパール・アフガニスタン・キルギスのアジア3カ国）が対象国とされている。これら HIPCs の債務水準を持続可能な水準にまで引き下げることを目的としたものが、HIPC イニシアティブである。この HIPC イニシアティブが最初に導入されたのは1996年であったが、1999年のケルンサミットで拡充することが合意（拡充 HIPC イニシアティブ）され、今に至っている。この拡充 HIPC イニシアティブは、(i)第1段階として、債務国はIMF と合意した経済構造改革に関するプログラムを良好なトラックレコードをもって実行（原則として3年間）することが求められ、その後、(ii)決定時点（DP：Decision Point）での債務が既存の債務救済措置において債務持続性が確保されない場合にはイニシアティブの適用が決定（債務持続性が確保される場合には不適用）される。そして、(iii)第2段階として、第1段階の時と同様に、債務国は世銀・IMF と合意した改革プログラムを良好に実行することが求められ、(iv)完了時点（CP：Completion Point）を迎え最終的な債務削減が実行されるというスキームである[9]。

　実務面で採用されている債務持続性分析（DSA：Debt Sustainability Analysis）の代表的なものは、この重債務貧困国（HIPCs）向けの DSA である。これは、HIPC イニシアティブ適用の可否を決定する段階（DP）に使用されるものであり、基本的には、債務現在価値（NPV：Net Present Value、当該時点での債務に対する元利フローを通貨別市場金利にて割り戻したもの）と、過去3年程度の平均輸出額とを比較して、これが150％を超

---

9) 厳密に言えば、第1段階や第2段階でもパリクラブにおいて一定の期間に期日が到来する元利フローを債務繰延（リスケジューリング）しており、完了時点において債務残高（ストック）を削減するという措置がとられる。

表10-1 債務持続性の閾値

指標	政策・制度の強度		
	弱	中	強
●ストック指標			
債務(NPV)－GDP比率	30%	40%	50%
債務(NPV)－輸出比率	100%	150%	200%
債務(NPV)－歳入比率	200%	250%	300%
●フロー指標			
債務支払－輸出比率	15%	20%	25%
債務支払－歳入比率	25%	30%	35%

出所：IMF and IDA [2008]

えるか否かで判断するというものである。仮に、輸出依存度が高く、財政基盤が弱い国である場合には、この債務現在価値-輸出比率が低くなるというバイアスがかかるため、輸出-GDP比率が30%を超える国には、債務現在価値-歳入比率250%を閾値として判断している。この単一的なフレームワークは、簡便的でわかりやすく公平な取り扱いが期待できる半面、政策制度環境の強度など個別国の固有の事情を加味できず柔軟性に乏しいというデメリットも存在する。

3.3 債務持続性フレーム（DSF：Debt Sustainability Framework）

重債務貧困国（HIPCs）でも2009年9月時点でCP到達国が26カ国に達しており「ポストHIPC」が到来している。他方で、ミレニアム開発目標（MDGs、第11章参照）達成のための資金ニーズを満たす必要があり、低所得国が再び債務問題に直面することがないような配慮が必要となっている。債務持続性を確保する上では、第1に債務負担の水準、第2に政策制度要因、第3に外生ショック（一次産品価格変動等による交易条件の悪化や、台風や旱魃といった災害等）への考慮が必要である（Kraay and Nehru [2006]）。また、HIPCイニシアティブで採用されていた債務持続性分析には、個別国の固有の事情を加味しないという硬直性がともなっていない、将来的な債務持続性への考慮がない（backward looking）といった課題がある。

これらを踏まえ、低所得国向けの新たな債務持続性フレームが世銀・IMFによって提案されている（IMF and IDA［2004a, 2004b, 2005, 2008］）。HIPC イニシアティブの DSA とは、開発途上国の過剰債務問題を回避するという目的では共通するが、いくつかの重要な相違点がある。第1の相違点は、新たなフレームでは、個別国の政策・制度の強度を踏まえて、債務持続性が確保される水準（threshold）を判断するという点である（表10-1）。

政策・制度の強度は、世銀にて開発されてきた国別政策制度評価（CPIA：Country Policy and Institutional Assessment）の結果を活用して、「強・中・弱」の3つに分類される[10]。政策・制度が強いほど債務を有効に利用する可能性が高いため、債務持続性の閾値が高くなるように設定される。ただし、債務-輸出比率は、HIPC イニシアティブの DSA との整合性にも配慮して、政策・制度環境が「中」である場合に、債務-輸出比率は150％を、債務-歳入比率は250％を閾値としてある。第2の相違点は、HIPC イニシアティブの DSA とは異なり、動学的債務予測（ベースライン・シナリオ分析）を行うことである。債務指標の分母となる GDP や輸出といったマクロ変数について、HIPC イニシアティブの DSA では過去3年の平均値を採用する後ろ向き（backward looking）であるのに対して、新フレームでは将来予測に基づくフォーワード・ルッキング（forward looking）なものとなっている。第3の相違点は、新たなフレームでは、外生ショックを考慮したストレス・テストを想定していることである。これはベースライン・シナリオに対して代替シナリオ（alternative scenario）を用意し、代替シナリオは、歴史的シナリオ（過去の GDP や輸出といった主要なマクロ変数の過去のデータを用いるもの）とファイナンス・シナリオ（新規融資の条件が金利上昇等により厳しくなることを想定するもの）から構成される。また、代替シナ

---

10) CPIA は、(i)経済運営（マクロ経済運営、財政政策、債務管理）、(ii)構造政策（貿易、金融、ビジネス規制環境）、(iii)社会的公正（ジェンダー、人的資源構築、社会的保護・労働、環境の持続可能性等）、(iv)公的部門の管理・制度（所有権とルールに基づくガバナンス、予算・財政運営の質等）の4つの視点（16の指標）に基づき作成されるものである。この CPIA の評点（0〜6）に基づき、3.25以下であれば「弱」、3.75以上であれば「強」、その間であれば「中」とされる。

リオに加えて、バウンド・テスト（bound tests）も用意され、GDP 成長率や輸出成長率等に与える大きなショック（10年間で25％の確率で発生するもの）も想定されることになる。

　この新たなフレームは、世銀（IDA）から供与されるグラント資金の配分方法として活用されている。ストック指標である債務-GDP 比率と債務-輸出比率、そしてフロー指標である債務支払-輸出比率に関して、これらの閾値からの乖離率（ストック指標であれば2つの指標の乖離率の平均）のうち高い方（悪い方）を用いて、乖離率が10％以上となればグラント配分が100％となり、逆に乖離率が-10％以下となればグラントは供与されない。その中間であれば、グラント供与が50％となる仕組みである。

　この方式の第1の課題は、政策・制度のパフォーマンスが良く、債務指標が良好であるとグラントを受け取ることができないため、仮にグラントを受け取ることを目的とする場合には、政策・制度のパフォーマンスを悪化させたり、債務指標を悪化させたりすることが最適反応となってしまうというインセンティブ問題が生じる点にある[11]。したがって、このようなグラント配分方式が、低所得国の政策・制度や債務指標の改善への意欲を損なっているかどうか注視の必要がある。第2の課題は、CPIA 自体がどの程度債務問題との相関を持っているのかという点である。CPIA は4つのクラスターに分類される16の評価項目によって測定されるが、理論的には、これらの項目が債務問題を引き起こす要因となっている点を確認する必要がある。第3の課題は、GDP 成長率や輸出成長率などが高く経済が好調である場合には援助資金が多くなり、経済が不調であれば援助資金が少なくなるという景気循環と同じ動き（pro-cyclical）となり不安定化を助長するリスクがある点である（第11章）。

　なお、派生する課題として、債務救済を受けつつも非譲許的借入を行う国への措置をどうするのかという点がある。これは、債務救済に伴うコストを負担することなく、新興ドナーや民間債権者等が債務救済後の借入余地を活

---

11) このインセンティブ問題については世銀も認識しており、グラントについては、ローンに比べて供与額を20％削減することにより、悪いパフォーマンス国への支援額が増えるという逆選択問題に対処しようとしている。

図10-5　中所得国の対外債務残高構成

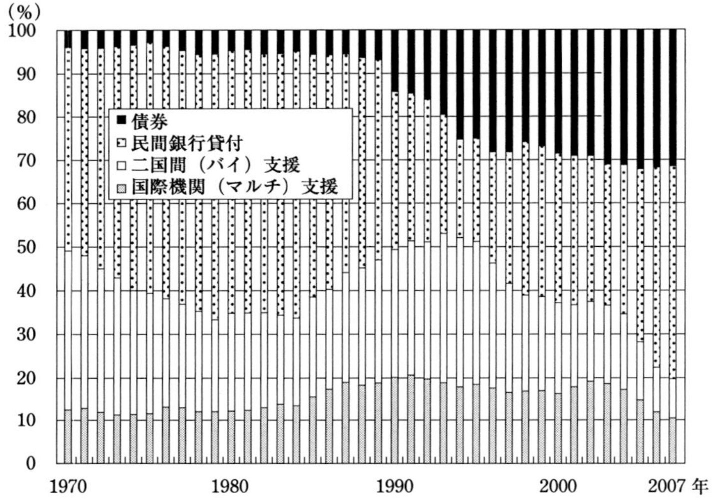

凡例：
- ■ 債券
- □ 民間銀行貸付
- □ 二国間（バイ）支援
- □ 国際機関（マルチ）支援

出所：World Bank [2008a] のデータベースを基に作成

用できることから「フリーライダー問題」として認識されている。この課題に対して、借入国が持続不能な水準までの非譲許的借入を行う場合、(i)質的対応（世銀（IDA）からの借入資金の金利引き上げ・返済期間短縮化）、(ii)量的対応（世銀（IDA）からのグラント供与額自体を減少）等が考えられている。

4 中所得国の債務問題への対応

4.1　中所得国（新興市場国）の特徴

　中所得国（MICs：Middle Income Countries）とは、開発途上国の中でも1人当たり所得（GNI）が相対的に高い国（2006年であれば1人当たり所得が906ドルから1万1115ドルの間にある国を目安）を指す。これらの国々の中には、国際資本市場にアクセスする潜在成長率が高い東南アジア諸国、ラテンアメリカ諸国や、旧東欧諸国といった新興市場国が含まれる。

これら中所得国の対外債務残高構成の推移（図10-5）を見ると、第1に、1980年代の債務危機により民間資金の割合が減少したものの、1990年代後半以降、改めて民間資金の割合が高まっていること、第2に、銀行によるシンジケートローン主流から、資本市場の発展にともない債券発行による直接金融が台頭していることが特徴として挙げられる。開発途上国向け貸出債権をブレディ債に転換するという市場ベースでの債務削減が成功したことも影響していると考えられる。

4.2 債務処理方式の模索

中所得国における債務危機への対応には、公的支援や債務国自身の改善努力に加えて、民間セクターの関与（PSI：Private Sector Involvement）が重要な課題となっている。新興市場国への資金フローのパターンとして債券発行の割合が増え、従来とは異なり多数の民間債権者が関与する「市場型システム」（第3章参照）が優位になってきていることと深く関係している。「市場型システム」は、投資家にとっては「リスク分散機会の創出」というベネフィットが、新興市場国にとっては「投資家ベースの拡大」というベネフィットが生じる。しかしながら他方では、「市場型システム」には、新興市場国における（通貨危機にともなう）債務危機が1国にとどまらずに短期間で市場を通じて他国へ伝染（contagion）するというリスクや、債権者数が増加することにより債務不履行時や債務再編時には調整（coordination）や集団行動（Collective Action）が困難となるリスクも孕んでいる。すなわち、多数の債権者が関与することで、債権者のインセンティブ問題に起因した「調整の失敗」が発生するリスクが高まっている。例えば、債務再編プロセスを遅延させることによって公的機関による救済を待つ債権者（wait for bail-out）や、他の債権者を出し抜いて自己の債権回収を図るような債権者（ホールド・アウト債権者等）の存在が、一度問題が発生したときその解決を著しく難しくする恐れを生んでいるからである（Kroszner［2003］等）。

民間セクターを適切に関与させつつ、迅速で秩序立った債務再編を実施するための事前の方策として、(i)法律的アプローチによる国家債務再編メカニズム（SDRM：Sovereign Debt Restructuring Mechanism）、(ii)契約的アプ

図10-6 SDRMメカニズムの手続き概要

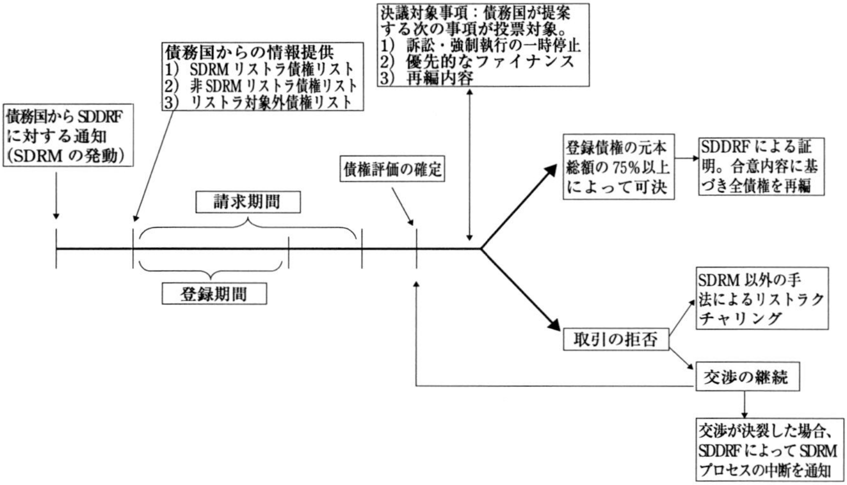

出所：IMF［2002b］等を基に作成。

ローチによる集団行動条項（CACs：Collective Action Clauses）、(iii)行動規範（Code of Conduct）が議論されてきた。最後に、これらの政策的論点や理論的課題について触れておこう。

(1) 国家債務再編メカニズム（SDRM）

　民間セクター関与を法的に規定しようという法律的アプローチとしては、2001年にIMFクルーガー副専務理事の発案により検討が開始されたSDRM構想がある。その基本的な発想は米国の連邦破産法であるチャプター11（民間企業を対象）やチャプター9（地方自治体を対象）の考え方を、債務危機に直面した開発途上国にもあてはめようとするものである。図10-6は、簡単にIMFの設計アイデアを概観したものである。債務再編プロセスは、まず債務の維持が困難となった債務国から国家債務紛争解決フォーラム（SDDRF：Sovereign Debt Dispute Resolution Forum）に対してSDRMの発動を要請することに始まる。債務国の主権を尊重する観点から、債務国のみが発動を要請できる。次に、債務国から債権者に対してSDRM対象とな

る債権リスト等の情報が提供され、SDDRFはこれを公表する。一定期間を置いて債権評価が確定される。これらを受けて、債務国による債務再編案などが債権者によって決議（再編対象債権の75％以上の賛成が必要）され、SDDRFによって証明（certify）される。最後に、この合意内容に基づいてすべての登録債権者は債務再編に応じることになる。これが基本的な流れ（詳細については荒巻［2003］等を参照）であるが、全債権者の参加を求めることで、「調整の失敗」を回避するよう配慮されている。

しかしSDRM構想に対して、多くの批判が寄せられた。民間金融機関からは、債務再編の主導権を債務国が持っているため、債権者の権利が相対的に弱くなる可能性があり、さらに債務国のデフォルトを助長する可能性があることについて懸念が表明された[12]。Shleifer［2003］は、債務不履行を起こした債務者への制裁措置を弱めることで債権者の権利が損なわれると、新興市場国のソブリン債券市場が縮小するリスクを指摘した。新興市場国側も、金利上昇による調達コストの上昇への懸念を示した。さらに、SDDRFはIMFからの独立性を確保した形で運営されるとしているが（Krueger［2003］）、自身も債権者として関与するIMFが独立性を確保できるのかという利益相反の問題や、IMFが公的支援を行わない言い訳に利用するのではないかとの懸念も残った（Economist［2003］）。結局、SDRM構想は、2003年4月、IMFC（国際通貨金融委員会）に具体案が報告されたが合意に至らなかった[13]。

(2) 集団行動条項（CACs）

民間セクターの関与を契約によって事前に取り決めようという契約的アプ

---

12) ソブリン向け債券保有者の権利は、他のコーポレート向け債券保有者と比較して本来的に弱い。なぜなら、債務国がデフォルトすることを把握することは困難であり、また国家の運営がまずいものであったとしても経営者を交代させるような権利も有していないためである。
13) 同会合コミュニケでは「現時点でSDRMの実施に向け前進することは可能ではないことを認識しつつ、この過程で提起された、危機の解決に関連する問題についての作業を継続すべき」点が確認されている。

ローチとしては、CACs がある。CACs は、債務の返済条件等を迅速に変更するために導入される債券発行契約の条項を指している。多数の債権者間の「調整の失敗」への対処策という点では、CACs も SDRM と共通している。

　CACs の具体例としては、(ⅰ)特定多数決による債務再編策の決定を定める多数決条項、(ⅱ)債権者代表の設置を定める集団代表条項、(ⅲ)債務返済を求める個別債権者の訴訟の一時的制限条項、といった内容が契約に導入されることが想定される。債券発行国側には、資金調達コストの上昇への懸念があったが、2003年2月にメキシコがニューヨーク州法の下で CACs 付債券（多数決条項が盛り込まれたもの）を発行したが、特に目立った金利上昇はなかった。ブラジル・ウルグアイ・南アフリカ・韓国でも導入され、東京市場やロンドン市場に加えて NY 市場においても普及が進んでいる。しかし、本当の集団行動を実現するためには、(ⅰ)過去の債券の扱い、(ⅱ)異なる債券の保有者の扱い、(ⅲ)異なるクラスの債権者の扱いといった課題を克服する必要が残されている。

(3)行動規範（Code of Conduct）

　SDRM や CACs がそれぞれに課題を残す中、法的拘束力を伴わないいわば紳士協定として民間セクター関与を実現することを目指して、SDRM や CACs を補完する折衷案として「行動規範」が検討された。これは、2002年11月の G20大臣会合において検討が提唱されたもので、国際金融危機の解決等における関係者の行動原則を示すものである。法的拘束力はなく、契約当事者が任意に遵守することが期待されるものである。内容としては、(ⅰ)投資家と債務国との早期の対話、(ⅱ)誠実な交渉、(ⅲ)債権者の公平な取り扱い等といった緩やかなものが想定される。現在も検討が進められているものであるが、(ⅰ)（危機の解決だけでなく）予防の視点も含めるか、(ⅱ)投資家と債務国との対話・協議の具体的な方法、(ⅲ)規範という扱いの中でこれを遵守するためのインセンティブ付けやモニタリング方法はどうあるべきか、といった点が検討課題である。

5 おわりに

これまで、開発途上国における債務問題への取り組みは、主として債務問題が生じてからの事後的（ex post）な措置として、過剰債務を取り除くための債務救済がメインであった。しかし、低所得国向けの新たな債務持続性フレーム（第3節）や、中所得国の債務問題への民間セクターの関与方法（第4節）は、事前的（ex ante）な措置に位置づけられるものである。これら事前的措置の実効性を挙げるためには、これらの措置に対するコミットメントが不可欠であるが、すべての事象をあらかじめ想定することは不可能である。事前には最適であったものが、事後には予期せぬ事情により見直しを余儀なくされる時間的不整合（time inconsistency）の問題を考慮せざるを得ないこともあろう。

第11章

開発援助資金

1 はじめに：ミレニアム開発目標

　公的資金協力である開発援助[1]は、1970年の「第2次国連開発の10年」にてGNPの0.7％とする数値目標が示されるなど、1990年代前半までは順調に増加したが、冷戦終結を経て1990年代後半には伸び悩むことになる（援助疲れ）。ところが、2002年以降、援助量が改めて増加の兆しを見せている（図11-1）。これは、2000年に国連でミレニアム宣言が採択され、その具体的なロードマップとしてミレニアム開発目標（Millennium Development Goals：以下、MDGs（表11-1参照））が設定（UN［2001b］）されたことや、2001年に9・11テロ事件が発生したこと等を背景として、2002年3月の国連開発資金国際会議（モンテレイ会議）前後から欧米諸国が積極的に援助

---

[1] ODA（政府開発援助）の定義はOECD開発援助委員会（DAC）によって設定されており、(i)政府や政府機関が行うもの、(ii)開発途上国の経済開発や福祉の向上を主な目的としているもの、(iii)開発途上国にとって譲許的であるもの（具体的には譲許性の指標であるグラントエレメント25％以上のもの）である場合にODAとして認められることになる。本書では、ODAについて資金フローに着目した分析を行うため、マルチ機関による資金フローとあわせて開発援助資金と称しているが、資金フローの移転をともなわない技術協力は対象に含まれていない。

図11-1　ODA総額とGNI比の推移（1960-2008年）

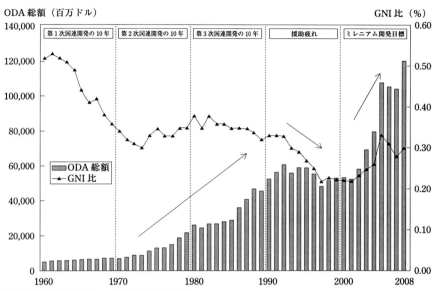

出所：OECD/DACレポート（各号）を基に作成。

増額の方針を打ち出したことが影響している。英・仏・独といった欧州各国は2015年以前にGNI比で0.7％の援助量を確保することを国際的に表明しており、わが国も、MDGsに寄与するため、2005年7月のグレンイーグルズ・サミットにおいて「5年間で100億ドルのODA事業量の増加」を表明している。

ミレニアム開発目標の第1の目標は、1日1ドルという貧困ラインを用いた所得貧困目標[2]である。1日1ドル未満で生活する途上国の人々の絶対数

---

[2] 所得貧困指標を貧困率（貧困者率）としているが、これだけでは貧困ラインに近い貧困層への支援を多く行うことが目標達成の最適反応（ベストレスポンス）となってしまう。貧困ラインを大きく下回る貧困層の捕捉も必要であり、例えば「貧困ギャップ比率（貧困ラインをどの程度下回っているかという貧困ギャップを示すもの）」や「2乗貧困ギャップ比率（貧困ギャップを2乗することで深刻な貧困者層の評価を強めるもの）」も検討すべきである。

表11-1 ミレニアム開発目標（MDGs）の概要

目標	主なターゲット（注）
目標1：極度の貧困と飢餓の撲滅	・2015年までに1日1ドル未満で生活する人口の割合を1990年の水準の半数に減少させる
目標2：普遍的初等教育の達成	・2015年までに、全ての子供が男女の区別なく初等教育の全課程を修了できるようにする。
目標3：男女平等と女性の地位向上	・可能な限り2005年までに初等・中等教育における男女格差を解消し、2015年までにすべての教育レベルにおける男女格差を解消する。
目標4：乳幼児死亡率の削減	・2015年までに5歳未満児の死亡率を1990年の水準の3分の1に削減する。
目標5：妊産婦の健康の改善	・2015年までに妊産婦の死亡率を1990年の水準の4分の1に削減する。
目標6：HIV/AIDS、マラリア等の蔓延防止	・HIV/AIDSの拡大を2015年までに食い止め、その後反転させる。
目標7：環境の持続可能性確保	・2015年までに安全な飲料水を継続的に利用できない人々の割合を半減する。
目標8：開発のためのグローバルなパートナーシップの推進	・開放的で、ルールに基づく、予測可能でかつ差別的でない貿易及び金融システムを構築する。

注：MDGsには全部で18のターゲットがあるが、ここではその中から8つのターゲットを列記している。
出所：UN［2001b］・UNDP東京事務所（仮訳）等を基に作成。

は1981年の15億人から1990年（ベースライン年）には13億人、そして2005年には9億人程度に減少している（表11-2）。これを貧困率で見れば、1981年は約40％であったが、1990年（ベースライン年）では約29.5％、そして2005年には約16％に減少している。2015年には約15％にまで削減する必要があることになるが、この目標は達成可能と考えられている。地域別に見ると、中国を中心として東アジア全体の貧困削減が進んでいる。また、インドを中心とした南アジアや中東・北アフリカ地域では貧困率が減少しているが、サブサハラ・アフリカでは悪化している。「貧困問題とはアフリカ問題である」と言われる所以である。しかし、貧困者数では依然として9億人のうち5億人が東アジア・南アジアに集中しており、アジアの貧困問題も残されている。

このMDGsの最大の功績は、第1に複雑な開発問題をわかりやすく数値目標として提示した点にある（Clemens et al.［2007］）。第2に、目標1で

表11-2 貧困者数の動向（1981～2005年）

1日1ドル未満で生活する人々（100万人）

地　域	1981	1984	1987	1990	1993	1996	1999	2002	2005
東アジア・大洋州	921.7	721.8	590.2	623.4	588.7	404.9	420.8	326.8	175.6
南アジア	387.3	374.3	384.4	381.2	348.8	368.0	359.5	372.5	350.5
欧州・中央アジア	3.0	2.4	2.1	4.1	10.1	11.7	14.4	12.6	10.2
ラテンアメリカ・カリブ	28.0	35.8	36.9	29.0	27.6	35.6	37.8	40.7	30.7
中東・北アフリカ	5.6	4.6	4.7	3.8	3.7	4.1	4.7	3.9	4.7
サブサハラアフリカ	169.4	195.9	209.0	245.2	259.0	287.6	308.4	310.1	304.2
合計	1,515.0	1,334.7	1,227.2	1,286.7	1,237.9	1,111.9	1,145.9	1,066.6	876.0

出所：Chen and Ravallion［2008］

は所得貧困を掲げているが、目標2と目標3は教育・ジェンダー、目標4～6は保健、目標7は環境といった非所得貧困に係る目標も提示しており、非所得面にかかわる人間貧困への対応も明示化している。このためMDGsは、複雑な貧困の様相にもバランスよく言及していると言える。第3に、MDGsには、先進国側の関税や補助金を下げ開発途上国の市場アクセスを改善する点も含まれている（目標8）。開発問題は、開発途上国だけでなく、先進国との共同責任であるとの認識を提示していると言える。

開発援助資金は、その量的拡大とともに質的向上も求められている。本章では、こうした開発援助資金の増加を巡る理論的背景、また援助効果を巡る論点を提示する。

2 対外資金制約と公的開発援助

2.1 対外資金制約

途上国はさまざまな資金制約上のギャップに直面しているが、その典型は、ツーギャップ（2つのギャップ）であり、これは「投資-貯蓄ギャップ（投資のための国内貯蓄不足）」と「外貨ギャップ（海外から資本財等を購入するための外貨不足）」[3]の2つである。このギャップが大きければ、開発援

---

[3] 外貨ギャップは事後的（ex post）に投資-貯蓄ギャップと一致するが、事前的（ex ante）には輸入決済の制約となる。

助といった外国資金によって手当てする必要がある点を示すものが、ファイナンシング・ギャップ・モデルとなる。このモデルの特徴は、(i)開発途上国の目標成長率を達成するための必要投資量は成長率の一定割合（ICOR：Incremental Capital Output Ratio、限界資本産出比率）とし、(ii)必要援助量は必要投資量から民間投資と国内貯蓄を除いた分（ファイナンシング・ギャップ）とするところにある。ここで、ICOR とは、資本-産出比率 K/Y の変化分である $\Delta K/\Delta Y$ を指すが、ΔK は資本の変化分であり減耗分を考慮しなければ当期の投資（I）に相当することになり、ΔY は産出量の変化分であり、$\Delta Y/Y$ は当期の成長率（g）に相当することになる。ここから、次の通りに ICOR を表現することが可能となる。

$$\text{ICOR} = \frac{\Delta K}{\Delta Y} = \frac{\frac{\Delta K}{Y}}{\frac{\Delta Y}{Y}} = \frac{\frac{I}{Y}}{g} \tag{11.1}$$

例えば、ICOR を 4 と仮定し、目標成長率を 5 ％とした場合、投資-GDP比率は20％と計算できる[4]。ここから民間投資・国内貯蓄を除いた分が必要援助量と想定されることになる。

2.2　ギャップ・モデル

開発途上国の開発に必要とされる資金を見積もるためにしばしば利用されるものに、McKinnon［1964］と Chenery and Strout［1966］が最初に定式化したツーギャップ・モデルがある。ツーギャップ（2つのギャップ）とは、「投資-貯蓄ギャップ（投資のための国内貯蓄不足）」と「外貨ギャップ（海外から資本財等を購入するための外貨不足）」の2つを指す。Bacha［1990］に基づきツーギャップ・モデルのエッセンスを把握しよう。まず、

4）この特徴は、投資と経済成長の関係を固定線形関係で捉えるところにあり、ハロッド・ドーマー成長モデルが基底にあるとされる。これに対して、Easterly［1999］は、そもそも投資と経済成長との間には一定の関係があるとは実証できず、また前提となっている ICOR 自体も投資の質を測定するものとして妥当ではなく、そもそも ICOR を一定の値として仮定することも妥当でない点を指摘している。

図11-2 Two-gap モデル

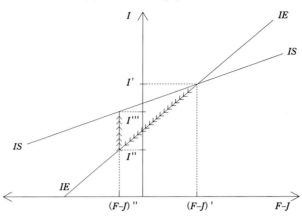

出所：Bacha [1990]

投資-貯蓄ギャップは (11.2) 式で表現される。ここで、IS は貯蓄から制約を受けている投資量 (saving constrained level of investment) であり、民間貯蓄 (S_p)、税収 (T) と政府支出 (G) の差額としての「政府貯蓄」、そしてネット資本流入量 (F) と要素払い (J) との差額である「海外からの資本移転 (foreign transfer)」により表現される。

$$IS = S_p^* + (T-G) + (F-J) \tag{11.2}$$

また、$S_p^* = Y_p^* - C_p$ であり、これは完全雇用 $GDP(Y^*)$ における民間貯蓄を示す。

次に、外貨ギャップを説明する式は、(11.3) 式で表現される。ここで、IE は外貨から制約を受けている投資量 (foreign exchange constrained level of investment) であり、E は純輸出量、m は投資での輸入部分（資本財の輸入部分）であり $0 < m < 1$ である。

$$IE = (1/m)[E^* + (F-J)] \tag{11.3}$$

この IS 曲線と IE 曲線を比較すると、$m < 1$ であることから IE 曲線の傾きの方が大きくなる（図11-2参照）。図11-2の縦軸は投資量であり、横軸

コラム11－1　ビッグプッシュ理論と公的開発援助

　開発途上国が低開発の状態にとどまっている理由として、Nurkse［1953］は供給面・需要面の両面から低所得状態から抜け切ることができない「貧困の罠（poverty trap）」と「貧困の悪循環」の存在を指摘した。その上で、こうした悪循環を断ち切ることで貧困の罠から脱するためには、行動パターンを変化させるほどの大規模な投資が必要と述べた。経済学的に見ると、貧困の罠の問題とは複数均衡の問題であり、貧困の罠とは、複数個存在する均衡のうちで、経済が低所得均衡に陥っている状況のことである。貧困の罠から抜け出すためには、低所得均衡から高所得均衡に移動しなければならないが、そのためには非常に大きな力（ビッグプッシュ）が必要であるというのが、ビッグプッシュ政策のエッセンスである。

　このことを簡単なソロー型経済成長モデルを応用した Kraay and Raddatz［2007］を利用して説明しよう[5]。コブダグラス型生産技術を前提として、ソローモデルにおける1人当たり資本ストックは、（11.4）式のソロー基本方程式で表現できる。

$$k^* = s(k) \cdot A \cdot k^\alpha - (n+\delta) \cdot k \qquad (11.4)$$

k は1人当たり資本ストック、A は外生的に与えられる技術水準、α は資本-産出弾力性、n は人口成長率、δ は減価償却率である。ソローモデルでは貯蓄率は外生的に与えられるが、貯蓄率は資本ストックに依拠し、閾値（threshold）である k^* に至るまでは貯蓄率は s_L となると仮定する（（11.5）式）。

図11-3　ソローモデルに基づく複数均衡モデル

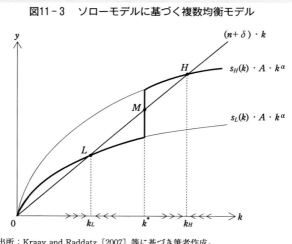

出所：Kraay and Raddatz［2007］等に基づき筆者作成。

$$s(k) = \begin{cases} s_L, & k \leq k^* \\ s_H, & k > k^* \end{cases} \tag{11.5}$$

ここで、資本ストックが低水準である k_L に対応した均衡である L 点と、資本ストックが高水準である k_H に対応した均衡である H 点の複数均衡点が存在することになる（図11-3）。資本ストックが閾値である k^* に到達するまでは、低貯蓄⇒低投資⇒低資本ストック⇒低貯蓄というサイクルから L 点が「貧困の罠」となる（Kraay and Raddatz [2007]）。ところが、仮にビッグプッシュにより閾値である k^* を超えれば H 点に到達できる。昨今の援助増額には、こうした貧困の罠から脱却することへの期待がある。

は $(F-J)$ であり海外からの資本移転量（foreign transfer：$F-J$）である。仮に、この海外からの資本移転量が $(F-J)'$ より少ない場合には、IE 曲線が制約（すなわち外貨ギャップ）となり、逆に $(F-J)'$ より多い場合には、IS 曲線が制約（すなわち貯蓄ギャップ）となる。ここで、仮に $(F-J)'$ から $(F-J)''$ に減少する場合、外貨ギャップから投資量も I' から I'' に減少することになる。この投資量であれば、貯蓄ギャップは問題となっていないため、時間の経過とともに輸出量が拡大することで外貨制約が緩和されることで投資量が I'' から I''' に改善すると考えられている。

最近では、こうしたツーギャップに加えて、財政ギャップやスキル・ギャップも制約要因として捉えるスリーギャップ理論（Bacha [1990] や Taylor [1994] 等）が展開されている。

---

5) ただし、ここで紹介するビッグプッシュの必要性についての議論は、貯蓄率が所得水準によって変化することに着目したもので、Rosenstein-Rodan [1943] の調整の失敗に基づく議論とは別のものである。Rosenstein-Rodan の議論を、複数均衡モデルとして最初に厳密に理論的に定式化したのは Murphy et al. [1989] である。Rosenstein-Rodan の議論は、複数均衡概念が正確に定式化されていなかったため、長い間理論的に曖昧なものとして扱われてきた。わかりやすい解説が Bardhan and Udry [1999] にある。

3 革新的ファイナンス

さて、MDGs達成のために必要となる資金量（ファイナンシング・ニーズ）は、どの程度なのであろう？　ミレニアム・プロジェクト報告書（2005年）の推計によれば、MDGs達成のために先進国の対GNI比0.44%（2006年：1350億ドル）、0.54%（2015年：1950億ドル）のODAが必要となり、MDGs以外に要する資金を勘案すれば0.7%を達成すべきとする。さらに、MDGs達成は貧困削減の通過点であり、貧困国のGDPの10-20%相当の援助が2025年まで必要とし、ポストMDGsのファイナンシング・ニーズについても言及している。このファイナンシング・ニーズに応えるためには、どうすればよいのであろうか？　1つ目の方法は、先進国側のODA増額への取り組みである。2つ目の方法は、既存のメカニズムには頼らない新たな資金獲得方法を編み出すことである。国際社会では、MDGs達成に要する資金ギャップを埋めるための革新的なファイナンス・メカニズムについていくつかのアイデアが提示されてきた。

3.1　国際金融ファシリティー（IFF）

1つ目のアイデアは、英国が提唱する国際金融ファシリティー（IFF：International Finance Facility）構想である。この構想の要は、IFFへの拠出国による長期コミットメント（IFFへの毎年度の払込金に対するコミットメント）をレバレッジとした債券発行により国際金融市場から資金調達を行い、「援助の前倒し（front-loaded）」を行うという点にある。そして、この「援助の前倒し」により、MDGs達成へのファイナンシング・ギャップを埋めることを目的としており、既存の開発機関（世銀等）を経由して開発途上国への資金供給を行うことを想定している（図11-4）。

ここで、IFF構想のメリットについて整理してみよう（HM Treasury [2004] 他）。第1に、各国の援助増額に限界がある中、各国の増額意思、すなわちMDGs達成に対する将来コミットメントを背景として短期間で資金が調達できる（ドナー側の異時点貸借）。第2に、各国間の援助協調を強化

図11-4 IFF スキーム図

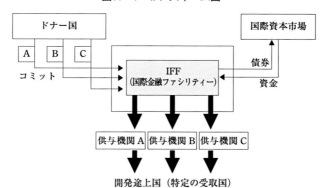

出所：HM Treasury［2004］を基に筆者作成

すると同時に、各国にとってはリスク分散にもなりうる。第3に、IFFは市場からの資金調達で、各国のコミットメントをレバレッジとして資金量を増加させることができるが、これらをODAに計上できれば、長年の国際目標であるODA対GNI比率0.7%目標にも貢献できる。第4に、援助の予測可能性を高め援助資金の安定化にも寄与できる。

しかし、IFF構想の実現にあたって留意しなければならない点も多々存在する。第1に、各国の予算システムとの関係がある。IFFは各国の長期コミットメントを保証と見立てて、市場からの調達コストを抑えようという狙いがあるが、この前提が各国の予算システム（単年度予算主義）等に馴染まない可能性がある。第2に、将来ODAに影響を与える可能性がある。IFFが債券発行を通じた資金調達を行ったとしても、後年度には債券償還資金への充当により、各国からの途上国へのODA資金が減少する可能性があるためである。これら以外にも、援助増加が相手国に与える影響（第4節参照）、設立や管理のための交渉コストや行政コスト、援助資金自体の追加性の確認、資金使用部分を別機関に委ねるスキームであるがために生じるアカウンタビリティーの問題等にも留意する必要があろう。

3.2 多様なアイデア

　新たな資金源として、他にも多様な提案がなされている。これらのアイデアを、Atkinson［2005］が要領よくまとめているため、これを参考としてアイデアのいくつかを示してみよう。

　1つ目のアイデアは、通貨取引税（currency transaction tax）を新たな資金源とするものである。これは、スポット取引・先物取引・スワップ取引といった為替取引に対する課税である。90年代に通貨危機が発生した際に、投機的取引を抑制するものとして注目を集めたものでもある。しかし、課税対象の確定、実際の補足、徴収機関の設計等、実務的な難しさが指摘されている。2つ目のアイデアは、地球環境税（global environmental taxes）である。これは、地球環境に影響を与える商品（例えば温暖化ガス排出燃料等）に対する課税である。ただし、これも課税である以上、先に示した通貨取引税と同様な問題がある。3つ目のアイデアは、グローバル宝くじ（global lottery）である。これは、国連機関と当該国機関の間で、宝くじ販売による「あがり」を共有するものである。「あがり」の推計は困難であるが、年間60億ドルの調達が可能とも考えられている。倫理的問題や、低所得国などへの分配の問題があり、また当該国の（既存の）宝くじとの競争関係も課題となろう。4つ目のアイデアは、新特別引出権（creation of new Special Drawing Rights：SDRs）に着目するもので、世界各国のIMFに対するSDRを開発目的のために再分配するものである。ただし、世界経済へのインパクトが不透明という点や、技術的にもIMFでの投票による同意が得られるのかという問題がある。5つ目のアイデアは、開発への民間寄付（increased private donation for development）であり、民間企業やインターネット等を通じた寄付金を開発資金源とするものである。ただし、これは、どの程度の資金調達額となるか全く予想がつかず、非常にボラタイルとなる可能性がある。6つ目は、グローバル・プレミアム・ボンド（global premium bond）で、当該国の国債をプレミアム付き（成長率をインデックスとしたものはGDPインデックス債）として、プレミアムを金利に代替した債券とするアイデアである。成長が失速すればプレミアムも連動して低下するためデフォルト率が抑制され、他方で成長パフォーマンスが良好であればプレミアムも

改善されるため、債務管理上で有効な手段ともなる（Ketkar and Ratha [2008]）。しかしながら、他の政府債務（通常の国債等）をクラウドアウトする可能性や、GDPデータの正確性といった管理コストが高くつく可能性等が課題となる。

いずれのアイデアも、個別に何らかの課題を抱えているだけでなく、(i)資金をどのように集め（徴収）、(ii)それらをどのように管理・運用するのかというガバナンス・システムの設計について共通した課題を有している。しかしながら、国際社会では、国際課税のアイデアはすでに航空券課税という形で具体化している。仏が3大感染症（HIV／エイズ、結核、マラリア）への対応を目的とした航空券課税のパイロットスキームを導入しており、税収を国際医療品購入ファシリティーであるUNITAID（2006年創設）の財源に充当している。また、IFFのパイロット的な位置づけとしてワクチン供与等を目的としたIFFIm（International Finance Facility for Immunization）が2006年に設立されている。これは、英・仏・西等が資金拠出コミットメントを行い、これを梃としたAAA格の債券発行により国際資本市場から資金調達を行うものであり、GAVI（Global Alliance for Vaccination and Immunization）を通じて開発途上国へグラントを供与するものである。

4 援助効果の論点

開発援助資金へのニーズが高まる中、その量的拡大に注目が集まっているが、他方で援助効果（Aid Effectiveness）を高めるという点への考察も不可欠である。

4.1 援助吸収能力の問題

すでに述べた通り、ミレニアム・プロジェクトに示されるファイナンシング・ニーズの前提となっているものはビッグプッシュ理論である。「貧困の罠（poverty trap）」から脱却するためには、まとまった投資（ビッグプッシュ）が必要であるが、ビッグプッシュがあれば、自動的に貧困の罠からの脱却が保証されるものではない（Easterly [2005]）。そもそも、ビッグプッ

シュによる多額の投資は複数のセクターにまたがるものであるため、適切な計画・デザインがなければ「調整の失敗」が生じるリスクがある。加えて、援助増加が相手国に与える影響はさまざまである。第1に、援助額が増加することで、当該国通貨に対する需要が高まるため為替レートが増価し、また援助資金が非貿易部門（公的部門）で消費される場合には、実体経済が衰退するオランダ病（Dutch Disease）が生じる可能性がある（Rajan and Subramanian [2005]）。第2に、公的部門の財政的反応（fiscal response）次第では、援助増額で徴税努力や支出チェックが疎かになる可能性もある。第3に、援助額が増加することで、援助の限界収益率が低減する可能性もある（Collier [2006]）。したがって、ビッグプッシュを実現するためには、少なくとも、(i)複数部門・セクターにまたがる投資を調整する適切な政策が用意されていること、(ii)公的部門の財政規律が確保されていること、(iii)民間部門自体の発展を促すこと等が必要であろう[6]。政策・制度環境の改善を伴わずに援助を供与する場合、援助効果は限定的となる（Burnside and Dollar [2000]）。

　ドナー側でも適切に援助が吸収できるような工夫を施す必要があろう。ドナー側による援助の「ばらまき」による「援助の氾濫（aid proliferation）」や、その結果としての「援助の細分化（aid fragmentation）」[7]は、相手国にとっての取引費用を高めることになってしまう。こうした問題に対しては、例えば、（適切である場合には）調達手続きといった相手国のシステムを利

---

[6] 援助吸収能力を構成する要因についての定説はない。第10章で示した債務を有効利用する能力と類似しており、援助資金を生産要素と見立てた場合に生産可能性フロンティアに沿って完全利用するとともに、生産可能性フロンティア自体も拡大できる能力であるとも言える。これを援助資金を有効に利用できるような政策・制度であると捉えた場合、世銀でのCPIA（Country Policy and Institutional Assessment）が実務で利用されている。CPIAは、世銀資金を有効に利用できるかどうかという視点から作成されているものであるが、(i)経済運営（マクロ経済運営、財政政策、債務管理）、(ii)構造政策（貿易、金融、ビジネス規制環境）、(iii)社会的公正（ジェンダー、人的資源構築、社会的保護・労働、環境の持続可能性等）、(iv)公的部門の管理・制度（所有権とルールに基づくガバナンス、予算・財政運営の質等）の４つの視点から作成されている。

[7] 例えばIDA [2007] は、１カ国の平均ドナー数は、1960年代には12程度であったものが、2001-05年には33程度にまで増加していると試算している。

用（use of country system）しながら、ドナー間での手続きの調和化を進めるといった「援助の調和化（aid harmonization）」を行うことができれば、相手国の取引費用を削減することも可能となる。また、援助資金の供与にあたり、相手国（開発途上国）のインセンティブを適切に高めるようデザインする必要もあろう。ここで言うインセンティブとは、開発パフォーマンス[8]を高めるような誘因ということである。例えば、国際機関を中心として導入されているパフォーマンス・ベースト・レンディング（パフォーマンスに応じて、資金供与額を増減するような仕組み）は、その取り組みの一つである。しかし、この仕組みも運用を誤ると、開発途上国の2分化（「勝ち組」と「負け組」のtwin peaksとなった世界）を招く可能性がある。すなわち、良いパフォーマンスを示した国が、さらに多くの支援を受けるということになれば、その国はますます優れたパフォーマンスを示す可能性があるのに対して、弱いパフォーマンスを示す国については支援が減少することになるため、ますます弱くなるという複数均衡モデルとなる可能性を孕んでいる。また、パフォーマンスの測定対象に、相手国政府の努力だけでは改善できないような制度要因が含まれている場合には、改善努力を怠るというモラルハザードのリスクも生じることになる。

4.2　贈与（グラント）か？　借款（ローン）か？

　MDGs達成に向けたファイナンス形態を「贈与」とすべきか、「借款」とすべきか、という議論が活発化している。第10章で見たように開発途上国の債務問題の歴史的経緯が、贈与とすべきとの主張に影響を与えた。2000年に米国議会に報告されたメルツァー報告書（Meltzer [2000]）は、世銀などの国際開発金融機関（マルチ機関）は最貧国向け業務に専念するとともに、

8）開発パフォーマンスとは何かという定義の問題も大きな課題である。例えば、「成長」と「安定」という視点から、GDP成長率、1人当たりGDP成長率、インフレ率等で計測することは比較的容易であろう。しかし、これに「公正」という分配面での概念が加わる場合、あるいは成長や分配のメカニズムを機能させる政策・制度面での考察を行う場合、パフォーマンスの測定・評価は難しい問題となる。これに、時間的概念を加えた動態的な測定・評価となると、一層難しい問題となる。

借款業務を停止して贈与のみを行うことを提言するものであった。実際に、近年では、世銀グループの国際開発協会（IDA）は、その資金協力に占める贈与の比率を高めている[9]。また、前節で見た国際金融ファシリティー（IFF）も贈与による資金の提供を前提としている。さらに Bulow and Rogoff［2005］は、マルチ機関が借款業務から贈与業務へ完全転換を具体的な方法論とともに提示する[10]等、贈与の主流化が進んでいる。借款による支援の意義は本当に失われているのであろうか？　いくつかの視点から、借款の有効性の手がかりを検討してみよう。

(1)援助量の持続性・予測可能性（predictability）

　MDGs 達成にかかる資金ニーズへ対応して、ドナー側が持続的な資金供給を行うためには、相手国の返済資金をリボルビングして使用できる借款の形態の方が、貸し手側の負担が少なく、比較的多額の資金動員が可能となる。Odedokun［2004］は、贈与が主流となることで開発途上国側が受け取る資金量（グロスディスバースメント・ベース）が減少している点を指摘している。また、援助資金のボラティリティーや予測不能性が指摘（Bulir and Hamann［2006］等）される中、ドナー側の財政負担が相対的に少ないために安定的に提供される借款は、相手国の安定した開発資金源として機能する傾向がある。特に、わが国の円借款は、中国の開発5カ年計画と歩調を合わせて供与する等、アジア諸国の成長パフォーマンス・貧困削減パフォーマンスに対して安定的に貢献したことは紛れもない事実である。

---

9) IDA の13次増資計画（2002年合意）では、その資金協力の18-20％が贈与（グラント）であり、14次増資計画（2005年合意）・15次増資計画（2008年合意）でも20％程度とされる。
10) 具体的には、第1段階として新規貸出を停止、第2段階として民間資本市場からの借入を停止（既存の借入分は、開発途上国からの返済資金により償還）、第3段階としてマルチ機関の資本金を要求型（callable）から払込型（paid-in）に転換するというもので、20年程度をかけて徐々に移行することを提案するもの。さらに、マルチ機関だけでなく二国間機関が借款業務から撤退する際にも適用可能な提案であるとしている。

(2)借款による規律付け

　次に、借款で支援を行う場合、借款契約を相手国側と合意することになるが、ドナー側は、事前的には審査を通じて対象プロジェクトやプログラムのスクリーニングを行い、事後的には契約に基づき資金使途の確認やプロジェクト等の実施状況をモニタリングする。これは相手国においても当てはまる。借款の場合には、対象プロジェクトが予算化（オン・バジェット）されることが通常であり、相手国の案件選定のスクリーニングが厳格になる。事実、円借款受入国では、受入のために閣議や議会の承認を必要としている場合が大半である。こうしたことは、相手国にとっては少しでもコストリカバリーを図ろうというインセンティブ付与の契機ともなろう。実証分析にて、借款の増加が相手国の政府歳入の増加につながる（Clements et al.［2004］）ことが示されているが、これもコストリカバリーに向けた政府全体の取り組みとも考えられる。こうした財政反応（fiscal response）は、MDGs達成の持続性を確保する上でも重要である。

(3)発展段階

　開発は経済・社会の変容をともなう連続した非線形なプロセスである。開発資金の調達プロセスにおいても、贈与（無償資金協力）⇒借款（有償資金協力）⇒民間資金（援助からの卒業）というプロセスが連続した形の中で重なりあいながら展開するものである。「援助依存型（aid dependency）」から始まり、最終的にはかなりの部分をマーケットから調達する「市場依存型（market dependency）」に転換していく上で、借款には金融市場アクセスへの移行期間を支援する役割がある。例えば、借款の利用により、資金の受入・返済といった取引等を通じて、資金管理能力、債務管理能力の向上に寄与する。信用文化（credit culture）の形成は、国際金融システムに参加していく上で不可欠である。さらに、投資機会および途上国の債務返済能力に関する情報が貸付主体に十分に提供されていないという情報の非対称性にかかわる問題についても、借款を通じた与信と返済実績は、情報生産の効果をもたらし相手国の信用力形成につながるであろう。

(4) 経済成長に与える効果

　借款の効果は、実証されているのだろうか。Sawada et al. [2004] は、援助を借款・贈与・技術協力に分解して、それぞれの成長促進効果を推計している。その結果、借款の成長促進効果は、政策環境に関係なく正であるとし、借款がより強い成長促進効果を持つ可能性を指摘している。このことは、「借款が、成長率の向上へとつながる、より効率的な投資や政策介入への強いインセンティブ効果を持つことを示唆」（澤田［2004］）[11]するものである。

　しかしながら、以上に見てきた借款の有効性に係る手がかりをもって、ただちに借款が贈与よりも優れていることを示すものではない。そもそも、過剰債務の問題を引き起こさないように相手国の債務持続性が確保されることが前提となる（第10章参照）。また、借款の有効性の手がかりのいくつかは贈与であっても実現できるものがある。例えば、贈与契約を前提としてスクリーニング機能やモニタリング機能を強化することは可能であるし、贈与であっても相手国においてオン・バジェット化されることは可能である。2005年3月のパリ宣言では、贈与と借款を問わず援助のオン・バジェット化を国際目標としている。借款と贈与の関係は補完的なものであり、最適な借款と贈与の組み合わせ方を検討することが求められている。例えば、パイロット的なプロジェクトを贈与で実施することで実行可能性を確認しつつ、拡大部分を借款で支援する（例えば植林での樹種選定などの部分を贈与で行い、地域的な拡大部分を借款で行う）というように、支援をシステマティックに行うこと等が援助効果を高める上で不可欠である。実証分析でも、借款と贈与を適切に組み合わせる場合の成長促進効果が認められている（Iimi and Ojima [2008]）。

---

11) 澤田［2004］は、債務のインセンティブ効果として、直接的な所得援助（welfare）と就労義務に条件付けられた所得補助であるワークフェア（workfare）を比較し、後者のスクリーニング機能・インセンティブ効果を理論的に定式化した学術研究（Besley and Coate [1992]）や、逆に債務のディスインセンティブ効果の学術研究（Krugman [1988]）を紹介し、借款の与えるインセンティブ効果に対するさらなる理論化の必要性を指摘している。

4.3 援助動機の問題

　援助効果を考える場合、受け手となる相手国の援助吸収能力や、ファイナンス形態だけでなく、出し手であるドナー国が援助を行う理由、すなわち援助動機の問題も考える必要がある。援助動機の種類として、(i)政治的動機（安全保障の観点、民主化の推進、旧植民地との関係、国連での支持等を動機としたもの）、(ii)経済的動機（資源獲得を含めた貿易や投資の促進等を動機としたもの）、(iii)人道的動機（貧困・飢餓・災害等の問題への取り組みを動機としたもの）が挙げられる。1点目の政治的動機に基づく援助の代表例が、米国の援助である。米国の援助は欧州復興を目的としたマーシャルプランに始まり、東西対立の中で共産主義を封じ込める安全保障の手段として利用されてきたことはよく知られており、政治的・戦略的関心に応じて援助の重点が変わってきた。1960～70年代には、ベトナム戦争前後においてベトナムへの支援が大きく、またキューバ危機等の影響から中南米への支援が拡大している。1980～90年代では、キャンプ・デイヴィッド合意（1978年）を受け、エジプト・イスラエル向け援助が拡大し、湾岸戦争の影響を受け中東支援が、そしてコソボ紛争の影響からヨーロッパ支援が拡大したことが特徴的である。そして、2000年以降、9・11テロ事件の影響等から、パキスタンやアフガニスタン支援の割合が拡大している。2点目の経済的動機については、例えばわが国の援助は投資と貿易において重要なアジア諸国に向かっている点がこれに該当するとみなされている。3点目の人道的動機については、例えば飢饉、地震・津波等の災害が発生した際の緊急支援がこれに該当する。倫理的・人道的側面からの援助であると言える。ただし、9・11テロ事件以降、貧困とテロの関係への懸念を踏まえ、安全保障の観点から貧困削減に取り組むケースも見られ、必ずしも人道的動機と政治的動機を明確に区別できなくなっている面もある。

　こうした援助動機と援助効果の関係を考察したものが Alesina and Dollar [2000] である。本論文は、先進諸国の開発援助の配分パターンを実証するものであるが、実証結果として、開発援助の多くは、開発途上国の経済的ニーズや政策パフォーマンスというよりも、政治的動機によって決まっているとされ、旧宗主国-植民地関係（colonial past）や国連での政治的同盟が主因

であるとされる。旧植民地への援助という点では、1970年から94年における二国間援助の旧植民地への割合は、ポルトガル（99.6％）、英国（78.0％）、フランス（57.0％）といった国々で高くなっている。また、国連での投票行動（UN friend）との関係では、国連での投票行動が友好的なものであるかどうかという変数（UN friend variable）を用いて、援助と相手国との関係を実証したところ、特に米国・日本・フランス・ドイツ・英国において有意な関係があるとする[12]。他方で、こうした植民地関係や国連での投票行動は、貿易の開放度（openness）と相関していないため、相手国の経済政策とは関係なく援助が供与されている面も強い。結果として、開発援助が必ずしも相手国の経済成長や貧困削減に結びつかないとする[13]。

4.4 景気循環の問題

本来、開発援助資金はその性格から相手国の経済状況等が芳しくない場合の支援として機能するとも考えられるが、実証分析によれば、援助資金は景気循環を増幅する方向（pro-cyclical）で動く可能性が指摘されている（Bulir and Hamann [2006]）。さらに、開発途上国の経済危機等に対応する形で国際社会の支援は強化できても、例えばドナー国自体の経済状況も芳しくない場合において、開発援助資金を増額することは容易ではない[14]。

---

12) ただし、援助を供与しているから国連での投票行動が友好的となっているのか、あるいは投票行動が友好的だから援助を供与しているのかという因果関係は定かではない。
13) 澤田［2004］は、Alesina-Dollar 論文に対して、貧困削減基準から各ドナーの援助（贈与）がどのように配分されているのかを検証しなおしている。この場合、むしろ日本の援助は貧困指標（貧困ギャップ指標）に感応的であることを示している。
14) Frot［2009］は、過去のドナー側における経済不況と援助資金の関係について、米国（1988年）、日本（1990年）、フィンランド・ノルウェー・スウェーデン（1991年）、韓国（1997年）等を事例とした実証分析を行っている。そこでは、援助予算（aid budget）の水準に影響を与える説明変数としてGDP成長率、失業率、財政赤字といったマクロ変数から検証し、ベクトル自己回帰（VAR）分析によりGDP成長率が1％減少すれば援助予算が8％減少する点が示されている。

5 おわりに

　開発援助を一つの「援助市場（market for aid）」と捉えた場合、供給サイドはドナー側たる先進諸国の政府・政府機関や、世銀といった国際開発金融機関から構成されることになり、需要サイドは援助を受け取る開発途上国の政府・政府機関から構成されることになる（Klein and Harford［2005］）[15]。この援助市場の市場規模は、1990年代に援助疲れによって縮小したが、MDGs の達成という市場目標を巡って、市場規模が改めて拡大しようとしている。市場規模が拡大する中、援助市場が適切に機能するためには、供給サイドの動機（援助動機）や、需要サイドの援助吸収能力が市場目標の達成には不可欠であり、そしてどのような商品（借款や贈与というファイナンス形態、パフォーマンス連動型の供与方式など）が提供されるのかという点が課題となる。また、世界金融危機・経済危機の影響は、ドナー側と開発途上国側の双方に及ぶものであり、供給サイドの制約から市場規模が収縮する可能性を秘めているが、開発援助であるが故に景気循環とは逆の動き（counter-cyclical）とできるかも重要な課題である（生島［2009］）。

---

[15] これまでの援助市場は、通常想定される市場とは異なり、供給サイドである援助機関の数も限られた状況で、参入・退出もそれほど生じない市場構造であった。また、援助の「調和化」の試みは、取引費用の削減による効率化を目指すものであって、競争を通じた効率化を意図したものではない。また、援助市場は必ずしも情報生産が十分ではなく、相手国は援助機関の選定を正しく行うことができていないという可能性もある。しかし、今後は、需要サイドであった国が供給サイドの役割を担う場合（南南協力など）や、民間セクターからの競争圧力が働く場合等が予想される。また、国際開発金融機関といったマルチ機関と各国のバイ機関の関係も、調和化と競争のバランスが一層進む可能性もある。

第12章

グローバル・インバランス

1 はじめに

　第9章で述べた通り、開発途上国全体の経常収支を見ると、2000年にはじめて黒字化して以降、黒字基調となり、2008年には開発途上国全体の黒字は約7000億ドルにまで達している。地域別では、多くの新興アジア諸国[1]、中東諸国などが経常収支黒字である一方で、米国の経常収支赤字は、1990年代初頭から拡大し、2006年には歴史的水準である8000億ドル（対GDP比で約6％）にまで達した（図12-1）。

　いわば開発途上国が先進国側の経常収支をファイナンスするという事態は、経常収支不均衡問題（グローバル・インバランス問題）とされ、特に米国の経常収支赤字の持続可能性に着目した上で、これがハード・ランディングとなるのか、ソフト・ランディングとなるのかという点からの議論が活発になされてきた。さらには、グローバル・インバランスの問題は、サブプライム金融危機の一因となったとする見方もある[2]。

　以下、第2節では、グローバル・インバランス問題に対する理論的解釈を

---

1) 新興アジア諸国には、NIES（韓国・香港・シンガポール・台湾）、Asian Tigers（インドネシア・マレーシア・フィリピン・タイ）、中国、その他アジア諸国（インド・パキスタン・スリランカ・ベトナム）が含まれる。

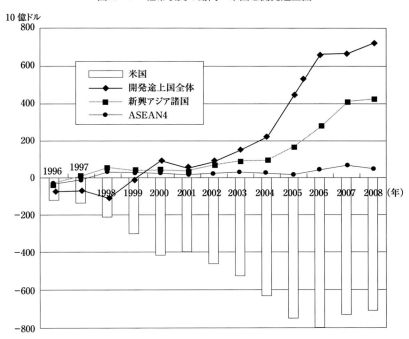

図12-1 経常収支の動向：米国と開発途上国

出所：IMF World Economic Outlook Database, Oct, 2009 に基づき作成

概観した上で、第3節では、こうしたグローバル・インバランスと開発金融システムとの関係を検討する。

2）サブプライム金融危機は2007年初頭から悪化する米国住宅ローン延滞問題をトリガーとして、2007年8月のパリバショック、2008年3月のベアー・スターンズ破綻、9月のリーマン・ブラザーズ破綻等が象徴的に扱われる。サブプライム住宅ローン自体が拡大した背景としては、住宅ブームや証券化によるリスク分散の高度化等が挙げられる。さらに、新興国での経常収支黒字が過剰貯蓄となり、世界的な流動性を緩和し、米国への資金流入が増加することになり、これが、サブプライム市場をバックアップすることで住宅バブルを促進する形となったとする見方（例えばBernanke［2009］）もある。

2 グローバル・インバランスの理論的解釈

伝統的な経済理論が教えるところによれば、資本の豊富な先進国から資本が希少な新興国・途上国に資金が流れ、経済成長段階にある国は経常収支赤字となりやすい。これは、第1に、第9章で紹介したマクドゥーガル＝ケンプ・モデルのように、資本が相対的に不足している国では資本限界生産力が高くなる点が示され、成長による投資機会の下で、資本豊富国から資本希少国への資本流入につながるからである。第2に、第10章で紹介した異時点間アプローチのように、途上国の方が投資の限界収益が潜在的には高く、将来の消費を現在の消費と交換することで効用が高まるからである。しかしながら、2000年代はこのような資金フローが逆転したのである。以下では、資金フローの変化に関する代表的な理論的解釈を紹介しよう（Xafa [2007]）。

2.1 過剰貯蓄論（Global Saving Glut）

経常収支（Current Account）とは、資本収支などとともに国際収支の一項目であり、以下の恒等式が成り立つ[3]。経常収支の不均衡（黒字・赤字）は、資本収支の不均衡（赤字・黒字）と表裏一体である。経常収支が黒字であれば、それに見合った資本が流出して資本収支が赤字となっており、逆に経常収支が赤字であれば見合った資本が流入して資本収支が黒字となる。

$$\text{経常収支}(CA_t) + \text{資本収支}(KA_t) + \text{外貨準備増減}(\Delta R_t) = 0 \quad (12.1)$$

今、国内総生産に関する支出面の恒等式は（12.2）式で、簡単化のために海外からの要素所得・移転所得が存在しないと仮定すれば、国民所得に関する処分面での恒等式は（12.3）式で表される。

$$\text{GDP}(Y_t) = \text{消費}(C_t) + \text{投資}(I_t) + \text{政府支出}(G_t) + \text{輸出}(X_t) - \text{輸入}(M_t) \quad (12.2)$$

$$\text{GDP}(Y_t) = \text{消費}(C_t) + \text{貯蓄}(S_t) + \text{税金}(T_t) \quad (12.3)$$

---

[3] 経常収支は、貿易収支、サービス収支、所得収支、移転収支から構成される。

ここで簡単化のために、経常収支は貿易収支のみで構成されると仮定すると、(12.2) 式と (12.3) 式から経常収支は (12.4) 式のようになる。

経常収支(CA_t) ＝ 輸出(X_t) － 輸入(M_t)
　　　　　　　＝｛貯蓄(S_t) － 投資(I_t)｝＋｛税金(T_t) － 政府支出(G_t)｝　　(12.4)

投資-貯蓄バランス・アプローチは、経常収支の不均衡が、生産と支出の差額、または貯蓄と投資の差額から説明できると考える[4]。右辺第1項は民間部門の貯蓄・投資差額であり、民間部門貯蓄は家計貯蓄および企業貯蓄から構成される。右辺第2項は財政収支（税収－政府支出）であり政府部門の貯蓄・投資差額を示す。経常収支は、貯蓄超過国（経常収支黒字国）と貯蓄不足国（経常収支赤字国）との間での資本取引によって賄われる。

Bernanke［2005, 2007］は、世界的な経常収支不均衡の原因として、新興国・開発途上国側の超過貯蓄が対外資本輸出となっているとする。経常赤字国である米国では、貯蓄-GDP 比率が低下傾向（18％程度（1985年）⇒ 14％程度（2004年））にあり、この理由の一つとして財政赤字が考えられる（いわゆる Twin-Deficits 仮説）。しかし Bernanke は、財政赤字でも経常収支黒字を続ける日本・ドイツの事例を引き合いに、この仮説を棄却する。また、Bernanke は「世界金利」の変化に着目し、世界金利の低下傾向[5]は、仮に超過需要であるとすれば世界金利は上昇するはずであるから、新興国・開発途上国側の超過貯蓄が原因となっていると主張する。他方で、経常黒字国となっている新興アジア諸国では、例えばタイ・韓国では、かつては国内投資が貯蓄を大きく上回り経常赤字基調であったが、1997年のアジア通貨危

4）代表的な経常収支決定理論としては、投資-貯蓄バランス・アプローチの他に、(i)アブソープション・アプローチ、(ii)弾力性アプローチ、(iii)異時点間アプローチ（inter-temporal approach）がある。動学的視点で捉える「異時点間アプローチ」については第10章を参照。なお、アブソープション・アプローチとは、貿易収支が国内総生産（Y）と国内アブソープション（A ＝ 消費(C) ＋ 投資(I) ＋ 政府支出(G)）の差で決まると考えるものであり、弾力性アプローチとは、為替レートの調整メカニズムにより長期的には経常収支が均衡していくと考えるものである。

5）なお、金融引き締めを行っても長期金利が低下する事態は謎であるとされ、「グリーンスパンの謎（Greenspan's conundrum）」と称された。

機の後、貯蓄-所得比率（S/Y）はあまり変化しなかったものの、投資-所得比率（I/Y）が減少したため経常黒字に転換している。この原因として、投資機会が不足しているとの解釈もあれば、東アジアの企業心理が変化したとの指摘[6]もある。また、中国では、投資も貯蓄も増加しているものの、社会保障制度の問題を受けた予備的貯蓄などから、貯蓄性向が高くなっていると考えられる。

2.2　修正ブレトンウッズ[7]論（Revised Bretton Woods）

Dooley et al. ［2003, 2004］は、アジア諸国による輸出主導政策がパラドックスの説明要因であるとする。輸出主導政策の下では、輸出産業への直接投資を促進するために為替レートを低めに設定することになる。この結果として、経常収支が黒字基調となり外貨準備高が累積、すでに見た「過剰貯蓄（saving glut）」となり、また低金利につながっているとする考え方である。もっとも、この場合、世界全体でみた貯蓄性向が増えている訳ではなく、国際市場での投資率の割合が増えており、貯蓄と投資の相関（いわゆるフェルドスタイン＝ホリオカのパラドックス、Feldstein and Horioka ［1980］）が低下、ホーム・バイアス[8]が減少しているとする。この見解の下では、アジア諸国は、自国の金融システムが未発達である点を踏まえ、自国の貯蓄により米国債券を購入することで資本輸出を行い、新たに外国直接投資という形で資本の再輸入を行っていると解される。そして、アジア諸国の中央銀行が保有するドル建て資産が、いわばこれら外国直接投資の担保として機能することになる。

6）竹森［2007］参照。

7）ブレトンウッズ体制は、ドルを機軸通貨とする第2次大戦後の国際通貨体制であり、1944年7月に米国ニューハンプシャー州で開催された「ブレトンウッズ会議」で決められた。同会議の英代表がケインズであり新通貨バンコールを提案したが、米財務省ホワイトの提案が採用され、金・ドルリンクやIMF・世界銀行創設が決まった。

8）French and Poterba［1991］は、米国の投資家の株式投資における自国株式シェアが93.8％ときわめて高くなっている点などを示し、投資の国際的分散がきわめて不十分である点を明らかにした。これは「ホーム・バイアス（自国市場バイアス）」と呼ばれ、国際金融におけるパラドックスの一つとされている。

2.3 金融市場統合論

　Gourinchas and Rey［2005］は、金融市場がグローバルに統合され、クロスボーダーな資産取引が拡大している点に着目した上で、主に外国直接投資・株式投資から構成される米国の「対外債権」におけるリターンが、銀行預金や債券から構成される米国の「対外債務」での支払いを大きく超過している点を指摘、米国が超過利潤を得ているとする。特に、彼らの計測によれば、いわゆるニクソン・ショック（ドルと金の交換停止）によるブレトンウッズ体制の崩壊後において、この超過利潤が増加しており、法外な特権（exorbitant privilege）を得ているとする。いわば、米国は短期借り・長期貸し（borrow short and lend long）という世界の銀行（world banker）から、債券売り越し・株式買い越しという世界のベンチャー・キャピタル（world venture capitalist）に転換しているとする。

　米国のグロス対外資産は、図12-2の通り大半が株式形態（株式・直接投資）であり外貨建てとなっている一方、グロス対外負債は大半が債務形態でありドル建てとなってきた。このため、ドル減価により対外資産からのキャピタル・ゲインを得ることができ（いわゆる、「評価効果」）、世界的金利の低水準下で債務支払い額が節約できる構造となっていたとする（いわゆる、「金利効果」）。

　Lane and Milesi-Ferretti［2005］は、このキャピタルゲインの効果を具体的に計測している。まず、B_t、CA_t、KG_t、E_t をそれぞれ t 期における対外純資産、経常収支、キャピタル・ゲイン、誤差脱漏および資本移転とすると、t 期における対外純資産（B）の変化は、以下の（12.5）式で表現できる。

$$B_t - B_{t-1} = CA_t + KG_t + E_t \tag{12.5}$$

ここで、経常収支は、財サービス移転収支（$BGST_t$）および投資所得から構成される。また A を対外資産、L を対外負債、i_t^A を対外資産に対する名目利子率、i_t^L を対外負債に対する名目利子率とすると、投資所得は $i_t^A A_{t-1} - i_t^L L_{t-1}$ で表される。（12.5）式を GDP 比率で表現すると、（12.6）式の通りである。g_t は実質 GDP 成長率、π_t はインフレ率、ε_t は誤差脱漏等

図12-2　米国・グロス対外資産（上）/負債（下）（対GDP比）：1952-2004年

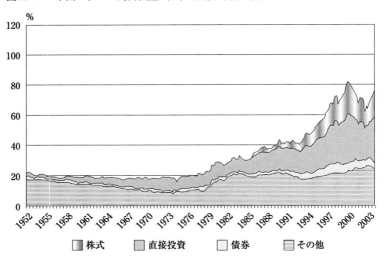

■ 株式　　■ 直接投資　　□ 債券　　■ その他

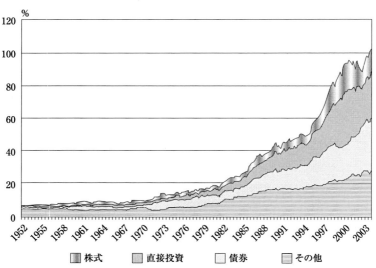

■ 株式　　■ 直接投資　　□ 債券　　■ その他

出所：Gourinchas and Rey [2005]

表12-1　計測結果

	当初外国資産（ネット）(2000)	外国資産（ネット）変化分	経常収支			他の要因	
			貿易収支	所得収支	資本収支他	成長	キャピタル・ゲイン
米国	-16.7	-5.8	-19.8	1.0	-0.9	3.9	10.1
英国	-3.7	-9.1	-15.3	7.4	0.6	1.0	-2.9
EU	-9.8	-5.6	3.9	-2.3	0.4	1.4	-9.0
カナダ	-4.8	-5.7	18.5	-9.7	-1.0	1.7	-15.2
日本	24.3	14.5	5.0	6.8	-1.2	0.3	3.7
オーストラリア	-52.2	-17.2	-7.5	-11.4	-1.5	14.6	-11.4

注) 上記数値はGDP比。資本収支他には、誤差脱漏も含まれる。
出所：Lane and Milesi-Ferretti [2005]

を示す。また右辺の第2項は、対外ポジションに対する名目リターンを示す。

$$b_t - b_{t-1} \equiv bgst_t + \frac{i_t^A A_{t-1} - i_t^L L_{t-1} + KG_t}{Y_t} - \frac{g_t + \pi_t}{(1+g_t)(1+\pi_t)} b_{t-1} + \varepsilon_t$$

(12.6)

　この(12.6)式に基づき、2001〜2004年における対外純資産の変化に関する要因分解を行ったものが表12-1である。計測結果によれば、米国は2001-2004年に貿易収支（財サービス収支）が19.8％悪化しているものの、対外純資産（ネット）全体としては5.8％のマイナスにとどまっている。その要因は、キャピタル・ゲインが10.1％のプラスとなっている点にある。同時期に英国・ユーロ圏などのキャピタル・ゲインはマイナスである。米国はドル減価によるキャピタル・ゲインの増加により、経常収支赤字を持続可能なものとしていたとみなせる。

3　グローバル・インバランスの是正[9]

3.1　持続可能性

　さて、このようなグローバル・インバランスの持続可能性について、Xafa [2007] は、以下の(1)伝統的見解（traditional view）と、(2)ニューパラ

ダイム的見解（new paradigm view）の 2 つに整理している。

(1) 伝統的見解

　伝統的見解によれば、米国の経常収支赤字は、米国自身の財政政策・金融政策の結果である点が強調される。すなわち、米国では、財政黒字から財政赤字への転換により政府部門は過剰消費となり、株式および住宅市場での資産バブルにより家計部門の貯蓄が低下したと解する。この時、こうしたマクロ経済政策に対する市場の信認が得られなければ、米国への資本流入が停止、ドル建て資産の大量売却といった調整プロセスが始まり、米国金利が急上昇し金利効果が評価効果を打ち消すことで米国経済・世界経済がハード・ランディングする。しかし、ハード・ランディングによる損失も大きいと予想され、例えばドル建て資産保有者の投げ売り・損切りという行動もとれず、部分最適均衡（suboptimal equilibrium）となる可能性があり、これを Summers［2004］は「金融恐怖によるバランス（balance of financial terror）」と称した。

(2) ニューパラダイム的見解

　ニューパラダイム的見解では、グローバル・インバランスは経済・金融のグローバル化の結果であって、不均衡は緩やかに市場調整により解消されてソフト・ランディングすると考える。Gourinchas and Rey［2005］は、為替レートによる貿易チャネルを通じた調整ではなく、キャピタル・ゲインの評価効果による金融チャネルを通じた調整を重視している。また、Caballero et al.［2008］によれば、米国への資本フローが生じている理由は、米国の成長率がユーロ圏や日本と比して相対的に高いこと、そして新興国における

---

9) 第10章の異時点間アプローチで見た通り、経常収支不均衡それ自体が、経済的に非合理的であるわけではない。Summers［2004］は、経常収支不均衡の質に関して、(i)経常収支ファイナンスが投資目的であるか消費目的であるか、(ii)資本フローがFDI（外国直接投資）等の形態により当該国の貿易部門の生産力が向上させるものであるか、(iii)資本フローが長期性のものであるか短期性のものであるかといった点により判断すべきだとしている。

有効な貯蓄手段が不足していることであるとされる。需要サイドから見て米国資産は相対的に高い利回りとなる資産だけでなく、米国債等の相対的に安全性が高いと考えられる資産もあり、質への逃避（flight to quality）の受け皿となっている。供給サイドからすれば米国金融市場は流動性が高く制度インフラとして成熟している点から、多くの資本フローを持続的に引き寄せているとする。

3.2 途上国開発金融システム整備との関連性

　グローバル・インバランスの問題は、一面では途上国の金融制度の未発達に起因する部分も含まれている。途上国の金融制度が未整備なために、国内貯蓄主体の資金が国内投資主体に円滑に移動できないため、国内に潜在的な投資ニーズがありながら、本来国内で利用できるはずの余剰資金が先進国に流出する（資本収支の黒字）という問題である。この問題は、1997年のアジア金融危機の背景としても指摘された問題であり、国内金融制度を整備することによって先進国への資金流出を減らすことができるという政策提言がなされた。

　このような議論と同じ流れとして、Prasad［2009］は、新興アジア諸国の民間貯蓄（家計貯蓄・企業貯蓄）の調整にあたって、開発金融にかかわること[10]として次の点が重要であるとする。その1つは、直接金融市場の発展に関するものである。社債市場、先物取引市場など幅広い金融市場を整備することで、企業内貯蓄（内部留保）に依存しない形でのリスクヘッジ手段を確保することが可能となる。これは、資金調達手段と資金運用手段の双方が多様化することになり、リスク分散としての効果ももたらすことになる。

---

10) 他にも、(i)年金・医療保険といった社会保障制度（ソーシャル・セーフティ・ネット）の整備により、個人貯蓄動機（予防的貯蓄）を引き下げること、(ii)財政健全化による政府貯蓄の改善といった方策が考えられる。さらに、弾力性アプローチに基づけば、(iii)為替レート切り下げによる調整（経常収支赤字の縮小）が基本であり、この場合、「輸出の価格弾力性 ＋ 輸入の価格弾力性 ＞ 1」（マーシャル＝ラーナーの条件）という条件を満たす必要がある（ちなみに、実証結果を踏まえると為替レート切り下げにより経常収支が短期的に赤字になり長期的には黒字化する現象（Ｊカーブ効果）が見られることがある）。

第7章で取り上げられたアジア債券市場の育成も、こうした流れに沿うものである。

第2は、間接金融システム効率性の向上に関するものである。金融仲介機能が強化されれば、起業家を含めた企業への資金チャネルが確保され、貯蓄資金が生産的な投資に利用されることになる。また中小企業向けのクレジットが強化されれば、雇用創出を通じて労働市場に厚みを与え、また内需を拡大することも期待できる。この問題は、第6章における企業金融の議論、あるいは第5章で議論した外国銀行の進出効果に関連するものでもある。

第3は、金融包含性（financial inclusion）の向上に関するものである。金融システムの発展に伴い、特に農村部での金融サービス（預金、貸付、保険など）が強化されることで、農民の自己保険（self-insurance）へのインセンティブを弱めることが可能となる。この問題は、第8章で論じた途上国農村の金融問題とマイクロ・ファイナンスに関連するものである。

4 おわりに

新興国・途上国を含めた国々が米国の経常収支赤字をファイナンスするというグローバル・インバランスの問題は、グローバル化による国際資本移動の拡大と表裏一体の関係にある。このような国際資本移動のパターンについては多くの未解明の問題が残されている。その一つは、国際資本移動のパターンの持続可能性に関する問題である。この問題は、本稿では明示的に取り扱っていないが、基軸通貨の選択問題など国際通貨システムの再構築といった論点までも含んでいる。また、先進国と比較して資本蓄積が不十分でありながら、新興国・開発途上国が自己の貯蓄を輸出する形を選択することが妥当であるか否かという点についても、未解明な問題が多く残されており、資本市場整備・金融仲介機能強化による域内貯蓄の域内投資への循環メカニズムの構築も一つの課題である。まさしくグローバリゼーション自体がもたらす経済発展と外国資金との新たな関係についての観察と理論構築が求められている。

あとがき

1．本書出版の経緯

　1990年代後半から相次いで発生した途上国の金融危機をきっかけとして、グローバリゼーションの下で途上国の開発金融システムはどうあるべきかを巡って多くの議論が行われた。このような議論は、アジア金融危機の要因を直接的に探ることを目的としたWorld Bank［1998］*The Road to Recovery*を経て展開され、World Bank［2001］*Finance for Growth*においてほぼ集約された。一連の議論を通じて、グローバリゼーションのチャンスをさらに生かすためには、より一層徹底した自由化政策を進め途上国の市場機能を活用すべきという論調がほぼ定着した。

　2000年代に入って、グローバリゼーションは一層加速し、世界経済の構造にも大きな変化が生じた。アジア危機発生から10年を経て、2008年に世界経済は大規模な金融・経済危機の波にもまれることとなった。執筆者の想定を超えるようなグローバリゼーションの動きの中で、途上国の開発金融システムの在り方について不断に考察をする必要性は一層高まっているといえる。

　2006年4月に出版した第1版では、2002年4月から翌年3月まで奥田が『経済セミナー』に連載した「グローバリゼーションと開発金融」をベースとしつつも、包括的な開発金融論の概説書とすることを目指して、三重野と生島を執筆者に加えて内容を大幅に拡張した。企業金融や農村金融、国際開発援助などのテーマも取り込み議論を展開した。今回、新版を出版できる機会に恵まれ、第1版の基本路線を踏襲しつつも、世界経済の変化に対応して、内容を大幅に改めた。第Ⅰ部と第Ⅱ部の各章のテーマは第1版と同じであるが、近年の世界経済の変化を踏まえて、その内容は大幅に差替えた。また、第Ⅳ部でも、例えばグローバル・インバランス問題と開発途上国の開発金融システム整備との関連性（第12章参照）を論じる等、内容の刷新に努め

ている。

2．本書のスタンス

　新版においても、第1版と同様、第Ⅰ部「経済発展と金融セクター」と第Ⅱ部「開発金融システムの基本デザイン」については奥田が、第Ⅲ部「開発途上国における資金調達」については三重野が、また第Ⅳ部「開発途上国における対外ファイナンス」については生島がそれぞれ執筆を担当した。各章の内容は執筆者個人の見解に基づくものであるが、本書の全体的なスタンスは、基本的に市場メカニズムに信頼を置いたものとなっており、世界経済のグローバリゼーションに対しても積極的にそのメリットを取り入れるべきだと考えている。しかし同時に、途上国経済では市場メカニズムを円滑に機能させる制度的・人的な要素に多くの問題を抱えており、市場メカニズムをどうやって速やかに形成していくかを検討することが、開発金融政策の中心課題であるという認識を共有するものでもある。このような意味で、本書の立場は教条的な市場機能への妄信でもなく、逆に反グローバリゼーションを掲げるものでもない。途上国における現実の市場機能の「実態」を知り、市場機能の「形成と強化」を進めるのに少しでも役立つ開発金融システムを見つけようというのが本書の姿勢である。

3．謝辞

　本書の執筆に際して、先輩・諸先生方のご支援とご指導の下で行った調査・研究の成果を利用させていただいている。執筆者は多くの方々から学恩を受けてきたが、特に本書に関する分野においては、河合正弘、岸真清、澤田康幸、寺西重郎、浜田宏一、藪下史郎、山澤逸平、N.クラスの諸先生方からの長年のご指導に深く負っている。また未定稿の段階で本書の原稿について、多くの方々から有益なコメントを頂戴した。

　『経済セミナー』の連載企画ならびに第1版の出版企画の実現については、日本評論社の福里美加氏に担当編集者としてご尽力いただいた。しかしその後、福里氏が退社されたため、代わって小西ふき子氏に編集者になっていただくことになった。新版でも、引き続き小西氏が担当されるという幸運に恵

まれた。本書の出版にあたり福里と小西の両氏に深く謝意を表したい。

2010年5月
執筆者一同

参考文献一覧

青木昌彦・奥野正寛編著［1996］『経済システムの比較制度分析』東京大学出版会

青木昌彦・金瀅基・奥野正寛編著［1997］『東アジアの経済発展と政府の役割』日本経済新聞社

荒巻健二［2003］「SDRM-IMF による国家倒産制度提案とその評価」『開発援助研究所報』Vol.15

飯島高雄［2007］「韓国の金融制度改革」寺西重郎・福田慎一・奥田英信・三重野文晴編『アジアの経済発展と金融システム——東北アジア編』東洋経済新報社

飯島高雄・池尾和人［2001］「韓国の金融システムにおける政府の役割」国宗浩三編『アジア諸国の金融改革の論点』アジア経済研究所

池尾和人・広田真一［1992］「企業の資本構成とメインバンク」堀内昭義・吉野直行編『現代日本の金融分析』東京大学出版会

池田和人・黄圭燦・飯島高雄［2001］『日韓経済システムの比較制度分析』日本経済新聞社

泉田洋一［2003］『農村開発金融論——アジアの経験と経済発展』東京大学出版会

泉田洋一・万木孝雄［1990］「アジアの農村金融と農村金融市場理論の検討」『アジア経済』第31巻第6/7号

依田高典［2000］『ネットワーク・エコノミックス』日本評論社

伊藤隆敏＋財務省財務総合政策研究所編著［2004］『ASEAN の経済発展と日本』日本評論社

植草益［2000］『公的規制の経済学』NTT 出版

大住圭介［2003］『経済成長分析の方法』九州大学出版会

岡崎竜子・堀内昭義［1992］「設備投資とメインバンク」堀内昭義・吉野直行編『現代日本の金融分析』東京大学出版会

岡本真理子・粟野晴子・吉田秀美編［1999］『マイクロファイナンス読本』明石書店

奥田英信・黒柳雅明［1998］『入門開発金融——理論と政策』日本評論社

奥田英信［2000］『ASEAN の金融システム』東洋経済新報社

奥田英信［2001］「ASEAN の持続的経済発展と金融改革」浦田秀次郎・小浜裕久編著『東アジアの持続的経済発展』勁草書房

奥田英信・齋藤純［2003］「エージェンシー・コスト・アプローチによるフィリピ

ン企業の資金調達構造分析」『開発金融研究所報』第16号
奥田英信［2004a］「外国銀行の進出と途上国の経済発展――アジア研究に向けた論点整理の試み」国宗浩三・久保公二編『金融グローバル化と途上国』アジア経済研究所
奥田英信［2004b］「外国銀行の進出とタイ銀行業への影響――アンケート調査結果と経営指標の検討」『開発金融研究所報』第19号
奥田英信［2007］「東南アジア諸国の債券市場整備の前提条件について」『国際協力研究』Vol.23, No.2
奥田英信・三重野文晴［2004］「東南アジアの金融発展：開発金融パラダイムの変化と多様性」『国際協力論集』第12巻第1号
奥田英信・三重野文晴［2008］「東南アジアの金融発展――共通性・多様性と東北アジアとの対比」寺西重郎・福田慎一・奥田英信・三重野文晴編『アジアの経済発展と金融システム――東南アジア編』東洋経済新報社
小佐野広［2001］『コーポレート・ガバナンスの経済学』日本経済新聞社
生島靖久［2004］「開発援助ファイナンスの新展開」『交通工学』10月増刊号 Vol.39
生島靖久［2006］「債務削減――そのコストとベネフィット」『アジ研ワールド・トレンド』2月号
生島靖久［2009］「世界金融・経済危機：開発援助の役割」国際開発研究 Vol.18 No.2
小田尚也［2001］「金融部門の発展と経済成長」国宗浩三編『アジア諸国の金融改革の論点』アジア経済研究所
小幡績［2003］「東アジアにおける企業グループ・財務危機・投資家保護」寺西重郎・花崎正晴編『コーポレート・ガバナンスの経済分析』東京大学出版会
河合正弘［1994］「国際金融論」東京大学出版会
岸真清［1990］『経済発展と金融政策』東洋経済新報社
岸真清［2001］「グローバリゼーション下の経済戦略」青木健・馬田啓一編著『経済検証／グローバリゼーション』文眞堂
木村福成［2003］「国際貿易理論の新たな潮流と東アジア」『開発金融研究所報』第14号
黒崎卓・山形辰史［2003］『開発経済学――貧困削減へのアプローチ』日本評論社
財務省関税・外国為替等審議会［2001］『アジア経済・金融の諸問題について：中間論点整理』（アジア経済・金融の諸問題に関する専門部会）
櫻川昌哉［2000］「金融発展と経済成長」筒井義郎編［2000］
澤田康幸［2003］『基礎コース 国際経済学』新世社

澤田康幸［2004］「開発援助と貧困削減の経済学」絵所秀紀・野上裕生・穂坂光彦編『シリーズ国際開発第1巻 貧困と開発』日本評論社
重冨真一［1996］『タイ農村の開発と住民組織』アジア経済研究所
清水聡［2009］『アジアの域内金融協力――金融「地産地消」モデルの模索』東洋経済新報社
胥鵬［1999］「入門 コーポレート・ガバナンス」『経済セミナー』1999年連載
白井早百里［2005］『マクロ開発経済学』有斐閣
末廣昭［2002］「証券市場改革とコーポレート・ガバナンス」末廣昭編『タイの制度改革と企業再編――危機から再建へ』アジア経済研究所
首藤恵［1998］「マレーシアの金融発展と貯蓄動員政策：銀行・年金・投資信託の役割」『証券経済研究』第16号
高安健一［2005］『アジア金融再生』勁草書房
竹森俊平［2007］『1997年――世界を変えた金融危機』朝日新聞出版
谷浦孝雄［1988］『台湾の工業化――国際加工基地の形成（アジア工業化シリーズ5）』アジア経済研究所
谷川寧彦［2000］「コーポレート・ガバナンス」筒井義郎編［2000］
筒井義郎編［2000］『金融分析の最先端』東洋経済新報社
筒井義郎［2005］『金融業における競争と効率性』東洋経済新報社
靎見誠良編［2000］『アジアの金融危機とシステム改革』法政大学出版局
寺西重郎［1991］『工業化と金融システム』東洋経済新報社
寺西重郎［1995］『経済開発と途上国債務』東京大学出版会
寺西重郎・福田慎一［2007］「経済発展と長期資金」寺西重郎・福田慎一・奥田英信・三重野文晴編『アジアの経済発展と金融システム――東北アジア編』東洋経済新報社
寺西重郎・三重野文晴［1995］「日本における政策金融の機能と効果について」『金融経済研究』第8号
鳥居泰彦［1993］「経済発展の系譜と新潮流」『フィナンシャル・レヴュー』第27号
永野護［2005］『新アジア金融アーキテクチャ――投資・ファイナンス・債券市場』日本評論社
野間敏克［2000］「日本の企業金融」筒井義郎編［2000］
橋本英俊［2007］「DHAとクラスター分析による新興市場銀行部門の効率性に関する比較分析」『経済集志』第77巻第1号
菱川功・内田真人［2004］「アジアにおける金融セクター向け直接投資の活発化」『日銀レビュー』2004年10月

福田慎一・照山博司・神谷明広・計総［1995］「製造業における政策金融の誘導効果：情報生産機能からのアプローチ」『経済分析』第140号

藤田幸一［2005］『バングラデシュ農村開発のなかの階層変動——貧困削減のための基礎研究』京都大学学術出版会

堀敬一［1998］「銀行業の費用構造の実証研究——展望」『金融経済研究』第15号

堀内昭義［1990］『金融論』東京大学出版会

堀内昭義・随清遠［1994］「情報生産者としての開発銀行——その機能と限界」貝塚啓明・植田和男編『変革期の金融システム』東京大学出版会

三重野文晴［1997］「選択的政府介入における資金誘導手段としての開銀融資——電子工業振興臨時措置法における開銀融資の役割」『日本経済研究』No.34

三重野文晴［1998a］「途上国農村における在来金融の問題」奥田英信・黒柳雅明編『入門 開発金融』日本評論社

三重野文晴［1998b］「途上国農村部の不完備市場への近代的金融仲介の浸透過程——東北タイにおける農業・農協銀行（BAAC）の事例から」『一橋論叢』第119巻第6号

三重野文晴［2002］「コーポレート・ファイナンス——金融システムの機能後退と企業の対応」末廣昭編『タイの制度改革と企業再編——危機から再建へ』アジア経済研究所

三重野文晴［2003］「形成期の証券市場と企業の市場参加——金融危機前後のタイ証券市場の評価」『金融グローバル化と途上国』アジア経済研究所

三重野文晴［2004］「マイクロ・ファイナンスの金融メカニズム」絵所秀紀・野上裕生・穂坂光彦編『開発と貧困』日本評論社

藪下史郎［1995］『金融システムと情報の理論』東京大学出版会

山中尚［1995］「政策金融と財政投融資：資金供給機能に関する研究の現状」『経済分析』第140号

吉井一洋・古頭尚志［2007］『よくわかる新BIS規制』金融財政事情研究会

吉田悦章［2008］『イスラム金融はなぜ強い』光文社

吉竹広次［2001］「中・東欧の銀行民営化と金融グローバリゼーション」青木健・馬場啓一編著『検証／グローバリゼーション』文眞堂

吉冨勝［2003］『アジア経済の真実』東洋経済新報社

吉野直行編著［2004］『アジア金融危機とマクロ経済政策』慶應大学出版会

渡辺努［2001］「金融M&Aの経済学」岩本康志・齊藤誠・前多康男・渡辺努『金融機能と規制の経済学』東洋経済新報社

Agenor, Pierre Rechard and Peter J. Montiel [1996] *Development Macroeconomics*, New Jersey: Princeton University Press.

Aghion, Philippe and Patrick Bolton [1992] "An Incomplete Contracts' Approach to Financial Contracting," *Review of Economic Studies*, 59, pp.473-494.

Akerlof, George A. [1970] "The Market for'Lemons': Quality Uncertainty and the Market Mechanism," *Quarterly Journal of Economics*, 84(3), pp.488-500.

Albuquerque, Rui [2003] "The composition of international capital flows: risk sharing through foreign direct investment," *Journal of International Economics*, 61, pp.353-383.

Alesina, Alberto and David Dollar [2000] "Who Gives Foreign Aid to Whom and Why?" *Journal of Economic Growth*, 5(1), pp33-64.

Allen, Franklin [1999] "Diversity of Opinion and the Financing of New Technologies," *Journal of Financial Intermediation*, 8, pp.68-89.

Allen, Franklin and Douglas Gale [1997] "Financial Markets, Intermediaries and Intertemporal Smoothing," *Journal of Political Economy*, 105, pp.523-546.

Allen, Franklin and Douglas Gale [2000] *Comparing Financial Systems,* MIT Press.

Allen, Mark, Christoph Rosenberg, Christian Keller, Brad Setser and Nouriel Roubini [2002] "A Balance Sheet Approach to Financial Crisis," *IMF Working Paper* WP/02/210.

Amsden, Alice [1989] *Asia's next giant: South Korea and late industrialization*, New York : Oxford University Press.

Amsden, Alice H. and Takashi Hikino [1994] "Staying Behind, Stumbling Back, Sneaking Up, Soaring Ahead: Late Industrialization in Historical Perspective," Baumol, William J. and Nelson, Richard R. and Wolff, Edward N. ed. *Convergence of productivity* : Cross-National Studies and Histrical Evidence, Oxford University Press.

Armendariz de Aghion, Beatriz and Jonathan Morduch [2005] *The Economics of Microfinance,* MIT Press.

Asian Development Bank [1999] *Rising to the Challenge in Asia: A Study of Financial Markets Vol.1 An Overview*, Manila: Asian Development Bank.

Asian Development Bank [2009] "The Global Economic Crisis: Challenges for Developing Asia and ADB's Response," April, 2009.

Atkinson, Anthony B. [2005] *New Sources of Development Finance*, Oxford University Press.

Bacha, Edmar L. [1990] "A three-gap model of foreign transfers and the GDP growth rate in developing countries," *Journal of Development Economics*, 32, pp. 279-296.

Bardhan, Pranab and Christopher Udry [1999] *Development Microeconomics*, Oxford University Press.

Basu, Kaushik [1997] *Analytical Development Economics: The Less Developed Economy Revisited*, Cambridge, Mass. :The MIT Press.

Bebchunk, Lucian Arye, Reinier Kraakman and George Triantis [2000] "Stock Pyramids, Cross-Ownership and Dual Class Equity: The Mechanisms and Agency Costs of Separating Contorol From Cash-Flow Rights," in Radall K. Morck ed., *Concentrated corpate ownership*, Chicago University Press.

Beck, Thorsten, Ross Levine and Norman Loayza [2000] "Finance and the Sources of Growth," *Journal of Financial Economics*, 58(1-2), pp.261-300.

Berkowitz, Daniel, Katharina Pistor and Jean-Francois Richard [2000] "Economic Development, Legality, and the Transplant Effect," *CID Working Paper*, No.39.

Berle, Adolf and Gardiner Means [1932] *The modern Corporation and Private Property*, MacMillan, New York.

Bernanke, Ben [2005] "The Global Savings Glut and the U.S. Current Account Deficit," speech delivered at the Sandridge Lecture, Virginia Association of Economics, Richmond, VA.

Bernanke, Ben [2007] "Global Imbalances: Recent Developments and Prospects" speech delivered for the Bundesbank Lecture, Berlin.

Bernanke, Ben [2009] "Four Questions about the Financial Crisis" speech delivered at the Morehouse College, Atlanta, Georgia.

Berthélemy, J. Claude and Aristomene Varoudakis [1996] "Models of Financial Development and Growth," in N. Hermes and R. Lensink eds., *Financial Development and Economic Growth: Theory and Experiences from Developing Countries*, New York: Routledge.

Besley Timothy [1994] "How do Market Failures Justify Interventions in Rural Credit Markets?" *The World Bank Research Observer*, 9(1), pp.27-47.

Besley, Timothy and Stephen Coate [1992] "Workfare v.s. Welfare: Incentive Arguments for Work Requirements in poverty Alleviation Programs," *American Economic Review*, 82(1), pp 249-261.

Besley, Timothy and Stephen Coate [1995] "Group Lending, Repayment Incentives, and Social Capital," *Journal of Development Economics*, 46(1), pp.1-18.

Bhatt, Nitin and Shui-Yan Tang [2002] "Determinants of Repayment in Microcredit:Evidence from Programs in the United States," *International Journal of Urban and Regional Research*, 26. pp.360-376.

BIS Committee on the Global Fianncial System [2004] *Foreign Direct Investment in the Financial Sector of Emerging Market Economies*, Bank for International Settlements.

Blalock, Garrick and Paul J. Gertler [2008] "Welfare gains from foreign direct investment through technology transfer to local suppliers," *Journal of International Economics*, 74, pp.402-421.

Blanchard, Olivier [2009] "Sustaining a Global Recovery," *Finance and Development*, September 2009.

Bolton, Patrick and David Scharfstein [1996] "Optimal Debt Structure and the number of Creditors" *Journal of Political Economy*, 104(1), pp.1-25.

Boot, Arnoud W. A. and Anjan V. Thakor [1997] "Financial System Architecture," *The Review of Financial Studies*, 10(3), pp.693-733.

Booth, Laurence, Varouj Aivazian, Asli Demirguc-Kunt and Vojislav Maksimovic [2001] "Capital Structures in Developing Countries," *Journal of Finance LVI*(1), pp.87-130.

Bulir, Ales and A. Javier Hamann [2003] "Aid Volatility: An Empirical Assessment," *IMF Staff Papers*, Vol. 50, No.1.

Bulir, Ales and A. Javier Hamann [2006] "Volatility of Development Aid: From the Frying Pan into the Fire?" *IMF Working Papers* 06/65.

Bulow, Jeremy and Kenneth Rogoff [1989] "A Constant Recontracting Model of Sovereign Debt," *Journal of Political Economy*, 97, pp.155-178.

Bulow, Jeremy and Kenneth Rogoff [2005] "Grants versus Loans for Development Banks" *Paper presented at the American Economic Association Meetings in* 2005.

Burnside, Craig and David Dollar [2000] "Aid. Policies, and Growth," *American Economic Review*, 90(4), pp.847-868.

Caballero, Ricardo J., Emmanuel Farhi and Pierre-Olivier Gourinchas [2008] "An Equilibrium Model of"Global Imbalances" and Low Interest Rates," *American Economic Review*, 98(1), pp.358-393.

Cardenas, Juan, Juan Pablo Graf and Pascual O'Dogherty [2003] "Foreign Bank Entry in Emerging Market Economies: A Host Country Perspective," *Banco de*

Mexico paper.

Chami, Ralph, Connel Fullnenkamp and Samir Jahiah [2005] "Are Immigrant Remittance Flows a Source of Capital for Development?" *IMF Staff Papers*, 52(1), pp.55-81.

Chen, Shaohua and Martin Ravallion [2008] "The Developing World is Poorer Than We Thought, But No Less Successful in the Fight against Poverty," *World Bank Policy Research Working Paper* 4703.

Chenery, Hollis B. and Alan M. Strout [1966] "Foreign Assistance and Economic Development," *American Economic Review*, 56(4), 679-733.

Claessens, Stijin, Simeon Djankov and Larry Lang [1998] "Corporate Growth, Financing, and Risks in the Decade before East Asia's Financial Crisis" *Policy Research Working Paper*, WPS2017, The World Bank.

Claessens, Stijin, Simeon Djankov and Larry Lang [1999a] "Who Controls East Asian Corporations?" *Policy Research Working Paper*, WPS2054, The World Bank.

Claessens, Stijin, Simeon Djankov, Joshph Fan and Larry Lang [1999b] "Corporate Diversification in East Asia: The Role of Ultimate Ownership and Group Affiliation" *Policy Research Working Paper*, WPS2089, The World Bank.

Claessens, Stijin, Simeon Djankov, Joshph Fan and Larry Lang [1999c] "Expropriation of Minority Shareholders - Evidence from East Asia" *Policy Research Working Paper*, WPS2088, The World Bank.

Claessens, Stijin, Simeon Djankov and Larry Lang [2000] "The separation of ownership and control in East Asian Corporations," *Journal of Financial Economics*, 58(1-2), pp.81-112.

Claessens, Stijn and Marion Jansen ed. [2000] *The Internationalization of Financial Services*: Issues and Lessons for Developing Countries, Boston: Kluwer Academic Press.

Clarke, George, Rovert Cull, Maria Soledad, Martinez Peria and Susana M. Sanchez [2001] "Foreign Bank Entry: Experience, Implications for Developing Countries, and Agenda for Further Research," *IMF Working Paper*.

Clements, Benedict, Sanjeev Gupta, Alexander Pivovarsky and Erwin R. Tiongson [2004] "Foreign Aid: Grants versus Loans," *Finance and Development*, September, pp.46-49.

Clements, Michael A., Charles J. Kenny and Todd J. Moss [2007] "The Trouble with the MDGs: Confronting Expectations of Aid and Development Success," *World Development*, 35(5), pp.735-751.

Coase, Ronald H. [1960] "The Problem of Social Cost," *Journal of Law and Economics*, 3, pp.1-44.（宮沢健一・後藤晃・藤垣芳文訳［1992］『企業・市場・法』東洋経済新報社）

Coleman, Brett [1999] "The Impact of group lending in Northeast Thailand," *Journal of Development Economics*, 60, pp.105-141.

Collier, Paul [2006] "Is Aid Oil? An Analysis of Whether African Can Absorb More Aid," *World Development*, 34(9), pp.1482-1497.

Conning, Jonathan [1999] "Outreach, sustainability and leverage in monitored and peer-monitored lending," *Journal of Development Economics*, 60(1), October, pp. 51-77.

Cull, Robert, Asli Demirguc-Kunt and Jonathan Morduch [2007] "Financial Performance and Outreach: A Global Analysis of Leading Microbanks," *The Economic Journal*, 117(February), pp.107-133.

Demirguc-Kunt, Asli and Ross Levine [1999] "Bank-Based and Market-Based Financial System: Cross Country Comparison," *Policy Research Working Paper*, No.2143, World Bank.

Demirguc-Kunt, Asli and Harry Huizinga [2000] "Financial Structure and Bank Profitability," *World Bank Policy Research Working Paper*, No. WPS2430.

Demirguc-Kunt, Asli and Vojislav Maksimovic [1999] "Institutions, Financial Markets, and Firm Debt maturity," *Journal of Financial Economics*, 54(3), pp. 295-336.

Demirguc-Kunt, Asli and Vojislav Maksimovic [2001] "Firms as Financial Intermediaries: Evidence from Trade Credit Data," Mimeo.

Demsetz, Rebecca S. and Phillip E. Strahan [1997] "Diversification, Size, and Risk at Bank Holding Companies," *Journal of Money, Credit, and Banking*, 29(3), pp. 300-313.

Detragiache, Enrica and Poonam Gupta [2004] "Foreign Banks in Emerging Market Crises: Evidence from Malaysia," *IMF Working Paper*, WP/04/129, IMF.

Development Committee [2004] Financing Modalities Toward the Millennium Development Goals: Progress Note.

Diamond, Douglas W. and Philip H. Dybvig [1983] "Bank Runs, Deposit Insurance, and Liquidity," *Journal of Political Economy*, 91, pp.401-419.

Doner, Richard [1992] "Limits of State Strength: Toward an Institutionalist View of Economic Development," *World Politics*, 44(3), pp.398-431.

Dollar, David and Aart Kraay [2002] "Growth is Good for the Poor," *Journal of Economic Growth*, 7(3), pp.195-225.

Dooley, Michael, David Folkerts-Landau and Peter Garber [2003] "An essay on the revised bretton woods system" *NBER Working Paper*, 9971.

Dooley, Michael, David Folkerts-Landau and Peter Garber [2004] "The US current account deficit and economic development: Collateral for a total return swap" *NBER Working Paper*, 10727.

Dunning, John, H. [1988] *Explaining International Production*, Vnwin Hyman.

Dunning, John, H. [1993] *Multinational Enterprises and the Global Economy*, Addison-Wesley.

Easterly, William [1999] "The Ghost of Financing Gap: Testing the Growth Model Used in the International Financial Institutions," *Journal of Development Economics*, 60(2), pp.423-438.

Easterly, William [2005] "Reliving the 50s: the Big Push, Poverty Traps, and Takeoffs in Economic Development," *mimeograph*.

Easterly, William, Ross Levine and David Roodman [2004] "Aid, Policies, and Growth: Comment," *American Economic Review*, 94(3), pp.774-780.

Eaton, Jonathan and Mark Gersovitz [1981] "Debt with Potential Repudiation: Theoretical and Empirical Analysis," *Review of Economic Studies*, 48, pp.289-309.

Economist [2003] *A better way to go bust*, February 1st, p.64.

Eichengreen, Barry, Ricardo Hausmann and Ugo Panizza [2005] "The Pain of Original Sin" in Eichengreen, Barry, and Ricardo Hausmann eds. [2005] *Debt Denomination and Financial Instability in Emerging-Market Economies*, Chicago: University of Chicago Press.

Fazzari, Steven, R. Glenn Hubbard and Bruce C. Petersen [1988] "Financing Constraints and Corporate Investment," *Brookings Papers on Economic Activity*, 19, pp.141-206.

Feldstein, Martin and Charles Horioka [1980] "Domestic saving and international capital flows" *The Economic Journal*, 90, pp.314-329.

French, Kenneth and James Poterba [1991] "Investor Diversification and International Equity Markets," *American Economic Review*, 81(2), pp.222-26.

Frot, Emmanuel [2009] "Aid and the Financial Crisis: Shall We Expect Development Aid to Fall?" working paper.

Fry, Maxwell J. [1988] *Money, Interest, and Banking in Economic Development*, Baltimore : The Johns Hopkins University Press.

Fry, Maxwell J. [1995] *Money, Interest, and Banking in Economic Development*, 2nd ed., Baltimore: The Johns Hopkins University press.

Gerschencrone, Alexander [1962] *Economic Backwardness in Historical Perspective* : A Book of essays, Massachusetts: The Belknap Press of Harvard University. （絵所秀紀・雨宮昭彦・峯陽一・鈴木義一訳 [2000]『後発工業国の経済史』ミネルヴァ書房、に一部収録）

Gertler, Mark and Kenneth Rogoff [1990] "North-South lending and endogenous domestic capital market inefficiencies," *Journal of Monetary Economics*, 26(2), pp.245-266.

Gertner, Robert H., David S. Scharfstein and Jeremy C. Stein [1994] "Internal versus External Capital Markets," *Quarterly Journal of Economics*, 109(4), pp. 1211-1230.

Ghatak, Maitreesh [1999] "Group Lending, Local Information and Peer Selection," *Journal of Development Economics*, 69(1) October, pp.27-50.

Ghosh, Atish R. and Jonathan D. Ostry [1995] "The Current Account in Developing Countries: A Perspective from the Consumption-Smoothing Approach," *The World Bank Economic Review*, 9, pp.305-333.

Gochoco-Bautista, Maria Socorro, Soo-Nam Oh and S. Ghon Rhee [1999] *In the Eye of the Asian Financial Maelstorm: Banking Sector Reforms in the Asia-Pacific Region*, in Asian Development Bank [1999], pp.49-106.

Goldsmith, Raymond [1969] *Financial Structure and Development*, New Haven, Connecticut: Yale University Press.

Gourinchas, Pierre-Olivier and Hélène Rey [2005] "From World Banker to World Venture Capitalist: US External Adjustment and the Exorbitant Privilege," *NBER Working Paper*, 11563.

Greenwald, Bruce C., Alec Levinson and Joseph Stiglitz [1993] "Capital Market Imperfections and Regional Economic Development", in Giovannini, Alberto ed. *Finance and Development: Issues and Experience*, Cambridge: Cambridge University Press.

Grossman, Sanford and Oliver Hart [1988] "One Share-One Vote and the Market for Corporate Control," *Journal of Financial Economics*, 20(1-2), pp.175-202.

Hart, Oliver [1995] *Firms, Contracts, and Financial Structure*, Oxford University Press.

Hart, Oliver and John Moore [1998] "Default and Renegotiation: A Dynamic Model of Debt," *Quarterly Journal of Economics*, 113(1), pp.1-41.

Hausmann, R., L. Pritchett and D. Rodrik [2005] "Growth Accelerations," *Journal of Economic Growth*, 10(4), pp.303-329.

Hellman, Thomas, Kevin Murdock and Joseph Stiglitz [1984] *Financial Restraint: Towards a New Paradigm*, World Bank.

Hellman, Thomas, Kevin Murdock and Joseph Stiglitz [1996a] "Deposit Mobilisation through Financial Restraint," in Hermes and Lensink eds., *Financial Development and Economic Growth*, London and New York, Routledge.

Hellman, Thomas, Kevin Murdock and Joseph Stiglitz [1996b] "Financial Restraint: Toward a New Paradigm," in M. Aoki, H-K. Kim and M. Okuno-Fujiwara eds., *The Role of Government in East Asian Economic Development: Comparative Institutional Analysis*, New York: Oxford University Press.

Herring, Richard and Nathporn Chatusripitak [2000] "The Case of the Missing Market: The Bond Market and Why It Matters for Financial Development," *Working Paper* Wharton of University of Pennsylvania.

HM Treasury [2004] "The International Finance Facility," *Journal of International Development* 16, pp.865-878.

Hoff, Karla and Joseph Stiglitz [1996] "Imperfect Information and Rural Credit Markets: Puzzles and Policy Perspective," in Hoff, Braverman and Stiglitz eds. [1996]

Hoff, Karla and Joseph Stiglitz [1998] "Moneylenders and Bankers: Price-increasing Subsidies in a Monopolistically Competitive Market," *Journal of Development Economics*, 55(2), pp.485-518.

Hoff, Karla, Avishay Braverman and Joseph Stiglitz eds. [1996] *The Economics of Rural Organization*, Oxford: Oxford University Press.

Hong, Kiseok and Aaron Tornell [2005] "Recovery from a Currency Crisis: Some Stylized Facts," *Journal of Development Economics*, 76, pp.71-96.

Horiuchi, Akiyosi and Qing-yuan Sui [1993] "Influence of the Japan Development Bank Loans on Corporate Investment Behavior," *Journal of Japanese and International Economies*, 7(4), pp.441-465.

Hoshi, Takeo, Anil Kashyap, and David Scharfstein [1991] "Corporate Structure,

Liquidity, and Investment: Evidence from Japanese Industrial Groups," *Quarterly Journal of Economics*, 106(1), pp.33-60.

Hossain, Akhtar and Anis Chowdhury [1998] *Open-economy Macroeconomics for Developing Countries*, Massachusetts: Edward Elgar Publishing.

Hulme, David and Paul Mosley [1996] *Finance against Poverty*, 1, 2 vols. London: Routledge.

IDA [2007] "Aid Architecture: An Overview of the Main Trends in Official Development Assistance Flows," World Bank.

Iimi, Atsushi and Yasuhisa Ojima [2008] "Complementarities between Grants and Loans," *Journal of the Japanese and International Economies*, 22(1), pp.109-141.

IMF [2000] *International Capital Markets: Development, and Key Policy Issues*, International Monetary Fund.

IMF [2002a] *Assessing Sustainability* prepared by the Policy Development and Review Department, May, SM/02/166.

IMF [2002b] *The Design of the Sovereign Debt Restructuring Mechanism: Further Considerations*, November.

IMF [2003] *External Debt Statistics: Guide for Compilers and Users*, International Monetary Fund.

IMF [2008] *Global Financial Stability Report: Containing Systemic Risks and Restoring Financial Soundness*, April 2008.

IMF [2009] "The Implications of the Global Financial Crisis for Low-Income Countries," March, 2009, "An Update," September, 2009.

IMF and IDA [2004a] *Debt Sustainability in Low-Income Countries: Proposal for an Operational Framework and policy Implications*, February 2004.

IMF and IDA [2004b] *Debt Sustainability in Low-Income Countries: Further Considerations on an Operational Framework and policy Implications*, September 2004.

IMF and IDA [2005] *Operational Framework for Debt Sustainability Assessments in Low-Income Countries: Further Considerations*.

IMF and IDA [2008] *Staff Guidance Note on the Application of the Joint Bank-Fund Debt Sustainability Framework for Low-Income Countries*.

Jain, Pankajs [1996] "Managing Credit for Rural Poor: Lesson from the Grameen Bank," *World Development*, 24(1), pp.79-89.

Javorcik, S. Beata [2004] "Does foreign direct investment increase the productivity of domestic firms? In search of spillovers through backward linkages," *American Economic Review*, 94(3), pp.605-627.

Jensen, Michael and William Meckling [1976] "Theory of the Firm: Managerial Behavior, Agency Costs and Ownership Structur," *Journal of Financial Economics*, 3, pp.305-360.

Jobst, Andreas A. [2007] "The Economics of Islamic Finance and Securitization," *IMF Working Paper* WP/07/117.

Johnson, Simon, Peter Boone, Alasdair Breach and Eric Friedman [2000a] "Corporate Governance in the Asian Financial Crisis," *Journal of Financial Economics*, 58(1-2), pp.141-186.

Johnson, Simon, Rafael La Porta, Florencio Lopez-de-Silances and Andrei Shleifer [2000b] "Tunneling" *American Economic Review*, 90(2), pp.22-27.

Karlan, Dean, and Jonathan Zinman [2008] "Expanding Credit Access: Using Randomized Supply Decisions To Estimate the Impacts" *Review of Financial Studies*.

Karlan, Dean and Jonathan Zinman [2009] "Expanding Microenterprise Credit Access: Using Randomized Supply Decisions to Estimate the Impacts in Manila," Mimeograph.

Kemp, Murray C. [1962] "The Benefits and Costs of Private Investment from Abroad: Comment," *Economic Record*, 38, pp.108-110.

Keeley, Michael [1990] "Deposit Insurance, Risk and Market Power in Banking," *American Economic Review*, 80, pp.1183-1200.

Ketkar, Suhas and Dilip Ratha [2008] *Innovative Financing for Development*, World Bank.

Khandker, Shahidur [1998] *Fighting Poverty with Microcredit*, Oxford: Oxford University Press.

Khandker, Shahidur [2003] "Micro-Finance and Poverty: Evidence Using Panel Data from Bangladesh," *World Research Working Paper* 2945.

Khanthavit, Anya, Piruna Polsiri and Yupana Wiwattanakantang [2003] "Did Families Lose or Gain Control after the East Asian Financial Crisis?" *CEI Working Paper Series*, No.2003-1, Center for Economic Institutions, Hitotsubashi University.

King, Robert G. and Ross Levine [1993] "Finance, Entrepreneurship, and Growth," *Journal of Monetary Economics*, 32, pp.513-542.

Klein, Michael and Tim Harford [2005] *The Market for Aid*, International Finance Corporation.

Kraay, Aart and Vikram Nehru [2004] "When is Debt sustainable?" *World Bank Policy Research Working Paper*, No.3200.

Kraay, Aart and Claudio Raddatz [2007] "Poverty Traps, Aid, and Growth," *Journal of Development Economics*, 82(2), pp.315-347.

Kraay, Aart and Vikram Nehru [2006] "When is External Debt sustainable?" *World Bank Economic Review*, 20(3), pp.341-365.

Kroszner, Randall S. [2003] "Sovereign Debt Restructuring" *The American Economic Review*, 93(2), pp.75-79.

Krueger, Anne, O. [2003] "Sovereign Debt Restructuring: Messy or Messier?" *AEA Papers and Proceedings*, 93(2), May 2003, pp.70-74.

Krugman, Paul [1988] "Financing vs. Forgiving a Debt Overhang," *Journal of Development Economics*, 29, pp.253-268.

Krugman, Paul [1989] "Market-Based Debt-Reduction Schemes," in Frenkel, Jacob, Michael Dooly and Peter Wickman ed., *Analytical Issues in Debt*, IMF.

Krugman, Paul [1995] *Development, Geography, and Economic Theory*, MIT Press（高中公男訳［1999］『経済発展と産業立地の理論——開発経済学と経済地理学の再評価』文眞堂）

Lane, Philip R. and Gian Maria Milesi-Ferretti [2005] "A Global Perspective on External Positions," *IMF Working Paper*, WP/05/161.

La Porta, Rafael, Florencio Lopez-de-Silanes and Andrei Shleifer [1999] "Corprate Ownership around the World," *Journal of Finance*, 54(2), pp.471-517.

La Porta, Rafael, Florencio Lopez-de-Silanes, Andrei Shleifer and Robert Vishny [1997] "Legal Determinants of External Finance," *Journal of Finance*, 52, pp.1131-1150.

La Porta, Rafael, Florencio Lopez-de-Silanes, Andrei Shleifer and Robert Vishny [1998] "Law and Finance," *Journal of Political Economy,* 106, pp.1113-1155.

La Porta, Rafael, Florencio Lopez-de-Silanes, Andrei Shleifer and Robert Vishny [2000] "Investor protection and corporate governance," *Journal of Financial Economics*, 58, pp.3-27.

Ledgerwood, Joanna [1998] *Microfinance Handbook: An Institutional and Financial Perspective*, Washington D.C., World Bank.

Ledgerwood, Joanna and Victoria White [2006] *Transforming Microfinance*

Institutions: Providing Full Financial Services to the Poor, World Bank.
Lee, Jong-Wha, Young Soo Lee and Byung-Sun Lee [2000] "The Determination of Corprate Debt in Korea," *Asian Economic Journal*, 14(4), pp.333-356.
Levine, Ross [1996] "Foreign Banks, Financial Development, and Economic Growth," in Barfield, Claude E. ed., *International Financial Markets: Harmonization versus Competition*, Washington D.C.: AEI Press.
Levine, Ross [1997] "Financial Development and Economic Growth: Views and Agenda," *Journal of Economic Literature*, 35(2), pp.688-726.
Levine, Ross and Sara Zervos [1998] "Stock Markets, Banks, and Economic Development," *American Economic Review*, 88, pp.537-558.
Levine, Ross [1999] "Law, Finance and Economic Growth," *Journal of Financial Intermediation*, 8(1-2), pp.8-35.
Litan, Robert E., Paul Masson and Michael Pomerleano ed. [2001] *Open Doors: Foreign Pertcipation in Financial Systems in Developing Countries*, Washington, D.C.: Brookings Institution Press.
Liu, Zhiqiang [2008] "Foreign direct investment and technology spillovers: Theory and evidence," *Journal of Development Economics*, 85, pp.176-193.
Low, Linda [2001] *The Political Economy of Chinese Banking in Singapore* paper for conference on "Chinese Business and Culture in Global and Local Contexts" jointly organized by PROSEA and ESRC at the Academic Sinica, Taipei.
MacDougal, G.D.A. [1960] "The Benefits and Costs of Private Investment from Abroad: A Theoretical Approach," *Economic Record*, Special Issue, Vol.36, pp. 13-35.
Manasse, Paolo and Nouriel Roubini [2005] "Rules of Thumb" for Sovereign Debt Crises," *IMF Working Paper* WP/05/42.
Manasse, Paolo, Nouriel Roubini and Axel Schimmelpfennig [2003] "Predicting Sovereign Debt Crisis" *IMF Working Paper*, WP/03/221.
Marcelo, Thomas Benjamin B. and Jermy Y. Prenio [2004] "Impact of the Entry of Foreign Banks on the Philippine Banking System," *Bangko Sentral Review*.
McIntosh Craig, Alain de Janvry and Elisabeth Sadoulet [2005] "How Rising Competition among Microfinance Institutions Affects Incumbent Lenders," *Economic Journal*, 115(506), pp.987-1004.
McIntosh, Craig and Bruce Wydick [2005] "Competition and Microfinance," *Journal of Development Economics*, 78(2), pp.271-298.

McKinnon, Ronald I. [1964] "Foreign Exchange Constraints in Economic Development and Efficient Aid Allocation," *Economic Journal*, 74, pp.338-409.

McKinnon, Ronald I. [1973] *Money and Credit in Economic Development*, Washington, D.C.: Brookings Institute.

McMillan, John and Christopher Woodruff [1999] "Interfirm Relationships and Informal Credit in Vietnam," *Quarterly Journal of Economics*, 114 (4), pp. 1285-1320.

Meltzer, Allan H., Chairman [2000] *Report of the International Financial Institution Advisory Commission*.

Mieno, Fumiharu [2006a] "Fund Mobilisation and Investment Behavior in Thai Manufacturing Firms in the Early 1990s," *Asian Economic Journal*, 20(1), page 95.

Mieno, Fumiharu [2006b] "Determinants of Bank Loan, Trade Credit of Private Firm in the Transition Period: The Case of Myanmar" in Mariko Watanabe ed. *Recovering Financial Systems: China and Asian Transition Economies*, pp. 146-175, Palgrave-Macmillan, Basingstoke, November 2006.

Mitton, Todd [2002] "A Cross-Firm Analysis of the Impact of Corporate Governance on the East Asian Financial Crisis," *Journal of Financial Economics*, 64(2), pp.215-241.

Modigliani, Franco and Merton Miller [1958] "The Cost of Capital, Corporate Finance and the Theory of Investment," *American Economic Review*, 48, pp. 261-296.

Modigliani, Franco and Merton Miller [1963] "Corporate Income Taxes and the Cost of capital: A Correction," *American Economic Review*, 53, pp.433-443.

Montgomery, Heather [2003] "The Role of Foreign Banks in Post-Crisis Asia: The Importance of Method of Entry," *ADB Institute Research Paper*, 51.

Moran, Theodore H., Edward, M. Graham and Magnus Blomström [2005] *Does Foreign Direct Investment Promote Development?* Institute for International Economics, and Center for Global Development.

Morduch, Jonathan [1999a] "The Role of Subsides in Microfinance: Evidence from the Grameen Bank," *Journal of Development Economics*, 60(1), pp.230-248.

Morduch, Jonathan [1999b] "The Microfinance Promise," *Journal of Economic Literature*, 37(1), pp.1569-1614.

Murphy, Kevin, Andrei Shleifer and Robert Vishny [1989] "Industrialization and the big push," *Journal of Political Economy*, 97, 1003-1026.

Myers, Stewart C. [1984] "The Capital Structure Puzzle," *Journal of Finance*, 39, pp.575-592.

Myers, Stewart C. and Nicholas S. Majluf [1984] "Corporate Financing and Investment Decisions When Firms Have Information That Investors Do Not Have," *Journal of Financial Economics*, 13, pp.187-221.

North, Douglass [1990] *Institutions, Institutional Change, and Economic Performance*, Cambridge: Cambridge University Press. (竹下公視訳 [1994]『制度、制度変化、経済効果』晃洋書房)

Nurkse, Ragnar [1953] *Problems of Capital Formation in Underdeveloped Countries*, Basil Backwell and Mott Ltd., (土屋六郎訳 [1966]『後進諸国の資本形成 (改訳版)』厳松堂出版)

Obstfeld, Maurice and Kenneth Rogoff [1996] *Foundations of International Macroeconomics*, The MIT Press.

Odedokun, Matthew [2004] "Multilateral and Bilateral Loans versus Grants: Issues and Evidence." Special Issues, *World Economy*, 27(2), pp.239-263.

OECD/DAC Development Cooperation Report Various Issues.

Ojima, Yasuhisa [1998] "Mechanisms of Balance of Payments: From accounting to dynamic analysis," mimeo, Lecture Note at Yale University.

Okuda, Hidenobu and Rungsomboon Suvadee [2005] "The Effects of Foreign Bank Entry on Thai Banking Markets: Estimation Analysis over the Period of 1990-2002," *CEI Working Paper Series* No. 2004-20, Center for Economic Institutes, Hitotsubashi University.

Okuda, Hidenobu and Rungsomboon Suvadee [2006] "Comparative Cost Study of Foreign and Thai Domestic Banks 1990-2002：Estimating Cost Functions of the Thai Banking Industry," *Journal of Asian Economics*, 17(4), pp.714-737.

Okuda, Hidenobu and Rungsomboon Suvadee [2007] "The Effects of Foreign Bank Entry on the Thai Banking Market: Empirical Analysis from 1990 to 2002," *Review of Pacific Basin Financial Markets and Policies*, 10(1), pp.101-126.

Park, Donghyun [2008] *Capital outflows, sovereign wealth funds, and domestic financial instability in developing Asia*, Asian Development Bank (ADB) Economics and Research Department Working Paper No. 129. Manila: ADB (October).

Petersen, Mitchell A. and Raghuram G. Rajan [1995] "The Effects of Credit Market

Competition on Lending Relationship," *Quarterly Journal of Economics*, 110, pp. 407-443.

Petersen, Mitchell A. and Raghuram G. Rajan [1997] "Trade Credit: Theories and Evidence" *The Review of Financial Studies*, 10(3), pp.661-691.

Prasad, Eswar [2009] "Rebalancing Growth in Asia," *NBER Working Paper*, 15169.

Prasad, Eswar, Raghuram Rajan and Arvind Subramanian [2007] "Foreign Capital and Economic Growth," *Brookings Papers on Economic Activity*, 38, pp.153-230.

Rajan, Raghuram [2008] "Global Imbalances or Why are the Poor Financing the Rich?" *De Economist*, 156(1), pp.3-24.

Rajan, Raghuram G. and Luigi Zingales [2001] "Financial System, Industrial Structure, and Growth," *Oxford Review of Economic Policy*, 17(4), pp.467-482.

Rajan, Raghuram, G. and Arvind Subramanian [2005] "What Undermines Aid's Impact on Growth?" *IMF Working Paper*, WP/05/126

Reinhart, Carmen M., Kenneth S. Rogoff and Miguel A. Savastano [2003] "Debt Intolerance," *NBER Working Paper*, 9908.

Rhee, S. Ghon [1999] "Rising to Asia's Challenge: Enhanced Role of Capital Markets," in *Asian Development Bank* [1999], pp.107-174.

Romer, David [1996] *Advanced Macroeconomics* McGraw-Hill Companies, Inc.（堀雅博・岩成博夫・南條隆訳 [1998]『上級マクロ経済学』日本評論社）

Romer, Paul [1993] "Idea Gaps and Object Gaps in Economic Development," *Journal of Monetary Economics*, 32(3), pp.543-573.

Rosenstein-Rodan, Paul N. [1943] "Problems of Industrialization of Eastern and Southeastern Europe," *Economic Journal*, 53, No.210/211, pp.202-211.

Saint-Paul, Gilles [1996] "Demand-driven Financial Development," in Hermes, Niels and Robert Lensink, *Financial Development and Economic Growth*, London: Routledge.

Sawada, Yasuyuki, Hirohisa Kohama and Hisaki Kono [2004] *Aid, Policies, and Growth: A Further Comments*, Mimeo.

Schargrodsky, Ernesto and Federico Sturzenegger [2000] "Banking Regulation and Competition with Product Differentiation," *Journal of Development Economics*, 63, pp.85-111.

Shaw, Edward S. [1973] *Financial Deepening in Economic Development*, New York: Oxford University Press.

Shleifer, Andrei [2003] "Will the Sovereign Debt Market Survive?" *The American Economic Review*, May 2003, 93(2), pp.85-90.

Siamwalla, Ammar, Chirmsak Pinthong, Nipon Poapongsakorn, Ploenpit Satsanguan, Prayong Nettayarak, Wanrak Mingmaneenakin and Yuavares Tubpun [1990] "The Thai Rural Credit System: Public Subsidies, Private Information, and Segmented Markets," *World Bank Economic Review*, 4(3), pp.271-295.

Singh, Ajit [1995] "Corporate Financial Patterns in Industrializing Economies" *Technical Paper*, No.2, Washington, D.C. International Financial Corporation.

Solimano, Andrés [2005] "Remittances by Emigrants: Issues and Evidence," in Atkinson, A. B. (ed.), *New Sources of Development Finance*, Oxford University Press.

Stein, Jeremy C. [1997] "Internal capital markets and the competition for corporate resources," *Journal of Finance*, 53, pp.111-134.

Stiglitz, Joseph [1989] "Financial Market and Development," *Oxford Review of Economic Policy*, 5(4), pp.55-68.

Stiglitz, Joseph [1990] "Peer Monitoring and Credit Markets" in Hoff, Braverman, Stiglitz eds. [1996].

Stiglitz, Joseph and Andrew Weiss [1981] "Credit Rationing in Markets with Imperfect information," *American Economic Review*, 71(3), pp.393-410.

Stiglitz, Joseph and Bruce Greenwald [2003] *Towards a New Paradigm in Monetary Economics*, Cambridge: Cambridge University Press.

Suehiro, Akira [2001] "Family Business Gone Wrong? Ownership Patterns and Corporate Performance in Thailand," *ADB Institute Working Paper*, 19.

Summers, Lawrence [2004] *The U.S. Current Account Deficit and the Global Economy*, Per Jacobson Lecture, Sunday, October 3, Washington, D.C., The Per Jacobson Foundation.

Suto, Megumi [2003] "Capital Structure and Investment Behavior of Malaysian Firms in the 1990s: A Study of Corporate Governance before the Crisis," *Corporate Governance: An International Review*, 11.

Taylor, Lance [1994] "Gap models," *Journal of Development Economics*, 45, pp.17-34.

UN Millennium Project [2005] *Investing in Development: A Practical Plan to Achieve the Millennium Development Goals*.

Unite, Angelo A. and Michael J. Sullivan [2003] "The Impact of Liberalization of

Foreign Bank Entry on the Philippine Domestic Banking Market," *Journal of Banking and Finance*, 27, pp.2323-2345.

United Nations [2001a] *Report of the High-Level Panel on Financing for Development*, Presented to the General Assembly.

United Nations [2001b] "Road Map towards the Implementation of the United Nations Millennium Declaration," *Report of the Secretary General*, A/57/319. New York.

Vernon, Raymond [1966] "International Investment and International Trade in Product Cycle," *Quarterly Journal of Economics*, 80, pp.190-207.

Williams, Jonathan and Nghia Nguyen [2005] "Financial Liberalization, Crisis, and Restructuring: A Comparative Study of Bank Performance and Bank Governance in South East Asia," *Journal of Banking and Finance*, 29, pp.2119-2154.

Wiwattanakantang, Yupana [1999] "An Emprical Study on the Determinants of the Capital Structure of Thai Firms," *Pasific-Basin Finance Journal*, 7(3-4), pp. 371-403.

World Bank [1989] *World Development Report*, Oxford University Press.

World Bank [1990] "Adjustment Lending Policies for Sustainable Growth," *Policy and Research Series*, No.14.

World Bank [1993] *East Asian Miracle*, Oxford University Press.

World Bank [1998] *East Asia: The Road to Recovery*, World Bank.

World Bank [2001] *Finance for Growth: Policy Choices in a Volatile World*, World Bank and Oxford University Press.

World Bank [2004] *Global Development Finance* 2004.

World Bank [2005a] *Global Development Finance* 2005.

World Bank [2005b] *World Development Indicators* 2005.

World Bank [2008a] *Global Development Finance* 2008.

World Bank [2008b] *World Development Indicators* 2008.

World Bank [2009a] *Global Development Finance* 2009.

World Bank [2009b] Swimming Against the Tide: How Developing Countries Are Coping With the Global Crisis, Background paper prepared by World Bank Staff for the G20 Finance Ministers and Central Bank Governors Meeting Horsham, United Kingdom on March 13-14, 2009.

Xafa, Miranda [2007] "Global imbalances and financial stability" *Journal of Policy Modeling*, 29(5), pp.783-796.

Yaron, Jacob [1994] "What Makes Rural Finance Institutions Successful?" *The World Bank Research Observer*, 9(1), pp.49-70.

Yeager, Timothy J. [1999] *Institutions, Transition Economies, and Economic Development*, Boulder, CO: Westview Press.（ティモシー・J・イェーガー著、青山繁訳［2001］『新制度派経済学入門――制度・移行経済・経済開発』東洋経済新報社）

Yoshitomi, Masaru and Sayuri Shirai [2001] "Designing a Financial Market Structure in Post-Crisis Asia: How to Develop Corporate Bond Markets," *ADB Institute*, Working Paper, No.15.

索　引

アルファベット

Andrei Shleifer　112

CACs（Collective Action Clauses）→集団行動条項
CPIA（Country Policy and Institutional Assessment）→国別政策制度評価

DSA（Debt Sustainability Analysis）→債務持続性分析
DSF（Debt Sustainability Framework）→債務持続性フレーム

entrenchment　117

GAVI（Global Alliance for Vaccination and Immunization）　201

HIPCs（Heavily Indebted Poorest Countries）→重債務貧困国

ICOR（Incremental Capital Output Ratio）→限界資本産出比率
IFF（International Finance Facility）→国際金融ファシリティー
IFFIm（International Finance Facility for Immunization）　201

LLSV　112

MDGs（Millennium Development Goals）→ミレニアム開発目標
MICs（Middle Income Countries）→中所得国

OOF（Other Official Flows）　151

PSI（Private Sector Involvement）→民間セクターの関与

Rafael La Porta　112
ROSCAs　130

SDDRF（Sovereign Debt Dispute Resolution Forum）→国家債務紛争解決フォーラム
SDRM（Sovereign Debt Restructuring Mechanism）→国家債務再編メカニズム
Stijin Claessens　112
SWF（Sovereign Wealth Fund）→政府系ファンド

tunneling　122

ア行

arm's length システム　40
アジア金融危機　71
アジア通貨危機　163
異時点間オイラー方程式　172
異時点間モデル　171
イスラム金融　165, 167
インター・リンケージ　133, 135
インフラストラクチャー　158
AK モデル　7
エージェンシー・コスト　89
エージェンシー理論　90
X 非効率性　175
$M=M$ 理論　90
援助動機の問題　207

援助の細分化（aid fragmentation） 202
援助の調和化（aid harmonization） 203
援助の氾濫（aid proliferation） 202
オイルショック 160
オランダ病（Dutch Disease） 202

カ行

外国銀行 78
──の進出 72
外国直接投資 154
外資主導工業化 28
外生ショック 178
開発への民間寄付（increased private donation for development） 200
外部性の存在 157
拡充HIPCイニシアティブ 180
過剰貯蓄論（Global Saving Glut） 212
株式ファイナンス 95
株式フロー（equity flow） 151
間接的手法 138
間接的メカニズム 136
完了時点（CP：Completion Point） 180
関連企業借入 102
企業グループ 104
規模経済性（economies of scale） 58
キャッシュ・フロー権（残余請求権） 114
ギャップ理論 160
キャンプ・デイヴィッド合意（1978年） 207
協調融資方式（シンジケートローン方式） 160
銀行サービスの標準化 65
銀行市場 41
均衡信用割当 16
銀行中心型システム 39
銀行中心の金融システム 35
金融危機 89
金融市場統合論 215
金融自由化（financial liberalization）論 14

金融包含制（financial inclusion） 220
金融抑圧（financial repression） 14
金融抑制（financial restraint） 15
金利効果 215
国別政策制度評価 182
グループ・レンディング 138
グローバル・プレミアム・ボンド（global premium bond） 200
グローバル宝くじ（global lottery） 200
経済システム内部の制度的補完性 22
経常収支（Current Account） 212
──の黒字化 164
──不均衡問題（グローバル・インバランス問題） 210
契約的アプローチによる集団行動条項 185
契約理論 129
経路依存性 22
決定時点（DP：Decision Point） 180
限界資本産出比率 194
原罪（original sin） 177
交渉費用 20
行動規範（Code of Conduct） 186, 188
コーポレート・ガバナンス 111
国際金融ファシリティー 198
国際収支サイクル理論（balance of payments cycle theory） 174
国連開発資金国際会議（モンテレイ会議） 190
国家債務再編メカニズム 185
国家債務紛争解決フォーラム 186
コンテスタブルな市場 64
コントロール権 114

サ行

再交渉 47
財政的反応（fiscal response） 202
債務救済ラッファー曲線 177
債務持続性 171
──フレーム 181

──分析　180
債務不履行　114
債務フロー（debt flow）　151
サブプライム金融危機　211
サンチャゴ原則　165
残余請求権　114
時間選好率　171, 172
市場中心型システム　39
市場中心の金融システム　35
執行費用　21
質への逃避（flight to quality）　219
地場銀行　78
支払意思（willingness to pay）　174
支払能力（solvency）　174
資本構成　98
社債市場　126
借款（ローン）　203
重債務貧困国　169, 180
修正ブレトンウッズ論（Revised Bretton Woods）　214
集団行動（Collective Action）　185
集団行動条項（CACs）　186, 187
シュンペータ流（Schumpeterian）の技術革新　59
証券化（securitization）　162
証券市場　41
少数株主の収奪（expropriation）　120
消費者向け金融　69
消費の平準化（consumption smoothing）　169
情報生産　42
情報の非対称性　8, 93, 157
所有の優位性（Ownership Advantage）　154
人為的低金利政策　12
新制度派経済学　20
新特別引出権（creation of new Special Drawing Rights：SDRs）　200
信用文化（credit culture）　205
スイッチング・コスト　41
スクリーニング（事前審査）機能　50
ストレス・テスト　182

スリーギャップ理論　197
政策金融　94
生産可能性フロンティア　172
制度の持つ戦略的補完性　22
政府開発援助（ODA）　151
政府系ファンド　164, 165
政府主導工業化　25
世界金融・経済危機　167
折衷理論（OLIモデル）　154
セットアップ・コスト　144
センターバンク　61
早期警戒モデル（Early Warning Model）　177
相互監視（peer monitoring）　139
相互選抜（peer selection）　139
創造的破壊（creative destruction）　21
贈与（グラント）　203
測定費用　20
損益分岐金利水準　143

タ行

地球環境税（global environmental taxes）　200
中所得国　184
調整の失敗　185
直接的手法　138
直接的スクリーニング・メカニズム　137
通貨取引税（currency transaction tax）　200
ツーギャップ（2つのギャップ）　193
低所得国（LICs）　178
低水準均衡　23
テキーラ効果　163
デッド・オーバーハング（過剰債務）問題　176
伝染（contagion）　163
投資－貯蓄バランス・アプローチ　213
統制的資金配分　12
トービンQ　96
取引費用　136

ナ行

内生的成長モデル　6
内部化の優位性（Internalization Advantage）　154
内部資本市場　102
ニクソンショック　160
２乗貧困ギャップ比率　191
農業金融論　130

ハ行

バウンド・テスト（bound tests）　183
パリクラブ　169
範囲経済性（economies of scope）　59
ビジネスグループ　80
ビッグプッシュ　196
ビッグプッシュ政策　158
ビッグプッシュ理論　160
一株一票の原則　115, 118
評価効果　215, 218
ピラミッド型所有構造　117
貧困ギャップ比率　191
貧困の罠（poverty trap）　158
貧困率　191
ファイナンシング・ギャップ・モデル　194
フェルドスタイン＝ホリオカのパラドックス　214
負債契約　91
負債ファイナンス　89
プラザ合意　163
ブラジル通貨危機　164
フリー・キャッシュ・フロー　105
フリーライダー問題　45, 184
フリンジ・ベネフィット　113
プルーデンシャル規制　74
ブレイディ債　162
ブレイディ提案　162
プロジェクト評価（project evaluation）機能　5
米国9・11テロ事件　166
ベーカー提案　162
ペッキング・オーダー仮説　92
法外な特権（exorbitant privilege）　215
ホーム・バイアス　214
補助金依存指数（SDI）　142

マ行

マーシャルプラン　207
マクドゥーガル＝ケンプ・モデル　152
マネーレンダー　130
マネーロンダリング　164
ミドル・マーケット（middle markets）　69
ミレニアム開発目標　190
民間セクターの関与　185
メインバンク　93
メキシコ通貨危機　163
メニューアプローチ　162
モニタリング（事後監視）機能　50

ヤ行

有限責任制　91
融資の逐次的拡大（dynamic incentive）　139
輸出指向工業化政策　26
輸入代替工業化　26
輸入代替工業化戦略　160
予算化（オン・バジェット）　205
予測可能性（predictability）　204

ラ行

リージョナルバンク　61
リスク・シェアリング機能　26
リスク分散（risk diversification）機能　5

立地の優位性（Location Advantage） 154
リテイル市場 72
流動性（liquidity） 174
流動性リスク管理（liquidity risk management）機能 5, 47
relationship based システム 40
労働者送金 156, 164
ロシア通貨危機 164

著者紹介

奥田英信（おくだ　ひでのぶ）：第Ⅰ部、第Ⅱ部執筆担当
一橋大学大学院経済学研究科教授
1956年生まれ。ミネソタ大学大学院経済学研究科博士課程修了（Ph.D. in Economics）
● 主要著書・論文
『入門開発金融』日本評論社（1998年、黒柳雅明との共編著）
『ASEANの金融システム』東洋経済新報社（2000年）

三重野文晴（みえの　ふみはる）：第Ⅲ部執筆担当
神戸大学大学院国際協力研究科教授
1969年生まれ。一橋大学大学院経済学研究科修了（博士（経済学））
● 主要著書・論文
"Fund Mobilization and Investment Behavior in Thai Manufacturing Firms in the Early 1990s," *Asian Economic Journal*, Vol.20, No.1, 2006.
The Economic Transition in Myanmar After 1988: Market Economy versus State Control, NUS Press & CSEAS of Kyoto University, Singapore, Co-editor and Co-author（with Koichi Fujita and Ikuko Okamoto）, 2009.

生島靖久（おじま　やすひさ）：第Ⅳ部執筆担当
国際協力機構・信用力審査課長、早稲田大学・非常勤講師
（2010年6月以降、国際通貨基金（IMF）シニアエコノミスト）
1970年生まれ。イェール大学経済学修士。
● 主要著書・論文
"Complementarities between Grants and Loans," *Journal of Japanese and International Economies*, 22（1）, pp.109-141, 2008.（with Atsushi Iimi）
世界銀行『インフラストラクチャーの改革』シュプリンガーフェアラーク東京（翻訳、2005年）

（肩書きは執筆当時のもの）

しんぱん　かいはつきんゆうろん
新版　開発金融論

2006年4月30日　第1版第1刷発行
2010年6月25日　新版第1刷発行
2017年5月10日　新版デジタル複製版第1刷発行

著　者　奥田英信・三重野文晴・生島靖久
発行者　串崎　浩
発行所　株式会社日本評論社
　　　　〒170-8474　東京都豊島区南大塚3-12-4
　　　　電話　03-3987-8621（販売）　03-3987-8595（編集）
　　　　https://www.nippyo.co.jp/　振替　00100-3-16
印刷所　精文堂印刷株式会社
製本所　精文堂印刷株式会社
装　幀　林　健造
検印省略　© Hidenobu Okuda, Fumiharu Mieno, Yasuhisa Ojima 2006, 2010
落丁・乱丁本はお取替えいたします。
Printed in Japan　　ISBN 978-4-535-59200-1

JCOPY

〈（社）出版者著作権管理機構 委託出版物〉
本書の無断複写は著作権法上の例外を除き禁じられています。複写される場合は、そのつど事前に、（社）出版者著作権管理機構（電話：03-3513-6969、FAX：03-3513-6979、e-mail: info@jcopy.or.jp）の許諾を得てください。

この本はデジタル複製システムで製作しました。